中國學術思想研究輯刊

二三編

林慶彰 主編

第12冊

王安石政治哲學研究

畢明良 著

花木蘭文化出版社

國家圖書館出版品預行編目資料

王安石政治哲學研究／畢明良 著 — 初版 — 新北市：花木蘭文化出版社，2016〔民105〕

目 4+234 面；19×26 公分

（中國學術思想研究輯刊 二三編；第12冊）

ISBN 978-986-404-563-1（精裝）

1.（宋）王安石 2. 學術思想 3. 政治思想

030.8 105002148

ISBN-978-986-404-563-1

中國學術思想研究輯刊

二三編 第十二冊 ISBN：978-986-404-563-1

王安石政治哲學研究

作　　者 畢明良

主　　編 林慶彰

總 編 輯 杜潔祥

副總編輯 楊嘉樂

編　　輯 許郁翎

出　　版 花木蘭文化出版社

社　　長 高小娟

聯絡地址 235 新北市中和區中安街七二號十三樓

電話：02-2923-1455／傳真：02-2923-1452

網　　址 http://www.huamulan.tw 信箱 hml 810518@gmail.com

印　　刷 普羅文化出版廣告事業

封面設計 劉開工作室

初　　版 2016年3月

全書字數 224351字

定　　價 二三編24冊（精裝）新台幣46,000元

王安石政治哲學研究

畢明良　著

作者簡介

畢明良，男，漢族，1976 年 1 月生，江西省彭澤縣人，哲學博士，副教授，中國哲學專業碩士研究生導師，先後求學於蘭州大學哲學系與陝西師範大學哲學系，師從王曉興、林樂昌兩位先生學習中國哲學，2012 年 6 月博士畢業於陝西師範大學，現任職於西藏民族大學哲學教研室，主要從事中國古代哲學、政治哲學、倫理學研究工作。

提　要

北宋儒學復興運動以重建秩序爲目標和內在動力，無論是古文的倡導者，還是義理之學的倡導者，都意在重建儒家理想的「三代」社會秩序。

王安石的「三代」理想是重建儒家理想的倫理道德社會。概括來說，王安石心中的「三代」社會有兩個主要特徵：其一，它是一個以德性爲基礎的等級制社會，從這一點來看，王安石具有強烈的精英政治傾向；其二，它是一個道德理想國，從這一點來看，王安石是一個道德理想主義者。

王安石的「成性」論不僅是一種道德修養工夫論，而且體現了一種政治理想和國家觀。在王安石看來，天賦的人性有善有惡，並不完善、完美，君主、政府和國家的作用和職責在於「輔相天地以理萬物」，即通過禮樂教化使人民「得性」、「成性」。

王安石變法的目標不在於致富強，而在於實現儒家「三代」理想，其所擇之術是「儒術」，其變法也是在儒家思想指導下的變法。王安石所言「立法度」，是指重建包括教育制度在內的各項「三代」制度，其「法度」絕非刑法、刑律、刑名之意。王安石理財的目的在於首先解決民生問題，進而實現「王道」，即「三代」理想。從王安石思想中天與皇權之關係的角度看，王安石不太可能向宋神宗進「天變不足畏」之言，也沒有所謂的「天變不足畏」之精神。

目次

引　言

一、關於本文論題

本文以王安石的政治哲學爲研究對象，這就不禁讓人產生疑問，王安石的言論著述中究竟有沒有能稱之爲「政治哲學」的東西？此疑問涉及本文的研究對象是否存在，本研究課題是否成立的問題，因此，在詳細深入探討王安石的政治哲學之前，有必要就此一問題做一些辨析。要回答此一問題，首先要回答「何謂政治哲學？」從字面意義上來看，「政治哲學」應當被理解爲哲學的一個分支，它以政治爲思考和研究的對象，是關於政治的哲學思考和研究。「政治哲學」一詞中「政治」表明思考和研究的對象，「哲學」則表明思考和研究的方式。王安石作爲中國歷史上著名的政治改革家，無人會懷疑其對政治進行了嚴肅認眞的思考，但對他是否是以哲學的方式思考政治問題則存在疑問。疑問實際上源於哲學乃是一種十分特別的思考方式和生活方式，這種思考方式和生活方式植根於古希臘生活的土壤之中。

眾所週知，哲學一詞源於古希臘，意思是「愛智慧」。哲學的實質不是擁有智慧、眞理、知識，而是對智慧、眞理、知識的愛和追求，這種對智慧、眞理、知識的愛和追求，正如同一位少年對自己心上人的愛和追求一樣，內心充滿著渴慕，而這種渴慕又化生爲切實的追求行動。哲學家不是擁有智慧、眞理、知識的人，而是「知道自己無知」的人，是因爲洞見到自己無知，特別是對最重要事情的無知而全身心地愛知識，追求知識的人。擁有智慧、知識不構成哲學的實質，全身心的愛和追求智慧、眞理、知識才構成哲學的實質，因此哲學是一種十分特別的生活方式，一種渴慕、追求智慧、眞理、知識的生活方式。

哲學的特別之處不僅在於其是一種特別的生活方式，還在於其擁有一種特別的思考方式和追問方式。哲學追求的是關於「整全」的知識，但哲學的特別之處不在於其以「整全」作爲思考和研究對象，而在於其思考和研究「整全」的特殊方式。最早的哲學家被亞里士多德稱爲「論述自然的人」，因此，哲學最早的主題是「自然」。在西方哲學史上，蘇格拉底將哲學從「天上」拉到了人間，實現了哲學的轉向。蘇格拉底以前的哲學家關注的是「天上」的問題，是自然、本原或原初物問題，蘇格拉底將哲學關注的中心轉向了人類事物，轉向了人應該怎樣生活，什麼樣的生活值得過的問題。蘇格拉底轉向的意義不僅在於將哲學關注的中心從自然事物轉向人間事物，還在於蘇格拉底首創了一種非常特別的談論、追問、思考事物的新方式。蘇格拉底總是談論「什麼是虔誠」、「什麼是正義」、「什麼是節制」等等。對於每一事物他都提出「什麼是……？」的問題，這樣的問題正是後來亞里士多德所說的第一哲學或形而上學所試圖回答的問題。這樣提出問題和思考問題正是第一哲學或形而上學的追問和思考方式。

這一特別的思考方式和生活方式在中國歷史上是否存在過，嚴格來說是有疑問的，也就是說中國是否有哲學，「中國哲學」是否合法是存在疑問的，更不用說具體到王安石這個人的學說能否稱之爲哲學了。當然，中國先賢對「整全」（相當於中國傳統上所說的天、地、人的整體），對人應該怎樣生活進行了大量嚴肅認眞的思考，這一點絕無可疑。中國先賢與古希臘先哲關注和思考著同樣的問題，有著相同的思考主題，從這種意義上來說，也可以說中國先賢在思考哲學問題，在從事哲學思考。當然，有人認爲中國先賢思考的結果充其量只是一些「意見」，而不是哲學所追求的「知識」、「眞理」，因此，中國先賢的思考只能稱之爲「思想」，而不能稱之爲「哲學」。不過，我們要清楚的是，雖然哲學追求的是知識，是用知識代替意見，但哲學問題的特性本身就決定了不可能給出一個最終結論意義上的解答，也就不可能獲得一種最終結論意義上的知識。因此，哲學的實質在於追問過程本身，而不在具體的結論。歷史上任何一位哲學家的具體結論都只是一種意見，正如黑格爾所說，「哲學史的結果所昭示的，不過只是紛歧的思想、多樣的哲學的發生過程，這些思想和哲學彼此互相反對、互相矛盾、互相推翻……全部哲學史這樣就成了一個戰場，堆滿著死人的骨骼。它是一個死人的王國，這王國不僅充滿著肉體死亡了的個人，而且充滿著已經推翻了的和精神上死亡了的系統，在這裏面，每一個殺死了另一個，並且埋葬了另一個。」〔註1〕西方哲學史上的先哲給出的也只是一些意見，一些「已經推翻了的和精神上死亡了的系統」，但這並不妨礙我們把他們的思考稱爲哲學，這是因爲「哲學系統的紛歧和多樣性，不僅對哲學本身或哲學的可能性沒有妨礙，而且對於哲學這門科學的存在，在過去和現在都是絕對必要的，並且是本質的……在哲學史裏我們所研究的就是哲學本身。」〔註2〕眞正來說，是整個哲學史體現了人類渴慕、追求智慧、眞理、知識的實質，體現了哲學的實質。因此，雖然西方先哲們的思考給出的只是一些意見，但這並不妨礙我們把他們的思考稱之爲哲學。同樣，我們也可以將中國先賢們的思考稱之爲哲學，雖然是在更寬泛意義上，在他們關注、涉及並深入系統地探究了哲學根本問題的意義上來說的。

回到我們的問題，王安石的言論著述中究竟有沒有能稱之爲政治哲學的東西？政治哲學，至少古典政治哲學，關注的核心問題乃是什麼樣的政府、國家、社會才是善或好的政府、國家、社會？這一問題又與蘇格拉底轉向後，哲學追問的主題——人應該怎樣生活，什麼樣的生活是善或好的生活直接相關，進而與康德所說的哲學總問題（人是什麼？）相關。從下文的論述中，我們無疑能看到王安石就上述政治哲學的核心問題進行了一番深入系統的思考，因此至少將寬泛意義上的「政治哲學」，運用於王安石的相關思考和論述是能夠成立的。

二、研究現狀

二十世紀以來，王安石及其變法是學界研究的一大熱點，大陸及港、臺地區發表的有關王安石及其變法的論文超過一千篇，出版的專著超過一百部，博士、碩士論文也有近百篇，取得了豐碩的研究成果。這些成果中與本研究密切相關的，可概括爲以下三個方面。

其一，資料整理、輯佚、注釋方面取得了新成果，這些新成果爲本研究的展開提供了文獻資料方面的保障。首先，最值得一提的是臺灣學者程元敏的《三經新義輯考彙評》。程元敏在詳檢大量宋代以來文集、史籍、類書、筆

〔註1〕黑格爾：《哲學史講演錄》，賀麟、王太慶譯，商務印書館，1959年9月第一版，第21～22頁。

〔註2〕黑格爾：《哲學史講演錄》，賀麟、王太慶譯，商務印書館，1959年9月第一版，第24頁。

記、經學專著等的基礎上，共輯得王安石主持修訂的《三經新義》佚文 2336 條，其中《尚書新義》558 條，《詩經新義》1040 條，《周禮新義》738 條，使得王安石的三經學及其中包含的政治思想得以復顯於世。其次，容肇祖的《王安石老子注輯本》及蒙文通《道書輯校十種》中王安石《老子注》輯本。相比之下，蒙輯本較容輯本更爲完備，爲研究王安石《老子注》及其中展現的政治思想準備了必要的文獻資料。其次，劉成國對王安石《易解》〔註 3〕，潘斌對王安石《禮記發明》，張宗祥對王安石《字說》的鈎輯。最後，李之亮的《王荊公詩注補箋》及《王荊公文集箋注》，雖錯訛之處甚多，但因注釋之詳而爲王安石研究提供的便利是值得肯定的。

其二，研究王安石生平事蹟及其變法實踐取得的成果。首先，梁啓超《王安石傳》繼清人蔡上翔《王荊公年譜考略》之後，爲王安石及其變法辯誣、翻案，是二十世紀研究王安石及其變法影響最爲持久的著作。其次，鄧廣銘、漆俠運用唯物史觀對王安石變法的研究，產生了重大影響。其次，黃復山《王安石三不足說考辨》以三萬多字的篇幅詳考「三不足」說的形成與流衍。鄧廣銘以所謂的「三不足」精神作爲王安石變法的精神支柱，黃的考辨對鄧的觀點來說是一個嚴重的挑戰。最後，李華瑞《王安石變法研究史》對有關王安石及其變法的研究作了全面的綜述。這些研究成果僅就建立有關王安石生平事蹟及變法措施的史實這一點來說，對本研究的展開和深入就具有十分重要的意義。

其三，研究王安石學術思想取得的成果。首先，賀麟先生的《王安石新學》、《王安石的性論》和《陸象山與王安石》是王安石哲學思想研究方面產生重大影響的三篇文章。其次，美國學者包弼德（Peter k.Bol）《政府、社會和國家——關於司馬光和王安石的政治觀點》一文認爲王安石與司馬光「向世人提供了一種經典的選擇，即選擇一個著眼於所有人利益、致力駕馭社會和經濟發展的激進政府，還是一個更爲受限制的政府，旨在以犧牲最小的私人利益來維持必需的公共機構。」〔註 4〕此外，包弼德還認爲「王安石構想了一個國家，不存在政府與社會、政治與道德之間的差別。」〔註 5〕一望而知，

〔註 3〕見劉成國：《荊公新學研究》附錄。

〔註 4〕田浩編：《宋代思想史論》，社會科學出版社，2003 年 12 月第一版，第 111 頁。

〔註 5〕田浩編：《宋代思想史論》，社會科學出版社，2003 年 12 月第一版，第 160 頁。

包弼德作爲一個美國學者，是站在現代西方政治學討論的所謂「大政府」與「小政府」問題的角度，考察王安石與司馬光政治觀點的，其所謂的「經典選擇」也是現代西方人的「經典選擇」。「大政府」與「小政府」的選擇也好，政府與社會、政治與道德的區分也罷，都非中國北宋時人所能想見，因此，包弼德的分析是有待商榷的。不過，即便如此，從提供了一種參照系的意義上來說，他的分析對於研究王安石的政治思想仍有重要參考意義。其次，馬振鐸《政治改革家王安石的哲學思想》和李之鑒《王安石哲學思想初探》兩書從宇宙論、本體論、認識論、人性論、歷史觀等方面對王安石的哲學思想作了系統闡釋。其次，李祥俊《王安石學術思想研究》以王安石對各種學術（經學、儒學、子學、佛學等）的評價、注疏、論述爲研究資料，以學術史爲框架，試圖從中概括出王安石本人的學術思想。其次，劉成國《荊公新學研究》從王安石新學產生的政治文化背景、成員構成、代表著述、學術建構、盛衰歷程及對宋代學術思想史的影響等諸方面，對王安石新學做了系統的考察。其次，楊天保《金陵王學研究——王安石早期學術思想的歷史考察》專注於解決「王學是怎樣生成演變的」這一問題，提出了「王學三體」說，即原生體（金陵王學）、官學體（荊公新學）和晚年變體。最後，蕭永明《北宋新學與理學》從爲學方法、社會政治思想、本體論建構、歷史命運等方面探討了新學與理學之間異同。

學界對王安石的研究多集中在其變法實踐，對其學術思想的研究相形之下略顯不足，對其政治思想的研究，特別是對其政治思想與其「道德性命」之學之間內在聯繫的考察，就更顯得不夠充分和深入了。就現有的研究成果來說，目前學界對王安石政治思想的研究主要存在以下五個方面的問題。

其一，對王安石的政治理想缺乏充分深入考察。王安石文集中有大量關於「三代」的論述，這些論述表達了王安石對理想社會、理想政治的看法。對理想社會、理想政治的思考應該說是每位思想家政治思想的最爲核心部分，然而學界對王安石變法及其政治思想雖多有研究和論述，但卻少有學者深入考察他的「三代」理想，這不能不說是王安石政治思想研究方面的重大缺憾。在考察王安石政治思想的時代背景時，學界多從北宋的政治、經濟、軍事形勢著眼，很少有學者將北宋「迴向三代」思潮納入考察範圍，這就使得無法深入考察王安石政治理想形成的時代思想背景，從而無法形成對王安石政治思想整體的正確把握。歐、美、日學者與梁啓超、熊公哲相似，大多認為王安石變法具有社會主義性質，這是對王安石「三代」理想缺乏正確把握的一種論斷。劉子健在《王安石和他的新政策》一書中雖然認為王安石是個官僚政策的理想主義者，是把實現儒家的道德社會作為主要目的，但卻與佐伯富、王毓銓、包弼德等人相同，認為王安石和其新法首先是為中央集權的國家效力的，是將國家利益置於一切之上的，這也是對王安石的「三代」理想缺乏正確把握的一種論斷。

其二，對王安石政治思想與其「道德性命」之學之間的內在聯繫未做充分深入考察。學界在研究王安石政治思想時，只從王安石的新法實踐及其直接涉及政治、經濟、軍事等的言行著述出發，這不免忽視了其「道德性命」之學與其政治思想之間不可分割的內在聯繫。不過，這種忽視可以說是古已有之，變法反對派就曾指責王安石是「盡棄其所學，師申商之法」。也就是說，在反對派看來，王安石當政後的言行與其早年的「道德性命」之學是背道而馳的。梁啓超給王安石翻案後，雖然對王安石及其變法的評價發生了變化，但「盡棄其所學，師申商之法」的論斷卻以另外一種形式保存了下來。這一點不僅表現在認為王安石的變法是以法家思想為指導，或認為王安石「援法入儒」方面，而且表現在對王安石學術思想分期方面。對王安石學術思想分期，學界有二期、三期、四期的不同分法。二期就是以當政前後為界，分為早期和後期，早期以道德性命之學為主題，後期為變法提供指導思想和理論依據，這種分法以張豈之主編的《中國思想學說史》和蕭永明為代表。三期以楊天保為代表，將王安石學術思想發展分為早期原生體（金陵王學）、官學體（荊公新學）和晚年變體三個階段。四期以李祥俊為代表，將王安石學術思想發展分為青少年時期、遊宦時期、主持變法時期和晚年退隱時期四個階段。這三種分法的共同之處是都認定王安石當政前後學術思想發生了根本的變化，卻沒有提供其思想發展演變內在邏輯理路的任何分析說明，這種分期是有些任意和表面化的，與王安石反對派說他「盡棄其所學」沒有實質的不同。

其三，對王安石變法的指導思想因其表面言辭而誤判。關於王安石變法的指導思想，目前學界大致有四種不同的觀點。第一種，法家說，以柯昌頤、鄧廣銘、漆俠等人為代表。鄧廣銘認為王安石變法是在法家思想指導下的變法革新，其終極目標是富民、富國和強兵〔註6〕。第二種，儒家說，以余英時、

〔註6〕參見鄧廣銘：《北宋政治改革家王安石》，河北教育出版社，2000年12月第一版，第94頁。

季平爲代表。余英時認爲「今天有人曲說王安石是法家，眞不值一駁……他的變法根據主要是在儒家經典」〔註 7〕；季平認爲王安石的基本思想和行動仍然是以孔孟思想爲指導〔註 8〕。第三種，儒表法裏說，以張祥浩、趙益爲代表。張祥浩認爲「王安石新法的本質是以富民爲辭而行富國之實」〔註 9〕；趙益認爲王安石是位具有典型法家取向的儒家，繼承了儒法互補、儒表法內、儒體法用的傳統〔註 10〕。第四種，儒家主體說，以姜國柱、史玄冰、李祥俊爲代表。姜國柱認爲王安石變法是以儒家思想爲主體，也吸收了各家的某些思想〔註 11〕；史玄冰認爲變法的理論基礎是建立在儒家思想資料基礎上，參照各家的「荊公新學」〔註 12〕；李祥俊認爲「王安石的學術思想以經學爲主體，以儒學爲正宗，以子學、佛學、道教思想爲輔助」。〔註 13〕

對於以上四種觀點，現在仍持第一種觀點的人已不多，就是鄧廣銘也認爲王安石是儒家學者，甚至將王安石評價爲北宋「高踞首位」的儒家學者。在《王安石在北宋儒家學派中的地位》一文中，鄧廣銘評價王安石道：「從其對儒家學說的貢獻及其對北宋後期的影響來說，王安石應爲北宋儒家學者中高踞首位的人物。」〔註 14〕當然，鄧廣銘認爲王安石存在「援法入儒」〔註 15〕的傾向，這就使得他關於王安石變法指導思想的觀點與第三種觀點極爲接近。

上述第四種觀點，目前是學界較普遍接受的觀點，不過第四種觀點與第二種觀點應該來說沒有什麼實質的差別。吸收佛、老等各家思想成分是宋代儒學之共同特徵，朱熹站在自己學派立場上當然可以指責王安石學術不純

〔註 7〕余英時：《論戴震與章學誠》，三聯書店，2000 年 6 月第一版，第 338 頁。

〔註 8〕參見季平：《王安石和司馬光的政治思想探源》，《四川師院學報》，1985 年第 3 期。

〔註 9〕張祥浩：《「富民」是名，「富國」是實——王安石新法的是與非》，《溫州師範學院學報》，2005 年第 6 期。

〔註 10〕參見趙益：《王霸義利——北宋王安石改革批判》，南京大學出版社，2000 年 10 月版，第 159 頁。

〔註 11〕參見姜國柱：《論王安石》，《社會科學輯刊》，1980 年第 3 期。

〔註 12〕史玄冰：《略談王安石變法的指導思想和理論基礎》，《南京大學學報》，1982 年第 3 期。

〔註 13〕李祥俊：《王安石學術思想研究》，北京師範大學出版社，2000 年 11 月第一版，第 357 頁。

〔註 14〕鄧廣銘：《鄧廣銘學術論著自選集》，首都師範大學出版社，1994 年 10 月第一版，第 285 頁。

〔註 15〕鄧廣銘：《鄧廣銘學術論著自選集》，首都師範大學出版社，1994 年 10 月第一版，第 281 頁。

正，但從現代學術的眼光來看，包括程朱理學在內的宋代儒學在整體上無疑與先秦原始儒學存在很大差異，從這種意義來說都不「純正」，因此說程朱理學與荊公新學哪個更「純正」便沒太大意義。雖然程、朱、陸、王的學說與先秦原始儒學有所不同，但因爲他們在價值取向上認同孔孟，所以沒有誰會否認他們爲儒家。承認王安石變法的指導思想是以儒家思想爲主體，便承認了變法是以孔孟儒家倫理爲價值取向，以實現儒家「三代」政治理想爲最終目標，否則何談「儒家主體」。如果變法以孔孟儒家倫理爲價值取向，以實現儒家「三代」政治理想爲最終目標，那變法的指導思想不是儒家思想又能是什麼呢？

對於「儒表法裏」、「法家取向的儒家」、「援法入儒」這樣的觀點，關鍵問題在於如何看待王安石思想中，或其變法措施中展現的所謂「法家」成分。例如，主張「強兵」就是法家思想嗎？強調「立法度」就是法家嗎？在沒有對王安石講的「理財」、「強兵」、「立法度」、「賞罰」之內涵進行細緻分析，沒有深入考察它們與王安石「道德性命」之學和「三代」理想之間內在聯繫，沒有將它們與孔子、孟子、商鞅、韓非的出發點、歸宿及價值取向進行深入比照的情況下，僅憑字面表象便將這些判爲「法家」成分，恐怕有失武斷。更進一步來說，僅根據王安石變法時期講理財、強兵、賞罰、法度等，便得出王安石變法是以法家思想爲指導，或者得出王安石是「儒表法裏」、「法家取向的儒家」、「援法入儒」這樣的結論，恐怕也有失武斷。本文的主要工作之一就在於辨析王安石思想中的所謂「法家」成分，對王安石變法的指導思想問題做一些澄清工作。

此外，與「儒表法裏」說息息相關，有一種論點認爲王安石當政前後思想發生了重大改變。張祥浩認爲「論王安石的政治思想，必須看到前後的變化……而不知熙寧年間王安石的政治思想，與其早年的政治思想不可同日而語。」〔註 16〕王安石當政前後思想果眞發生了由儒而法的重大轉變嗎？王安石熙寧二年（1069 年）拜參知政事主持變法時已年近五十，是思想成熟的年齡，在這種年齡思想發生由儒而法的重大轉變，無論如何讓人難以理解。要弄清王安石是否「忘其舊學」，也需對王安石當政時期思想中的所謂「法家」成分進行深入辨析。

〔註 16〕張祥浩、魏福明：《王安石評傳》，南京大學出版社，2006 年 6 月第一版，第 229 頁。

其四，對王安石的義利觀，因其言「利」而誤讀。學界對儒家義利之辨的討論不可謂不多，但對儒家義利之辨的把握，卻存在偏差，對王安石的義利觀更是存在嚴重誤讀。學界對王安石義利觀的考察，大致有兩類趨向。第一類，將對儒家義利之辨的考察轉換成對歷史上義利觀的分類考察，在此基礎上將王安石的義利觀歸爲「義利統一」或「義利合一」一類。如：王澤應《中國古代義利之辨的重新認識》一文，將歷史上的義利觀分爲重義輕利、義利並重、義利合一三種，並將王安石、李覯、陳亮、葉適歸爲義利合一類〔註 17〕；劉文波《王安石義利觀的時代特色》一文，將歷史上的義利觀分爲義利統一、義利對立、以義制利、以義爲利四種，並將王安石歸爲「義利統一」一類〔註 18〕；關履權也將王安石的義利觀稱爲義利統一〔註 19〕。第二類，將儒家義利之辨視爲對倫理道德與功利之間關係的思考，在此基礎上將王安石的義利觀歸爲以「功利爲先」。如：熊鳴琴《「義利之辨」與北宋新舊黨的對立》一文，認爲義利之辨是關於倫理道德與功利之間關係（輕重、先後等）問題的爭辯，並認爲王安石變法是以功利爲中心，而反對派則不以功利爲先而以義爲先〔註 20〕；陳廷湘《宋代理學家高談義利之辨的歷史原因》一文，認爲王安石與反對派對立的焦點是以功利強國和以道義平天下，何者爲先〔註21〕。

儒家義利之辨所言之「利」指行爲主體的私利。義利之辨的核心是主體行爲準則之辨。首先，在人與人之間關係層面，義利之辨是主體行爲所依據的準則之辨，即主體是以「義」爲行爲所依據的準則，還是以「私利」爲行爲所依據的準則；其次，在群體間、國家間層面，義利之辨是群體或國家行爲所依據的準則之辨，即群體、國家是以「義」爲行爲所依據的準則，還是以「群體利益」、「國家利益」爲行爲所依據的準則。因此，目前學界對王安石義利觀或義利之辨的考察，上述第一類可以說基本沒有觸及問題的核心實

〔註 17〕參見王澤應：《中國古代義利之辨的重新認識》，《求索》，1997 年第 1 期。

〔註 18〕參見劉文波：《王安石義利觀的時代特色》，《湖南師範大學社會科學學報》，2008 年第 2 期。

〔註 19〕參見關履權：《王安石的義利觀與儒家思想傳統》，《晉陽學刊》，1988 年第 4 期。

〔註 20〕參見熊鳴琴：《「義利之辨」與北宋新舊黨的對立》，《中州學刊》，第 2010 年第 3 期。

〔註 21〕參見陳廷湘：《宋代理學家高談義利之辨的歷史原因》，《中國史研究》，2001 年第 3 期。

質，所謂義利是「對立」還是「統一」這樣的問題，根本就不是儒家義利之辨討論的實質問題；上述第二類較第一類應該來說已趨近問題的實質，但義利之辨畢竟並非權衡義與利的輕重、先後，而是以何作爲行爲準則的非此即彼的抉擇。不僅如此，用所謂的「功利」、「社會功利」這樣的概念來替代義利之辨中的「利」（即私利）也完全模糊了義利之辨問題的實質，義利之辨不是主體以「義」爲行爲準則還是以「功利」、「社會功利」爲行爲準則之辨，而是主體以「義」爲行爲準則還是以「私人利益」爲行爲準則之辨。

王安石作爲被時人比作孟子的一代大儒，極爲關注作爲儒學核心問題之一的義利之辨問題，在王安石主持修訂的《三經新義——尚書》中有「道二，義、利而已」〔註 22〕這樣的語句，幾乎與程顥「天下之事，惟義利而已」〔註 23〕如出一轍。將王安石的義利之辨或義利觀概括爲「義利統一」、「以功利強國爲先」、「以功利爲中心」等等，顯然都未能觸及王安石義利之辨或義利觀問題的實質，無助於我們對王安石義利觀的把握。對於王安石的義利之辨或義利觀，學界之所以有此認識，究其原因，一方面源於對儒家義利之辨問題的實質把握不夠準確，另一方面也源於對王安石所言之「利」缺乏分析。

其五，因未考察「天變不足畏」在北宋年間的政治意涵，而將所謂的「天變不足畏」之精神強加給王安石。自從鄧廣銘將「三不足」精神，即「天變不足畏、祖宗不足法、流俗之言不足恤」，作爲王安石變法的精神支柱以來〔註 24〕，學界論及王安石變法者，大多認同鄧的觀點，將「三不足」之語認作王安石所言，並將其作爲王安石勇於變革之精神的體現。學界雖大多認同鄧廣銘的觀點，但也不乏質疑的聲音。在質疑者中，既有大陸學者，也有臺灣地區學者。大陸質疑者以顧吉辰、王榮科爲代表。顧吉辰《王安石「三不足」說質疑》一文，提出四點理由論證「所謂『三不足』之說，很有可能不是出於王安石之口，而是來自變法反對派對王安石的憑空捏造」〔註 25〕。王榮科《王安石提出「三不足」之說質疑》一文，則從「王安石所處的政治文化環

〔註 22〕程元敏：《三經新義輯考彙評——尚書》，國立編譯館，1986 年 7 月第一版，第 209 頁。

〔註 23〕程顥、程頤：《二程集》，中華書局，1981 年 7 月第一版，第 124 頁。

〔註 24〕參見鄧廣銘：《北宋政治改革家王安石》，河北教育出版社，2000 年 12 月第一版，第 115 頁。

〔註 25〕顧吉辰：《王安石「三不足」說質疑》，《青海社會科學》，1986 年第 2 期。

境」等三方面來論證「可以肯定王安石並沒有提出過『三不足』之說。」〔註26〕臺灣質疑者以林天尉和黃復山爲代表。林天尉《考「三不足」說之僞，析楊升庵之偏》一文認爲「所謂『三不足』說，其初意是泛論神宗與王安石對新法推行時之堅決意志，司馬光主持策試時，用作命題，目的是在試探民意，亦可能是擬製造反對的輿論。」〔註 27〕在所有質疑者中，黃復山《王安石三不足說考辨》一文用 3 萬字左右的篇幅詳考「三不足」說的形成與流衍，所引史料最爲詳實，論證也最爲有力。經黃復山的辨析，王安石沒有提出過「三不足」這樣的口號，當可成爲定案。不過，值得注意的是，學界即使對王安石是否提出過「三不足」之說表示懷疑的人，也都幾乎眾口一詞地說王安石具有「三不足」之精神。漆俠認爲「在反動的頑固派對王安石個人進行的種種誣衊和打擊中，有所謂的『三不足』之說，即：『天命不足畏，祖宗不足法，流俗不足恤。』但是，沒有比這個捏造再能說明王安石的個性和爲人了。」〔註28〕顧吉辰也說「至於王安石雖然沒有提出過『三不足』的話，可是他在變法時卻用「三不足」的精神去實踐了自己的理想和政治主張，那就是另外一個問題了」。〔註 29〕王榮科則說：「當然也不可否定，王安石身上確實是表現了相當的『三不足』精神與變革勇氣的。」〔註30〕甚至黃復山也說：「若以客觀態度言之，則不畏天變，更革不合時宜之成法，不顧忌利害相犯者之流言，實爲從政、處事應有之體認，不必因屬之安石，乃深詆其非是也。」〔註 31〕顯然，黃復山認爲王安石是具有他所說的「體認」的。

從上述情況來看，學界似乎一致認爲王安石具有「三不足」精神。目前，學界已經從很多方面論述了「天變不足畏」非王安石所言，不過卻少有人從「天變不足畏」的政治意涵出發，考察王安石是否具有「天變不足畏」之精神，也就是說學界在一致肯定王安石具有「天變不足畏」之精神時，實際並未考察這一精神到底意味著什麼。學界有此認識，究其原因，不過是一種時代倒錯罷了，是將從現代眼光看來值得讚賞的所謂樸素唯物主義與無神論精

〔註26〕王榮科：《王安石提出「三不足」之說質疑》，《復旦學報》，2000 年第 1 期。

〔註27〕參見《紀念司馬光與王安石逝世九百週年學術研討會論文集》，文史哲出版社，1986 年 10 月版，第 201～211 頁。

〔註28〕漆俠：《王安石變法》，上海人民出版社，1959 年 3 月第一版，第 230 頁。

〔註29〕顧吉辰：《王安石「三不足」說質疑》，《青海社會科學》，1986 年第 2 期。

〔註30〕王榮科：《王安石提出「三不足」之說質疑》，《復旦學報》，2000 年第 1 期。

〔註31〕黃復山：《王安石三不足說考辨》，《漢學研究》第 11 卷第 1 期，第 209～252 頁，1993 年 6 月。

神加到了「天變不足畏」之上，而沒有考察「天變不足畏」在北宋年間到底意味著什麼。

三、研究思路

既然政治哲學關注的核心問題是「什麼樣的政府、國家、社會才是善或好的政府、國家、社會」，那麼我們對「王安石政治哲學」的考察，自然就應當以王安石對理想政治、理想社會秩序的思考和論述為中心。王安石心目中的理想社會是用「三代」來表述的，我們對王安石政治哲學的研究就從考察他的「三代」理想開始。

王安石的「三代」理想是在北宋「迴向三代」思潮背景下產生的，對北宋「迴向三代」思潮的考察，便是對王安石「三代」理想產生的時代思想背景的考察，進而也就是對整個王安石「政治哲學」產生的時代思想背景的考察，這一考察是把握王安石「三代」理想進而把握其「政治哲學」的前提。

王安石的「三代」理想與其「命論」密切相關，對其命論的考察是把握其「三代」理想的關鍵，因此王安石的「命論」自然應成為本研究考察的重點之一。王安石的理想「三代」社會是一個以德性為基礎的等級制社會，是一個「賢者治不賢者」,「賢者貴」、「不賢者賤」的社會。在王安石看來，「賢者貴」、「不賢者賤」，賢者統治，不賢者被統治是天道的秩序，是人間應有的秩序，聖人推行這一天道、天命的秩序（即聖人「行命」），才能保證這一天道秩序在人間得以實現。聖人「行命」實現「賢者治不賢者」的秩序，其根本在於「賢者」（即精英階層）的培養。因此，對核心是闡述精英階層培養問題的《上仁宗皇帝言事書》的考察，理應成為考察王安石「命論」的一部分。

王安石的「性論」特別是「成性論」，是其思考「善或好的政府、國家、社會」的重要方面。王安石認為君主、政府、國家的責任和目的在於使人民「成性」，即認為君主、政府、國家只有在促進、保證人性實現的情況下，才有其存在的合理性與合法性，也即認為善或好的政府、國家、社會應是能夠實現人性的政府、國家、社會。既然王安石「性論」特別是其「成性論」是其思考「善或好的政府、國家、社會」的重要方面，那自然應是本研究考察的重點之一。

變法實踐是王安石在現實政治世界推行其政治理想的一次嘗試，變法的指導思想應是其政治思想的集中展現，因此欲考察王安石的政治哲學，不可不考察其變法的指導思想。在考察王安石變法的指導思想時，本研究只就其意圖、初衷、目標等立論，緊緊圍繞變法與其「三代」理想之間的關係展開討論，意在表明至少在主觀意圖上，王安石變法是在推行其「三代」理想。在判定王安石變法指導思想的學派歸屬方面，本研究以儒、法兩家學說在出發點和歸宿方面的根本差異作爲參照的坐標系統，以王安石變法的出發點和歸宿作爲判定其指導思想的根據，而不以未經分析的「法度」、「強兵」、「理財」等言辭爲根據。

義與利、正義與強權之間關係問題，是政治哲學的基本問題之一，也是理論家思考政治生活的主題之一，考察王安石的政治哲學，自然不能不考察他的義利王霸之辨。不僅如此，義利王霸之辨與其「三代」理想密切相關，「王道」與「三代」實爲內涵相通的概念，因此義利王霸之辨也是其思考善或好的政府、國家、社會的重要方面。

君權在君主政體之下，是人間政治權力、政治權威的代表。政治權力、政治權威的來源和性質是政治哲學的基本問題之一，王安石關於君權的來源和性質的論述，是其對這一問題的思考，不可不包含在對其「政治哲學」的研究之中。

在以王安石「三代」理想爲中心，系統考察了他對政治哲學核心問題的思考後，爲了凸顯王安石「三代」理想的特色，也爲了進一步具體展現北宋「迴向三代」思潮，本文對二程、張載的「三代」理想及其與王安石「三代」理想的異同作了一些初步的考察。

第一章　王安石的「三代」理想

第一節　北宋中期「迴向三代」思潮

王安石的「三代」理想是在北宋「迴向三代」思潮背景下產生的，只有將王安石的「三代」理想放回到這一時代思想大背景中，才能對其有一全面的把握。

一、北宋儒學復興運動與「迴向三代」思潮

關於北宋儒學復興運動，有人認爲應該稱爲儒學轉型〔註1〕，有人認爲應稱爲儒學更新〔註2〕，不管如何稱謂，所指稱的都是發生在北宋時期的同一場社會思想文化運動。關於這場運動何以興起，漆俠認爲是爲了應對佛老的挑戰，爲了恢復儒學的統治地位〔註3〕。漆俠的這種觀點代表了長期以來的一種普遍看法，蕭永明便認爲儒學復興運動疑經惑古、排斥佛老、更新儒學在於應對儒學內外危機〔註4〕。陳來認爲「宋代儒學的復興主要面對兩個對立面，

〔註1〕參見吳國武：《經術與性理——北宋儒學轉型考論》，學苑出版社，2009年3月第一版。

〔註2〕參見徐洪興：《思想的轉型——理學發生過程研究》，上海人民出版社，1996年12月第一版。

〔註3〕漆俠：《宋學的發展和演進》，河北人民出版社，2002年10月第一版，第132頁。

〔註4〕蕭永明：《北宋新學與理學》，陝西人民出版社，2001年2月第一版，第20～26頁。

一是佛老，其中主要是佛教文化的挑戰，另一是浮文華辭。」〔註 5〕郭齊勇認爲「『性與天道』問題是北宋理學興起過程中理學家們普遍關注的問題，而他們對此問題的關注則與他們爲了回應佛老特別是佛教思想的挑戰的問題意識有關。」〔註 6〕還有一種觀點與這一觀點相似，認爲與佛老相比儒家心性形而上學顯得特別薄弱，爲了與佛老抗爭，才有專重道德心性的理學之興起。姜廣輝便認爲「宋明時期的『問題意識』是解決人生焦慮或『內聖』問題。」〔註 7〕姜的這一觀點，應該來說與鄧廣銘「程朱一派理學家……專講求內聖而不講求外王」〔註 8〕這一觀點很接近。

一場深刻持久的社會思想文化運動能夠產生，其原因當異常複雜，絕不是簡單的應對危機和挑戰所能全面解釋的。全面考察這場運動得以產生的原因和條件，超出了本課題的研究範圍，本文只是試圖強調一點——儒學復興運動的內在動力（至少是內在動力之一）是重建秩序的要求，而這一點長期以來恰恰被學界所忽視。重建秩序是復興儒學的內在動力，復興儒學之目的在於重建秩序，爲了重建秩序必須復興儒學，這是當時知識精英的共識，甚至佛教中人都認爲「佛卒不可以治天下國家」〔註 9〕。

重建秩序的訴求在北宋時期是用迴向「三代」來表述的。宋代儒者正是用「三代」來表達他們對理想政治、理想社會的思考和追求，也用它來表達對現實政治的不滿和反抗。「三代」作爲理想社會、理想政治的代名詞，不僅是北宋士大夫追求的理想，也是他們用來衡量現實政治的標尺，宋代儒者高揚「三代」理想是對漢唐以來秦制或法家政治的一種反抗。東周禮崩樂壞之後，建立的是秦制，漢承秦制，如宋儒程顥所言「兩漢以下，皆把持天下者也」〔註 10〕，因此所謂重建秩序乃是針對秦制而言，是針對法家政治而言，是要重建儒家理想的「三代」社會秩序。

北宋時期有一股強勁的迴向「三代」思潮。儒學復興運動以重建秩序爲目標，迴向「三代」思潮與儒學復興運動本就是一而二，二而一的。朱熹曾

〔註 5〕陳來：《宋明理學》，華東師範大學，2004 年 3 月版，第 31 頁。

〔註 6〕郭齊勇：《中國哲學史》，高等教育出版社，2006 年 5 月第一版，第 248 頁。

〔註 7〕姜廣輝：《中國經學思想史》第一卷，中國社會科學出版社，2003 年版，第 47 頁。

〔註 8〕鄧廣銘：《鄧廣銘學術論著自選集》，首都師範大學出版社，1994 年 10 月第一版，第 286 頁。

〔註 9〕程顥、程頤：《二程集》，中華書局，1981 年 7 月第一版，第 24 頁。

〔註10〕程顥、程頤：《二程集》，中華書局，1981 年 7 月第一版，第 127 頁。

說：「國初人便已崇禮義，尊經術，欲復二帝三代，已自勝如唐人，但說未透在，直至二程出，此理始說得透。」〔註 11〕「欲復二帝三代」是北宋時期出現的一股時代思潮，這可從北宋朝堂之上、奏對之中，各家文集之內隨處可見的稱頌堯、舜、三代的言論中看出，上引朱熹的觀察也能證實這一點。朱熹的話不僅揭示了迴向「三代」思潮的存在，而且也向我們透露了北宋復興儒學的旨趣和內在動力在於「欲復二帝三代」。更可注意的是，在朱熹看來顯然二程及「國初人」所講求的都是「復二帝三代」之「理」，只不過二程說得更透徹而已。

北宋時期的儒者對「三代」的稱頌、嚮往以至「欲復二帝三代」，可以說是不勝枚舉，下面僅舉數例，以證迴向「三代」思潮確曾存在於北宋儒者之中。先看程顥的《上殿劄子》。「惟在以聖人之訓爲必當從，先王之治爲必可法……必期致世如三代之隆而後已也。」〔註 12〕「先王之治爲必可法」，表明在程顥看來「三代」不僅僅是高懸的理想，而且是切實可行，可以實現的理想，因此他說「若三代之治，後世決可復。不以三代爲治者，終苟道也。」〔註 13〕「必期致世如三代之隆而後已」則表明程顥希望宋神宗立志實現「三代」理想秩序，其本人希望能夠實現「三代」理想秩序自不待言。程頤《爲家君應詔上英宗皇帝書》與他哥哥程顥《上殿劄子》的論述毫無二致。「必期致天下如三代之世……故臣願陛下以立志爲先……則三代之治可望於今日也。」〔註 14〕再來看張載。熙寧初，張載入朝，宋神宗問治道，他的回答是「爲政不法三代者，終苟道也。」〔註 15〕張載的答語與程顥「不以三代爲治者，終苟道也」如出一口，可見以「三代」作爲政治理想和評判現實政治的標準，在他們那裏是完全一致的。張載這次與宋神宗的對話，呂大臨的記載是「既入見，上問治道，皆以漸復三代爲對。」〔註 16〕「皆以漸復三代爲對」最爲清楚不過地表明瞭張載有意於重建「三代」理想社會秩序。司馬光也說「竊惟子厚平生用心，欲率今世之人，復三代之禮者也」〔註 17〕。前所舉三人皆爲理學

〔註 11〕黎靖德編：《朱子語類》，中華書局，1986 年 3 月版，第 3085 頁。
〔註 12〕程顥、程頤：《二程集》，中華書局，1981 年 7 月第一版，第 447 頁。
〔註 13〕程顥、程頤：《二程集》，中華書局，1981 年 7 月第一版，第 129 頁。
〔註 14〕程顥、程頤：《二程集》，中華書局，1981 年 7 月第一版，第 511～522 頁。
〔註 15〕張載：《張載集》，中華書局，1978 年 8 月第一版，第 386 頁。
〔註 16〕張載：《張載集》，中華書局，1978 年 8 月第一版，第 382 頁。
〔註 17〕張載：《張載集》，中華書局，1978 年 8 月第一版，第 387 頁。

家，然而「欲復二帝三代」絕不僅限於理學家，王安石在「欲復二帝三代」方面與他們完全一致。熙寧元年（1068 年）宋神宗初次召見王安石時，王安石便對神宗說「陛下每事當以堯、舜爲法。唐太宗所知不遠，所爲不盡合法度……處今之世，恐須每事以堯、舜爲法。」〔註 18〕「然臣以謂今之失，患在不法先王之政者，以謂當法其意而已。夫二帝三王……而其爲天下國家之意，本末先後，未嘗不同也。臣故曰當法其意而已。」〔註 19〕漢、唐不足法，「每事以堯、舜爲法」，這與理學家所說的「法三代」根本來說是相同的。此外，在《興賢》一文中，王安石還說道：「苟行此道，則何慮不跨兩漢、軼三代，然後踐五帝、三皇之塗哉。」〔註 20〕我們知道王安石被二程視爲思想上頭號大敵，而他們在「欲復二帝三代」方面卻完全一致，由此不難想見，「欲復二帝三代」乃北宋儒者之共性，重建「三代」社會秩序是他們試圖實現的共同政治理想。

儒學復興運動以重建秩序爲目標和內在動力，這一點劉復生有所論及。劉復生認爲「北宋中期的儒學復興運動，基於唐宋之際中國社會發生重大變化這種特定的歷史條件而產生……一些崇奉儒家學說的思想家努力探究儒學義理，希望通過重新闡釋儒家經典並以之爲綱，重新建立儒家的『王道』政治。」〔註 21〕劉的這種論述，可謂把握住了北宋儒學復興運動的眞正旨趣之所在，即重建「王道」秩序，惜乎其以「儒學復興運動」爲題的專著未能就此展開全面系統的論述，只是在討論儒學復興運動「提倡經世致用」的特點時簡單論及。

儒學復興運動以重建秩序爲目標和內在動力，迴向「三代」思潮與儒學復興運動本就是一而二，二而一的。下面我們從古文運動、義理之學的興起兩個方面來論述儒學復興運動乃是以重建秩序爲旨歸和內在動力。

〔註 18〕黃以周等輯注，顧吉辰點校：《續資治通鑒長編拾補》，中華書局，2004 年版，第 92～93 頁。

〔註 19〕王安石：《臨川先生文集》卷三九，《上仁宗皇帝言事書》，1993 年上海古籍出版社影印四部精要刻本，第 105 頁。

〔註 20〕王安石：《臨川先生文集》卷六九，《興賢》，1993 年上海古籍出版社影印四部精要刻本，第 193 頁。

〔註 21〕劉復生：《北宋中期儒學復興運動》，文津出版社，1991 年 7 月第一版，第 1 頁。

二、北宋古文運動與「迴向三代」思潮

北宋古文運動乃是儒學復興運動的重要方面，本節從考察北宋古文運動的主要代表人物關於「文」或「古文」的有關論述出發，試圖表明他們倡導古文的內在動力和旨趣在於秩序之重建。

柳開是宋初古文運動的領軍人物，是宋初古文運動的一面旗幟。范仲淹在《尹師魯河南集序》中說「近則唐貞元、元和之間，韓退之主盟於文，而古道最盛。懿、僖以降，寖及五代，其體薄弱。皇朝柳仲途起而麾之，髦俊率從焉。」〔註 22〕四庫館臣在《河東集》提要中也說「宋朝變偶儷爲古文，實自開始。」〔註 23〕柳開是北宋古文運動的先驅，他對「文」的看法，以及他何以要「變偶儷爲古文」，能最好地展現北宋古文運動的內在動力和旨歸之所在。

宋初古文運動不是一場純文學運動，「古文」作爲一種文體或文學形式，其本身並不是古文倡導者所追求的目標，而只是他們興復「古道」的一種手段或工具，這一點柳開表述的非常清楚明確。柳開在《上王學士第三書》中將「文」比作「道之筌」。「文章爲道之筌也，筌可妄作乎？筌之不良，獲斯失矣。」〔註 24〕顯然，文或文章本身不是目的，只是獲得「道」的工具，文好比是「筌」，道才是眞正想要得到的「魚」。可見，柳開之所以提倡古文，乃因爲他認爲古文才是興復古道最好的工具，而時文則與興復古道格格不入。「代言文章者，華而不實，取其刻削爲工，聲律爲能。刻削傷於樸，聲律薄於德。無樸與德，於仁義禮知信也何有？」〔註 25〕仁義禮智信就是孔孟之道或古道，而時文則「於仁義禮知信也何有？」。「筌之不良，獲斯失矣」，顯然，時文不是興復古道的良好工具，筌不可妄作，因此才要提倡古文。

柳開倡導和實踐古文經歷了一個過程。在《東郊野夫傳》中柳開自述道：「年始十五六，學爲章句。越明年，趙先生指以韓文，野夫遂樂得而誦讀之。當是時，天下無言古者……迨年幾冠……野夫深得其韓文之要妙，下筆將學

〔註 22〕范仲淹：《范仲淹全集》，鳳凰出版社，2004 年 11 月第一版，第 158 頁。

〔註 23〕見《四庫全書》別集類二《河東集》。

〔註 24〕曾棗莊、劉琳主編：《全宋文》第 6 冊，上海辭書出版社、安徽教育出版社，2006 年版，第 284 頁。

〔註 25〕曾棗莊、劉琳主編：《全宋文》第 6 冊，上海辭書出版社、安徽教育出版社，2006 年版，第 283 頁。

其爲文。」〔註 26〕柳開十六七歲開始喜愛韓愈的古文，將近二十歲時開始學習創作古文。這三、四年間，柳開還只是將古文作爲一種文體或文學形式來喜好和學習。此時柳開因傾慕韓愈、柳宗元的古文而自名肩愈，子紹先。「始其愚之名肩愈也，甚幼耳。其所以志之於文也，有由而來矣。年十六七時，得趙先生言，指以韓文，遂酷而學之，故慕其古而乃名肩愈。復以紹先字之，謂將紹其祖而肩其賢也……幼之時，所以名者，在於好尚韓之文，故欲肩矣。」〔註 27〕上引《答梁拾遺改名書》中的一段自述，不但向我們表明了柳開自名肩愈，字紹先的原委，還向我們透露了柳開此時關注的還只是韓柳古文作爲文學形式本身，所以他才說「志之於文」，才說「在於好尚韓之文」，才說「下筆將學其爲文」，也才在《名系》篇中說：「開始慕韓愈氏爲文章，名爲肩愈。」〔註 28〕可見，此時柳開傾慕的是韓柳的文章形式本身，也就是古文文體本身，而非「古道」。這一點還可從柳開對韓愈、柳宗元的評價看出。雖然柳開此時也認爲「退之大於子厚，故以名焉，子厚次之，故以字焉」〔註 29〕，但此時他推崇、傾慕柳宗元則是毫無疑問的。他推崇、傾慕柳宗元的，顯然只能是其文，而非其道。「或問退之、子厚優劣，野夫曰：『文近而道不同。』或人不諭，野夫曰：『吾祖多釋氏，於以不迨韓也。』」〔註 30〕韓柳「文近而道不同」，柳開少時將柳宗元放到僅次於韓愈的地位上來推崇、傾慕，顯然他無論推崇、傾慕韓愈還是柳宗元都是從「文」本身出發的，而非著眼於「道」。由此不難想見，柳開少時學習、提倡古文都是著眼於古文文體本身。

如果說柳開少時學習、提倡古文都是著眼於古文文體本身，那麼二十多歲〔註 31〕改號補亡先生，改名開，字仲途時，柳開提倡古文的著眼點則已轉向「古道」。在《答梁拾遺改名書》中柳開自述了改名的原委。「幼之時，所

〔註 26〕曾棗莊、劉琳主編：《全宋文》第 6 冊，上海辭書出版社、安徽教育出版社，2006 年版，第 391 頁。

〔註 27〕曾棗莊、劉琳主編：《全宋文》第 6 冊，上海辭書出版社、安徽教育出版社，2006 年版，第 289～290 頁。

〔註 28〕曾棗莊、劉琳主編：《全宋文》第 6 冊，上海辭書出版社、安徽教育出版社，2006 年版，第 386 頁。

〔註 29〕曾棗莊、劉琳主編：《全宋文》第 6 冊，上海辭書出版社、安徽教育出版社，2006 年版，第 393 頁。

〔註 30〕曾棗莊、劉琳主編：《全宋文》第 6 冊，上海辭書出版社、安徽教育出版社，2006 年版，第 392 頁。

〔註 31〕參見張景：《柳公行狀》中「年逾二十……」，《河東集》卷十六。

以名者，在於好尙韓之文，故欲肩矣。逮今長而成，所以志者，在乎執用先師之道也，故亦將有所易也。」〔註 32〕與自名肩愈，字紹先相同，柳開改名開，字仲途也在於明其志，只是此時之志與少時已不同，故要改名。那麼，柳開之志究竟何在？「遂易名曰開，字仲途。其意謂將開古聖賢之道於時也，將開今人之耳目使聰且明也；必欲開之爲其途矣，使古今由於吾也，故以仲途字之，表其德也。」〔註 33〕上引《答梁拾遺改名書》與《補亡先生傳》中的這兩段話明確道出了柳開之志是「執用先師之道」，是「開古聖賢之道於時」。顯然，此時柳開以孔孟道統的繼承者自居，以「宋之夫子」自居。「又言於予曰：『子爲宋之夫子矣。』……若吾子以我爲宋之夫子也，亦在此也。」〔註 34〕臧丙推尊柳開爲「宋之夫子」，柳開居之不疑。柳開之所以有此自信與自負，在於其自認爲「聖人之道果在於我」。「我之言曰：『聖人之道果在於我矣。』……夫聖人之道其果不在於我也，則我之述作也，何不取於今，而反取於古也？專於政理之文，是我獨得於世而行之。」〔註 35〕在《應責》篇中，柳開則直接說道：「吾之道，孔子、孟軻、揚雄、韓愈之道。」〔註 36〕柳開以「宋之夫子」自居，以孔孟道統繼承人自居，「開古聖賢之道於時」已不僅僅是其「志向」而已，也是其自覺承擔的歷史使命和責任。這一歷史使命和責任具體來說就是教化人民，「開今人之耳目使聰且明」，最終使古聖人之道得以行於世，使儒家理想的社會秩序得以實現。

教化人民使古聖人之道得以行於世，使儒家理想的社會秩序得以實現，在柳開看來分爲「得其位」與「不得其位」兩種情況。「古之教民者，得其位，則以言化之，是得其言也，眾從之矣；不得其位，則以書於後，傳授其人，俾知聖人之道易行，尊君，敬長，孝乎父，慈乎子。大哉斯道也！」「得其位」顯然指能當政，處於統治階層而言。處於這樣的地位能直接使「眾從」其言，

〔註 32〕曾棗莊、劉琳主編：《全宋文》第 6 冊，上海辭書出版社、安徽教育出版社，2006 年版，第 290 頁。

〔註 33〕曾棗莊、劉琳主編：《全宋文》第 6 冊，上海辭書出版社、安徽教育出版社，2006 年版，第 393 頁。

〔註 34〕曾棗莊、劉琳主編：《全宋文》第 6 冊，上海辭書出版社、安徽教育出版社，2006 年版，第 297～299 頁。

〔註 35〕曾棗莊、劉琳主編：《全宋文》第 6 冊，上海辭書出版社、安徽教育出版社，2006 年版，第 298 頁。

〔註 36〕曾棗莊、劉琳主編：《全宋文》第 6 冊，上海辭書出版社、安徽教育出版社，2006 年版，第 367 頁。

從而使聖人之道得以行於世，使儒家理想的社會秩序得以實現。「不得其位」則只能通過著書立說，以冀望於將來。「故吾著書自廣，亦將以傳授於人也……古文者……在於古其理，高其意，隨言短長，應變作制，同古人之行事，是謂古文也……吾若從世之文也，安可垂教於民哉？」〔註 37〕不難看出，柳開創作古文，提倡古文是為了「垂教於民」，是為了教化人民使古聖人之道得以行於世，使人民「同古人之行事」，使儒家理想的社會秩序得以實現。

古文是筌，是工具、手段，「垂教於民」使古聖人之道得以行於世，使儒家理想的社會秩序得以實現才是「魚」，才是目的。「昔聖人著六經，在其政也，垂於萬世，將使後人學其道，而用於民焉，非所謂空言者也。」〔註 38〕在柳開看來，六經乃是古文的典範，聖人著六經，是要「用於民」，也就是教化人民，並非空言。自然，柳開創作古文也絕非空言，而是要用於世的。「開寶初，又著《東郊野史傳》九十篇……或曰：『將何用乎？』對曰：『用之，即有用於世；否，雖先師之書，為長物耳！用不用在於世，吾何知哉？』」〔註 39〕「夫刪《詩》、《書》，定《禮》、《樂》，贊《易》道，修《春秋》，孔子知其道之不行也，故存其教之在其中，乃聖人之事業也。後之學者，著一文，撰一書，皆失其正，務尚於辭，未能知其聖人述作之意……則我本非以文矜伐於今之人也，將以文矜伐於古之道也。矜伐於古之道也，則務將教化於民。」〔註 40〕在柳開看來，聖人「述作之意」在於「教化於民」，他自己作古文之意也正在於此。

當然，柳開用世之心甚切，並不以「書於後，傳授其人」為滿足，更希望能「得其位」以直接使聖人之道得以行於世。「復戀戀不能去者……復而思之，設天與其命，一朝一夕，使主張斯文，教民歸於古道，又萬一而冀望於心也。」〔註 41〕

〔註 37〕曾棗莊、劉琳主編：《全宋文》第 6 冊，上海辭書出版社、安徽教育出版社，2006 年版，第 366～367 頁。

〔註 38〕曾棗莊、劉琳主編：《全宋文》第 6 冊，上海辭書出版社、安徽教育出版社，2006 年版，第 286 頁。

〔註 39〕曾棗莊、劉琳主編：《全宋文》第 6 冊，上海辭書出版社、安徽教育出版社，2006 年版，第 392 頁。

〔註 40〕曾棗莊、劉琳主編：《全宋文》第 6 冊，上海辭書出版社、安徽教育出版社，2006 年版，第 298～300 頁。

〔註 41〕曾棗莊、劉琳主編：《全宋文》第 6 冊，上海辭書出版社、安徽教育出版社，2006 年版，第 304～305 頁。

慶曆新政的領袖范仲淹對士風產生了深刻影響，其倡導古文對當時文風的改變也起了不容忽視的作用。范仲淹對當時文風深爲不滿，這在《唐異詩序》中表露無遺。「五代以還，斯文大剝，悲哀爲主，風流不歸。皇朝龍興，頌聲來復，大雅君子，當抗心三代。然九州之廣……因人之尙，忘己之實，吟詠性情而不顧其分，風賦比興而不觀其時……學步不至，效顰則多……」〔註 42〕

范仲淹不滿當時文風，實際是對當時政治的不滿。在范仲淹看來政治的興衰與文風的厚薄是相依而行的，文風厚薄實際反映的是政治的興衰。天聖三年（1025 年），在《奏上時務書》中范仲淹說道：「臣聞國之文章，應於風化。風化厚薄，見乎文章。是故觀虞夏之書，足以明帝王之道；覽南朝之文，足以知衰靡之化。」〔註 43〕天聖八年（1030 年）《上時相議制舉書》中再次表達了完全相同的看法。「某聞前代盛衰，與文消息。觀虞夏之純，則可見王道之正；觀南朝之麗，則知國風之衰。」〔註 44〕值得注意的是，范仲淹向太后、皇帝上書言時務，要求進行政治改革，其所言時務第一條便是改變文風，可見范仲淹倡導古文，絕不是著眼於古文文體本身，而是意在重建理想的「三代」秩序，所謂「大雅君子，當抗心三代」，應理解爲志於恢復「三代」古文文風和「三代」政治秩序。文風體現的是社會風化，而社會風化乃政治秩序之根本，因此范仲淹將改變文風作爲此奏書所言第一事，作爲當務之最急者。「故聖人之理天下也，文弊則救之以質，質弊則救之以文……伏望聖慈，與大臣議文章之道，師虞夏之風。況我聖朝千載而會，惜乎不追三代之高，而尙六朝之細……可敦諭詞臣，興復古道，更延博雅之士，布於臺閣，以救斯文之薄，而厚其風化也，天下幸甚！」〔註 45〕「救斯文之薄」意在「厚其風化」，范仲淹倡導古文之用意在此表達得非常明確。

宋初三先生之一的石介，是儒學復興運動中的活躍人物，也是古文的積極倡導者，北宋古文運動的一員健將，有掃蕩楊億西崑體之功。朱熹《五朝名臣言行錄》卷十引《呂氏家塾記》道：「石介守道深疾之，以爲孔門之大害，作《怪說》二篇，上篇排佛、老，下篇排楊億。於是新進後學，不敢爲楊、劉體，亦不敢談佛、老。」〔註 46〕

〔註 42〕范仲淹：《范仲淹全集》，鳳凰出版社，2004 年 11 月第一版，第 160～161 頁。
〔註 43〕范仲淹：《范仲淹全集》，鳳凰出版社，2004 年 11 月第一版，第 172～173 頁。
〔註 44〕范仲淹：《范仲淹全集》，鳳凰出版社，2004 年 11 月第一版，第 208 頁。
〔註 45〕范仲淹：《范仲淹全集》，鳳凰出版社，2004 年 11 月第一版，第 173 頁。
〔註 46〕朱熹：《朱子全書》第十二冊，上海古籍出版社、安徽教育出版社，2002 年 12 月第一版，第 325 頁。

石介排斥楊億西崑體，首先因爲西崑體文章無關乎教化，毫無用處。在《上趙先生書》中石介表達了對古文和時文功用的看法。「介近得姚鉉《唐文粹》及《昌黎集》，觀其述作，有三代制度，兩漢遺風，殊不類今之文……必本於教化仁義，根於禮樂刑政，而後爲之辭。大者驅引帝、皇、王之道，施於國家，敷於人民……今之爲文，其主者不過句讀妍巧、對偶的當而已。極美者不過事實繁多、聲律調諧而已……於教化仁義、禮樂刑政，則缺然無彷彿者……今之文何其衰乎！」〔註 47〕在石介看來，古文「本於教化仁義，根於禮樂刑政，而後爲之辭」，不同於時文徒然追求語言形式之「美」。石介的批評著眼於時文「於教化仁義、禮樂刑政，則確然無彷彿者」，可見其排斥時文在於時文不能履行教化的社會功能。孫復在《答張洞書》中認爲不能起到教化作用的文章爲「無用瞽言」。「至有盈篇滿集，發而視之，無一言及於教化者。此非無用瞽言，徒污簡策乎？」〔註 48〕石介的看法可以說與孫復毫無二致。

其次，石介排斥楊億西崑體，還因爲西崑體乃是通向堯、舜、禹、湯、文、武之道的一大障礙。「昔楊翰林欲以文章爲宗於天下，憂天下未盡信己之道，於是盲天下人目，聾天下人耳。使天下人目盲，不見有周公、孔子、孟軻、揚雄、文中子、吏部之道；使天下人耳聾，不聞有周公、孔子、孟軻、揚雄、文中子、韓吏部之道……今天下有楊億之道四十年矣。今人欲反盲天下人目，聾天下人耳，使天下人目盲，不見有楊億之道，使天下人耳聾，不聞有楊億之道……使目唯見周公、孔子、孟軻、揚雄、文中子、吏部之道，耳唯聞周公、孔子、孟軻、揚雄、文中子、吏部之道。周公、孔子、孟軻、揚雄、文中子、吏部之道，堯、舜、禹、湯、文、武之道也……今楊億窮研極態，綴風月、弄花草、淫巧侈麗，浮華纂組，刓鎪聖人之經，破碎聖人之言，離析聖人之意，蠹傷聖人之道。」〔註 49〕「堯、舜、禹、湯、文、武之道」所指的顯然不是文體形式，而是指儒家文化或儒家倫理道德秩序，說楊億西崑體「蠹傷聖人之道」自然也不是僅就其文體形式而言，而是就西崑體產生破壞儒家倫理道德秩序的社會後果而言。

〔註 47〕石介：《徂徠石先生文集》，中華書局，1984 年 7 月第一版，第 135～136 頁。

〔註 48〕孫復：《孫明復小集》，四庫全書・集部・別集類二。

〔註 49〕曾棗莊、劉琳主編：《全宋文》第 29 冊，上海辭書出版社、安徽教育出版社，2006 年版，第 290～291 頁。

上述兩點導致石介「深疾」楊億的西崑體，然而這兩點本身則源於石介對「文」的基本看法，石介在《上蔡副樞書》中表達了這一看法。「故兩儀，文之體也；三綱，文之象也；五常，文之質也……聖人，職文者也。君子章之，庶人由之……燦然其君臣之道也，昭然其父子之義也，和然其夫婦之順也。尊卑有法，上下有紀，貴賤不亂，內外不瀆，風俗歸厚，人倫既正，而王道成矣。今夫文者，以風雲爲之體，花木爲之象，辭華爲之質，韻句爲之數，聲律爲之本，雕鎪爲之飾……聖人職之，君子章之，庶人由之……君臣何由明？父子何由親？夫婦何由順？尊卑何由紀？貴賤何由敘，內外何由別？而化日以薄，風日以淫，俗日以僻，此其爲今之時弊也。」〔註 50〕此處值得注意的是石介對文章功能和後果的看法。「君子章之，庶人由之……而王道成矣」與「君子章之，庶人由之……而化日以薄，風日以淫，俗日以僻」是鮮明的對比，這種對比是文章功能、作用和社會後果的對比。我們可以說石介排斥楊億西崑體不是著眼於文體本身，而是著眼於文體產生的社會後果，也可以說石介倡導古文，是因爲古文有「君子章之，庶人由之……而王道成矣」的社會作用。

歐陽修是古文大家、文壇領袖、北宋古文運動的主將，他對文的見解當能體現古文運動的精神。歐陽修《答吳充秀才書》中「道勝者文不難而自至」的見解，爲人所熟知。歐陽修的此一見解，是因吳充向其請教如何寫文章而提出的，從其回信看，歐陽修反對刻意學習文章寫作。「夫學者未始不爲道，而至者鮮焉。非道之於人遠也，學者有所溺焉爾。蓋文之爲言，難工而可喜，易悅而自足。世之學者往往溺之……甚者至棄百事不關於心……此其所以至之鮮也。」〔註 51〕在歐陽修看來，刻意學習文章寫作必將沉溺於此而妨礙爲學的根本目的——求道，爲學者不僅不該刻意學習文章寫作，而且也無需刻意學習文章寫作，因爲「大抵道勝者文不難而自至也」。爲了佐證此一觀點，歐陽修以孔子等做爲正反兩方面的例證。「昔孔子老而歸魯，六經之作，數年之頃爾……何其用功少而至於至也……然大抵道勝者文不難而自至也。故孟子皇皇不暇著書，荀卿蓋亦晚而有作。若子雲、仲淹，方勉焉以模言語，此道未足而強言者也。後之惑者，徒見前世之文傳，以爲學者文而已，故愈力

〔註 50〕曾棗莊、劉琳主編：《全宋文》第 29 冊，上海辭書出版社、安徽教育出版社，2006 年版，第 204～205 頁。

〔註 51〕歐陽修：《歐陽修全集》，中國書店出版社，1986 年 6 月版，第 321～322 頁。

愈勤而愈不至。」〔註 52〕歐陽修顯然反對「模言語」和「道未足而強言」，也就是反對刻意學習文章寫作。

如果說歐陽修主張「道勝者文不難而自至」，那麼把握其「道」之所指自然是理解這一主張的關鍵。人所熟知，歐陽修不喜形上之思考，其所說的「道」自然不同於後來理學家們所說的「道」。歐陽修所說的「道」之內涵偏向於儒家外王一面，是「人事之切於世者」。《答李詡第二書》最能展現歐陽修不喜形上思考，不喜談論後來理學家們最爲關注的「性」等議題的偏向。「修患世之學者多言性，故常爲說曰：『夫性，非學者之所急，而聖人之所罕言也。』……《詩》三百五篇不言性，其言者政教興衰之美刺也；《書》……其言者堯、舜、三代之治亂也；《禮》、《樂》……然其大要，治國修身之法也……六經之所載，皆人事之切於世者，是以言之甚詳。」〔註 53〕在歐陽修看來聖人之道在六經之中，而六經所載「皆人事之切於世者」，由此不難看出歐陽修所說的「道」之內涵指向的是「政教興衰」、「治亂」和「治國修身」，指向的是外王。

歐陽修所說的「道」偏向外王還可從《與張秀才棐第二書》中看出。「君子之於學也務爲道，爲道必求知古，知古明道，而後履之以身，施之於事，而又見於文章而發之，以信後世。其道，周公、孔子、孟軻之徒常履而行之者是也；其文章，則六經所載至今而取信者是也……凡此所謂道者，乃聖人之道也，此履之於身、施之於事而可得者也……凡此所謂古者，其事乃君臣、上下、禮樂、刑法之事……。」〔註 54〕歐陽修所謂的「道」，也就是古聖人之道，因此「爲道必求知古」，而「古」的內涵所指則在於「君臣、上下、禮樂、刑法之事」，不難看出歐陽修所說的「知古明道」完全偏向於外王層面。歐陽修所說的「道」偏向外王，那麼在他看來學者所應關注的中心是外王之道，而不是怎麼寫文章。

從上面的論述可知，歐陽修所說的「道勝者文不難而自至」的「道」指儒家的外王之「道」。歐陽修認爲學者眞正應該關切的是外王的實現，而不是學習如何寫文章。歐陽修乃北宋古文運動的主將，從他的這種見解不難看出北宋初古文運動不是單純的文學運動，而是有著強烈的現實關懷和外王旨

〔註 52〕歐陽修：《歐陽修全集》，中國書店出版社，1986 年 6 月版，第 322 頁。
〔註 53〕歐陽修：《歐陽修全集》，中國書店出版社，1986 年 6 月版，第 319 頁。
〔註 54〕歐陽修：《歐陽修全集》，中國書店出版社，1986 年 6 月版，第 481 頁。

趣，這一旨趣可以概括爲重建「三代」秩序。「後世之治天下，未嘗不取法於三代者……」。〔註 55〕

王安石是世所熟知的八大家之一，他對文或古文又持怎樣的看法呢？「嘗謂文者，禮教治政云爾……且所謂文者，務爲有補於世而已矣。」〔註 56〕「治教政令，聖人之所謂文也。書之策，引而被之天下之民，一也……二帝、三王引而被之天下之民而善者也，孔子、孟子書之策而善者也，皆聖人也。」〔註 57〕「禮教治政」和「治教政令」指的是文的內容，而「有補於世」指的是文應該具有現實政治功能。文章不是華辭，書寫下來成爲文章的東西應該是能夠「引而被之天下之民」的，否則就是無用的華辭。古代聖王「引而被之天下之民」，建立的是理想的「三代」秩序，「書之策」的文自然也應以實現「三代」秩序爲旨歸。

北宋古文運動的參與者中還有一群十分特別的人物，他們是以智圓和契嵩爲代表的一群僧人。余英時在《朱熹的歷史世界》一書中論述了宋代僧人「士大夫化」現象〔註 58〕。所謂僧人「士大夫化」，是指僧人關注此岸現實世界的秩序重建。智圓是北宋「士大夫化」的僧人之一，也是北宋古文運動的積極參與者，其倡導古文和前述儒者一樣意在重建「三代」秩序。在《謝吳寺丞撰閒居篇序書》中有一段智圓自敘其志的文字。「將欲左攬孟軻之袂，右拍揚雄之肩……使夫三王二帝之道不遠復矣。」〔註 59〕在《答李秀才書》中，他又說道「亦頗有志於斯文」〔註 60〕。智圓有志於重建堯、舜、「三代」秩序，由此可見，其倡導古文也正是踐行此志向，服務於此志向。

智圓當時以古文名世，其文集中的《答李秀才書》與《送庶幾序》皆因人向其求教古文寫作而作。智圓在這兩篇文章中闡述了其關於古文的見解，現引於下。「愚竊謂文之道者三：太上立德，其次立功，其次立言。德，文之

〔註 55〕歐陽修：《歐陽修全集》，中國書店出版社，1986 年 6 月版，第 411 頁。

〔註 56〕王安石：《臨川先生文集》卷七七，《上人書》，1993 年上海古籍出版社影印四部精要刻本，第 213 頁。

〔註 57〕王安石：《臨川先生文集》卷七七，《與祖擇之書》，1993 年上海古籍出版社影印四部精要刻本，第 213 頁。

〔註 58〕參見余英時：《朱熹的歷史世界》，三聯書店，2004 年 11 月版，第 75 頁。

〔註 59〕曾棗莊、劉琳主編：《全宋文》第 15 冊，上海辭書出版社、安徽教育出版社，2006 年版，第 181～182 頁。

〔註 60〕曾棗莊、劉琳主編：《全宋文》第 15 冊，上海辭書出版社、安徽教育出版社，2006 年版，第 185 頁。

本也；功，文之用也；言，文之辭也……言之所施，期乎救弊。且句句警策，言言箴戒，尙慮無益於世，而代人競以淫辭媚語，聲律拘忌……何益於教化哉！」〔註61〕「夫所謂古文者，宗古道而立言，言必明乎古道也。古道者何？聖師仲尼所行之道也……仁義五常謂之古道也……既得之於心矣，然後吐之爲文章，敷之爲教化，俾爲君者如勳華，爲臣者如元愷，天下之民如堯舜之民……蓋爲文之志也。」〔註62〕從這兩段文字來看，智圓以是否有益於世，是否有益於教化作爲評判文章的標準，這與孫復、石介等人的標準完全相同。智圓對時文發出「何益於教化哉」的反覆感歎，其以社會教化功能作爲文章之最爲基本的要求，由此可以想見。不僅如此，智圓還希望通過發揮文章的教化功能而使「君如勳華，臣如元愷，民如堯舜之民」，也就是希望通過發揮文章的教化功能而實現堯、舜、「三代」理想社會秩序。僧人都以重建堯、舜、「三代」理想社會秩序爲志，由此可以想見迴向「三代」思潮波及範圍之廣，社會基礎之深厚。

三、北宋義理之學與「迴向三代」思潮

義理之學是宋代主流學術形態，其興起標誌著北宋儒學復興運動邁向高潮。全面考察北宋義理之學興起的原因和條件，超出了本課題的研究範圍，本文只是試圖強調義理之學興起與北宋儒者試圖重建人間秩序之間的內在聯繫。道德性命、理氣心性等自然是宋代義理之學討論的主題，但這並不意味著北宋義理之學不關注外王，情況可能正好相反，外王的關注和迴向「三代」的理想恰恰是義理之學興起的內在動力。

義理之學乃是相對於章句訓詁之學而言。北宋義理之學的興起源於對漢唐章句訓詁之學的不滿，而對章句訓詁之學的不滿則源於其「無用」，北宋經學變古，義理之學之興起一開始便是著眼於經世致用和秩序重建。王安石新學在北宋中後期至南宋初期處於官學地位，是當時學術主流，二程則是後來成爲宋代學術主流的理學之奠基人，考察他們何以倡導義理之學，當能從中窺出義理之學興起的內在動力。

〔註61〕曾棗莊、劉琳主編：《全宋文》第15冊，上海辭書出版社、安徽教育出版社，2006年版，第185～186頁。

〔註62〕曾棗莊、劉琳主編：《全宋文》第15冊，上海辭書出版社、安徽教育出版社，2006年版，第190～191頁。

北宋義理之學的興起，就個人影響來說，無人能與王安石所起的作用相比。王安石所起的作用可從兩個方面來看。

其一，王安石對北宋義理之學的興起有開創之功，無論是王安石的學生蔡卞，還是對王安石持批評態度的費密都持此一看法，雖然一者出於褒揚，一者出於批評。在《郡齋讀書志・後志》卷二《王氏雜說解題》中，晁公武引用了蔡卞《王安石傳》中的一段話：「宋興，文物盛矣，然不知道德性命之理。安石奮乎百世之下，追堯、舜、三代……初著《雜說》數萬言，世謂其與孟軻相上下。於是天下之士始原道德之意，窺性命之端云。」〔註 63〕這段話絕非學生對老師的過分溢美之辭，而是寫實之論，至少從現存各家文集來看，王安石肯定是當時大談道德性命之理的最爲突出一人。即使不能說北宋中期的士人皆因王安石的影響才開始探究道德性命問題，不能說北宋中期大談道德性命之風氣由王安石而起，至少也可以說王安石對此風的興起發揮了巨大的作用。如果說蔡卞還不是從經學變古的意義上談王安石對北宋義理之學的開創之功，那麼費密則是直接從批評宋學變漢學之古的意義上，指責王安石乃宋代義理之學的始作俑者。費密的《道脈譜論》中有下面這樣一段話：「王安石自昌朝發，獨任己私……盡改古注爲新義……以爲道德性命之微……安石言之則爲新義，行之則爲新法，天下騷然，宋遂南渡……而朝士所爭，乃王安石、程頤之學術……道德性命之說益熾……然二程與安石稍異者，不過『靜坐』、『體驗』……一切道德性命臆說，悉本安石焉。」〔註 64〕當然，這段話是從批評王安石變漢學之古的意義上說的，如果我們拋開其中漢、宋之爭的個人立場和評判標準，費密這段話不失爲中肯之論。如果說二程及其以後的理學家探究道德性命問題皆本於王安石，那麼王安石對義理之學的興起具有開創之功自無可疑。

其二，王安石以其所處的學術和政治地位，主持了科舉改革並修訂了《三經新義》，這在客觀上對義理之學的興起起了巨大的刺激作用。利祿所關，科舉取士的誘導作用在義理之學的興起中所起的作用不容忽視。熙寧四年（1071年）王安石主持科舉改革，熙寧六年（1073 年）宋神宗便對王安石說道：「今

〔註 63〕晁公武撰，趙希弁附考：《昭德先生郡齋讀書志》，續古逸叢書，民國間商務印書館影印本。

〔註 64〕參見梁啓超：《中國近三百年學術史》，天津古籍出版社，2003 年月版，第 180 頁。

歲南省所取多知名舉人，士皆趨義理之學，極爲美事。」〔註 65〕在更早的熙寧五年（1072 年）馮京便說「聞舉人多盜王安石父子文字……」〔註 66〕，而王安石則說「西北人舊爲學究，所習無義理，今改爲進士，所習有義理。」〔註 67〕當然，這些都還是在《三經新義》頒行之前。《三經新義》成爲科舉取士的標準文本，王安石新學成爲官學之後，其對士人的誘導作用，進而對義理之學的興起所起的刺激作用更不容低估。

前面討論的是王安石在義理之學興起過程中所起的作用，下面我們轉向考察王安石倡導義理之學的原因。要考察王安石倡導義理之學的原因，首先需要瞭解他對「經」或「經術」的看法。我們來看王安石與宋神宗的一段對話。「上曰：『朕知卿久，非適今日也。人皆不能知卿，以爲卿但知經術，不可以經世務。』安石對曰：『經術者，所以經世務也，果不足以經世務，則經術何賴焉！』」〔註 68〕很明顯，王安石是以經世致用的態度對待儒家的「經」。正是因爲王安石以經世致用的態度對待儒家之「經」，所以才會對「無用」的漢唐章句訓詁之學深表不滿，才會倡導義理之學。

王安石對漢唐章句訓詁之學的不滿，在《書洪範傳後》和《答姚辟書》兩文中有明確的表達。「孔子沒，道日以衰熄，浸淫至於漢，而傳注之家作。爲師則有講而無應，爲弟子則有讀而無問。非不欲問也，以經之意爲盡於此矣，吾可無問而得也。豈特無問，又將無思。非不欲思也，以經之意爲盡於此矣，吾可以無思而得也。夫如此，使其傳注者皆已善矣，固足以善學者之口耳，不足善其心，況其有不善乎？宜其歷年以千數，而聖人之經卒於不明，而學者莫能資其言以施於世也。」〔註 69〕「蹈利者則否，蹈道者則未免離章絕句，解名釋數，遽然自以聖人之術單此者有焉。夫聖人之術，修其身，治天下國家，在於安危治亂，不在章句名數焉而已。」〔註 70〕王安石的不滿在於，漢唐章句訓詁之學造成的弊端使得「聖人之經卒於不明」，而「聖人之經

〔註 65〕李燾：《續資治通鑒長編》，中華書局，1986 年 5 月第一版，第 5917 頁。

〔註 66〕李燾：《續資治通鑒長編》，中華書局，1986 年 5 月第一版，第 5659 頁。

〔註 67〕李燾：《續資治通鑒長編》，中華書局，1986 年 5 月第一版，第 5660 頁。

〔註 68〕黃以周等輯注，顧吉辰點校：《續資治通鑒長編拾補》，中華書局，2004 年版，第 153 頁。

〔註 69〕王安石：《臨川先生文集》卷七一，《書洪範傳後》，1993 年上海古籍出版社影印四部精要刻本，第 199 頁。

〔註 70〕王安石：《臨川先生文集》卷七五，《答姚辟書》，1993 年上海古籍出版社影印四部精要刻本，第 209 頁。

卒於不明」的結果則是「學者莫能資其言以施於世」，因爲「聖人之經」、「聖人之術」本來就在於「修其身，治天下國家」，而不在於「章句名數」。「逮更煨燼之災，遂失源流之正，章句之文勝質，傳注之博溺心。此淫辭詖行之所由昌，而妙道至言之所爲隱。」〔註71〕漢唐章句訓詁之學使得「文勝質」、「博溺心」，最終使得聖人之經中的「妙道至言」隱而不彰，而所謂的「妙道至言」無非是「修其身，治天下國家」之術。聖人之經中的「修其身，治天下國家」之術因漢唐章句訓詁之學隱而不彰，王安石倡導義理之學就是要使得隱而不彰的聖人「修其身，治天下國家」之術復明於世。王安石義理之學所要闡明的「義理」正是儒家聖人「修其身，治天下國家」之術，這也是爲何王安石說「經術者，所以經世務也」。既然王安石義理之學所要闡明的「義理」是儒家聖人「修其身，治天下國家」之術，那麼其倡導義理之學最終指向的便是秩序之重建，儒家理想的「三代」社會之重建。

實際上，早在嘉祐年間《上仁宗皇帝言事書》中，王安石就表達了對章句訓詁之學的不滿，當然這種不滿是通過對當時的教育與科舉取士的不滿而表達出來的。在該萬言書中，王安石表達了對當時的教育不能造就經世人才，科舉取士不能選拔經世人才的不滿。當時的科舉取士制度是建立在漢唐章句訓詁之學基礎之上的，因此對科舉取士的不滿，實際也是對章句訓詁之學的不滿。

王安石對章句訓詁之學的不滿在於其是「無補之學」，也就是無用，無法造就經世人才。「學者之所教，講說章句而已。講說章句，固非古者教人之道也。近歲乃始教之以課試之文章……大則不足以用天下國家，小則不足以爲天下國家之用……蓋今之教者，非特不能成人之才而已，又從而困苦毀壞之，使不得成才者……今士之所宜學者，天下國家之用也。今悉使置之不教，而教之以課試之文章，使其耗精疲神、窮日之力以從事於此……今乃移其精神，奪其日力，以朝夕從事於無補之學……」〔註72〕此處，王安石之所以主要針對「課試之文章」，乃是因爲它是「近歲乃始」的新情況，至於章句訓詁之學非「今士之所宜學者」，也就是「非天下國家之用」則是不言而喻的。

〔註71〕王安石：《臨川先生文集》卷五七，《除左僕射謝表》，1993年上海古籍出版社影印四部精要刻本，第161頁。

〔註72〕王安石：《臨川先生文集》卷三九，《上仁宗皇帝言事書》，1993年上海古籍出版社影印四部精要刻本，第107頁。

王安石對科舉的不滿在於科舉取士本來意在選拔經世人才，但建立在章句訓詁之學基礎上的科舉制度卻無法做到這一點，因爲章句訓詁之學本來就無關乎經世才能。「方今取士，強記博誦而略通於文辭，謂之茂才異等、賢良方正……記不必強，誦不必博，略通於文辭，而又嘗學詩賦，則謂之進士……夫此二科所得之技能不足以爲公卿，不待論而後可知……然而不肖者苟能雕蟲篆刻之學，以此進至乎公卿，才之可以爲公卿者，困於無補之學……其次九經、五經、學究、明法之科，朝廷固已嘗患其無用於世，而稍責之以大義矣……今朝廷又開明經之選，以進經術之士，然明經之所取，亦記誦而略通於文辭者，則得之矣。彼通先王之意而可以施於天下國家之用者，顧未必得與於此選也。」〔註 73〕九經、五經、學究、明經這些都是以章句訓詁之學爲基礎的科考，其在王安石看來「無用於世」，自不待言。

在王安石看來，章句訓詁之學顯然是「無用於世」的「無補之學」，只有義理之學才能造就「通先王之意而可以施於天下國家之用」的經世人才，而這也就是王安石屢言「經術造士」的原因所在。在《論改詩義箚子》中王安石說道：「竊惟陛下欲以經術造成人材」〔註 74〕，在《周禮義序》中又說道：「士弊於俗學久矣，聖上閔焉，以經術造之。」〔註 75〕「經術造士」乃是針對當時以「講說章句」和「課試之文章」爲主要內容的教育而言的，而這樣的教育則是因科舉考試內容所誘使，所以王安石才說「科法敗壞人才」。「神宗熙寧二年，議更貢舉法，罷詩、賦、明經諸科，以經義、論、策試進士……安石曰：『……今以少壯時，正當講求天下正理，乃閉門學作詩賦，及其入官，世事皆不習，此乃科法敗壞人才，致不如古。』」〔註 76〕這裏王安石提到的雖然是「學作詩賦」，也就是所謂的「課試之文章」，但王安石以造就、選拔經世人才爲目標的教育、科舉改革，則是針對漢唐章句訓詁之學與「課試之文章」兩者而發的。在《乞改科條制箚子》中王安石說道：「宜先除去聲病對偶

〔註 73〕王安石：《臨川先生文集》卷三九，《上仁宗皇帝言事書》，1993 年上海古籍出版社影印四部精要刻本，第 108 頁。

〔註 74〕王安石：《臨川先生文集》卷四三，《論改詩義箚子》，1993 年上海古籍出版社影印四部精要刻本，第 119 頁。

〔註 75〕王安石：《臨川先生文集》卷八四，《周禮義序》，1993 年上海古籍出版社影印四部精要刻本，第 230 頁。

〔註 76〕黃以周等輯注，顧吉辰點校：《續資治通鑒長編拾補》，中華書局，2004 年版，第 194 頁。

之文，使學者得以專意經義……所對明經科欲行廢罷……」〔註 77〕。罷詩、賦是針對「課試之文章」，即「聲病對偶之文」，罷明經等科則是直接針對漢唐章句訓詁之學。王安石科舉改革「罷詩、賦、明經諸科」，針對漢唐章句訓詁之學與「課試之文章」兩者而發，其用意則在於「使學者得以專意經義」，也就是使學者專意義理之學。

如果說王安石不滿漢唐章句訓詁之學乃是因其無用，無法造就經世人才，那麼王安石倡導的「有義理」的義理之學，自然是因爲在他看來義理之學能夠造就經世人才。「經術造士」乃是王安石倡導義理之學的原因所在，而培養、造就經世人才則是爲了重建「三代」理想社會秩序。王安石倡導義理之學最終指向的是秩序之重建，秩序之重建是王安石倡導義理之學的內在動力和旨歸。

程朱理學的奠基人二程兄弟，對宋代義理之學的興起發揮了無人能替代的巨大作用，這自不待言。此處，我們關心的是二程兄弟倡導義理之學的原因何在？二程兄弟將王安石及其「新學」視爲頭號論敵，但他們和王安石一樣都倡導義理之學，且他們不滿漢唐章句訓詁之學，倡導義理之學的原因也與王安石基本相同。程頤早在皇祐二年（1050 年）《上仁宗皇帝書》中便說道：「國家取士……明經之屬，唯專念誦，不曉義理，尤無用者也……辭賦之中，非有治天下之道也……帝王之道，教化之本，豈嘗知之？」〔註 78〕從上面的話來看，程頤對科舉不滿的原因與王安石基本一致，二者都認爲「明經」等科，也就是漢唐章句訓詁之學無用，無關乎「治天下之道」。此處值得注意的是，程頤將「不曉義理」與「無用」等而視之，可見其倡導義理之學意在經世，意在秩序之重建。

無疑，二程理學的成就主要集中在內聖一面，但卻絕不應因此而忽視二程學術的外王旨趣。前已提及，在朱熹看來二程兄弟與「國初人」所談的都是「欲復二帝三代」之理，只不過二程兄弟比前人說得更透徹而已。「國初人便已崇禮義，尊經術，欲復二帝三代，已自勝如唐人，但說未透在，直至二程出，此理始說得透。」〔註 79〕將朱熹的這段話與上面程頤的話結合起來看，

〔註 77〕王安石：《臨川先生文集》卷四二，《乞改科條制箚子》，1993 年上海古籍出版社影印四部精要刻本，第 117 頁。

〔註 78〕程顥、程頤：《二程集》，中華書局，1981 年 7 月第一版，第 513 頁。

〔註 79〕黎靖德編：《朱子語類》，中華書局，1986 年 3 月版，第 3085 頁。

二程義理之學所說的「理」首先指的是「欲復二帝三代」之理，也就是「治天下之道」、「帝王之道」，二程義理之學的外王旨趣由此可見。

前面只是一般性的論述二程義理之學的外王旨趣，下面我們進行更爲具體的考察。在《與方元寀手帖》中程頤表達了對待「經」及章句訓詁之學的看法。「聖人之道……求入其門，不由於經乎？今之治經者亦眾矣，然而買櫝還珠之蔽，人人皆是。經所以載道也，通其言辭，解其訓詁，而不及道，乃無用之糟粕耳。」〔註 80〕「經所以載道」，顯然在程頤看來相對於「道」來說「經」只是工具，爲學的目的是「求聖人之道」，經只不過是通向「聖人之道」的門徑和工具而已，章句訓詁之學無關乎「求道」，因此是買櫝還珠，所得是無用之糟粕。

與章句訓詁之學相反，程頤的義理之學，其目的自然在「求聖人之道」。不過，程頤所說的「道」究竟何所指？下面我們從程頤對《尚書》與《春秋》二經的理解出發，做一些考察。「看《書》，須要見二帝、三王之道。如二典，即求堯所以治民，舜所以事君。」〔註 81〕程頤在《尚書》之中所求的是聖人治民之道、「二帝、三王之道」，也就是「治天下之道」，「三代」理想社會秩序得以建立之「道」。在《春秋傳序》中程頤說道：「於是作《春秋》百王不易之大法……後世以史視《春秋》……至於經世之大法則不知也……後王知《春秋》之意，則雖德非禹、湯，尚可以法三代之治……俾後之人通其文而求其意，得其意而法其用，則三代可復也。」〔註 82〕程頤在《春秋》中所求的顯然是「經世之大法」，其義理之學所指向的也正是「經世之大法」，不過「經世之大法」還不是最終目的，最終目的是「復三代」，也就是重建「三代」理想社會秩序，二程義理之學意在秩序之重建，由此可見。

以重建秩序爲旨歸，這一點爲當時義理之學倡導者們所共具，絕非王安石、二程兄弟所特有。「朝廷以道學政術爲二事，此正自古之可憂者」〔註 83〕，這句話正反映了張載將義理之學（道學）與「治天下之道」（政術）視爲一事。將上面這句話與張載「爲政不法三代者，終苟道也」〔註 84〕結合起來看，張

〔註 80〕程顥、程頤：《二程集》，中華書局，1981 年 7 月第一版，第 671 頁。
〔註 81〕程顥、程頤：《二程集》，中華書局，1981 年 7 月第一版，第 312 頁。
〔註 82〕程顥、程頤：《二程集》，中華書局，1981 年 7 月第一版，第 583～584 頁。
〔註 83〕張載：《張載集》，中華書局，1978 年 8 月第一版，第 349 頁。
〔註 84〕張載：《張載集》，中華書局，1978 年 8 月第一版，第 386 頁。

載的義理之學指向重建「三代」秩序，自不待言。邵雍的義理之學以經世爲旨歸，這只要看一下他的主要著作《皇極經世》的書名便不難知曉。

孫復、石介被後來的理學家所尊崇，其經學雖不在嚴格的義理之學範疇內，但也是以「三代」秩序之重建爲旨歸。孫復在《寄范天章書二》中說道：「虞夏商周之治，其不在《六經》乎？捨《六經》而求虞夏商周之治，猶泳思湟污之中而望於海也，其可至矣哉？」〔註 85〕石介在《泰山書院記》中記錄了孫復的如下言論。「嘗以謂盡孔子之心者大《易》，盡孔子之用者《春秋》，是二大經，聖人之極筆也，治世之大法也。」〔註 86〕孫復的經學以「求虞夏商周之治」爲旨歸，於此可見。與孫復相同，石介經學也意在「興堯、舜、三代之治」。「《周禮》明王制，《春秋》明王道，可謂盡矣，執二大典以興堯、舜、三代之治，如運諸掌。」〔註 87〕

第二節　聖人「行命」——王安石的精英政治理想

「三代」是宋代儒者心中理想社會秩序的代名詞，王安石文集中有大量關於「三代」的論述，這些論述表達了王安石對理想社會、理想政治的思考。概括來說，王安石心中的「三代」社會有兩個主要特徵：其一，它是一個以德性爲基礎的等級制社會，從這一點來看，王安石具有強烈的精英政治傾向；其二，它是一個道德理想國，從這一點來看，王安石則是一個道德理想主義者。本節將主要考察前一特徵，第二個特徵留待下一節考察。

一、聖人「行命」與理想秩序

學界對王安石命論已進行了一些探討，但均未涉及命論與其政治思想之間關係的考察。王安石早年的命論極富特色，且與其政治思想密切相關。在儒家傳統中，孟子與揚雄對「命」的概念有最爲經典的表述。「莫之爲而爲者，天也。莫之致而至者，命也。」〔註 88〕「或問命。曰：『命者，天之命也，非人爲也。人爲不爲命。』請問人爲。曰：『可以存亡，可以生死，非命也。命

〔註 85〕孫復：《孫明復小集》，四庫全書・集部・別集類二。

〔註 86〕石介：《徂徠石先生文集》，中華書局，1984 年版，第 223 頁。

〔註 87〕曾棗莊、劉琳主編：《全宋文》第 29 冊，上海辭書出版社、安徽教育出版社，2006 年版，第 302 頁。

〔註 88〕焦循：《孟子正義》，中華書局，1987 年 10 月第一版，第 649 頁。

不可避也。』」〔註 89〕孟子和揚雄的意思都是說非人爲所招致，非人力所能控制的就是「命」。「命」獨立於人力的控制，因人力而「可以」這樣，也「可以」那樣的就不是「命」，「命」是「不可避」的。孟子、揚雄所說的「命」在儒家傳統中所指相當於必然之領域，與之相對，「義」所指相當於應然之領域。

與上述孟子、揚雄的命論不同，王安石命論的獨特之處在於，面對「命」，人不是被動的接受者，而是主動參與其中，也就是所謂的「行命」。當然，行命的主體不是隨便一個普通人，而是聖人。必然之領域顯然排斥人力作用，「行命」概念的獨特性，由此可見一斑。「行命」似乎是一個自相矛盾的概念，「命」本來就含有非人力所能左右的意思，而「行命」卻恰恰是說人是「命」的推行者。這種表面的矛盾，揭示了王安石對「命」的理解顯然與孟子、揚雄不同。「聖人必用其道，以正天下之命也。然命有貴賤乎？曰：有。故賢者貴，不賢者賤。其貴賤之命正也。抑貴無功，而賤碩德，命其正乎？無憾而壽，以辜而短，其壽短之命正也。抑壽偷容，而短非死，命其正乎？故命行則正矣，不行則不正。」〔註 90〕「命」排斥人的作爲，而王安石卻說「聖人必用其道以正天下之命」。「正天下之命」意思是說聖人用他的作爲使天下之人的命「正」。這裏所說的「命正」，初看起來像源於孟子的「正命」概念，但實際上完全不同。「莫非命也，順受其正。是故知命者不立乎巖牆之下。盡其道而死者，正命也；桎梏死者，非正命也。」〔註 91〕孟子所說的「正命」，指的是「莫之致而至者」，即不是人的行爲所招致的禍福。像「立乎巖牆之下」那樣自取其禍，不是「正命」。王安石所說的「命正」則是指聖人「行命」，使「賢者貴，不賢者賤」的天道得以實現，從而使每個人都處於與他的德行相匹配的社會地位，也擁有與他的德行相匹配禍福壽夭。

「夫天之生斯人也，使賢者治不賢，故賢者宜貴，不賢者宜賤，天之道也。」〔註 92〕顯然，在王安石看來「賢者貴」、「不賢者賤」，賢者統治，不賢者被統治是天道的秩序，是人間應有的秩序，也就是自然秩序。然而，現實

〔註 89〕揚雄：《揚子法言》，中華書局，1954 年版，第 17 頁。

〔註 90〕王安石撰，李之亮箋注：《王荊公文集箋注》，巴蜀書社，2005 年 5 月版，第 2171 頁。

〔註 91〕焦循：《孟子正義》，中華書局，1987 年 10 月第一版，第 879～880 頁。

〔註 92〕王安石：《臨川先生文集》卷七十，《推命對》，1993 年上海古籍出版社影印四部精要刻本，第 194 頁。

對王安石的這種天命觀、天道觀提出了嚴重的挑戰。「子以爲貴若賤，天所爲也。然世賢而賤，不肖而貴者，亦天所爲歟？」〔註 93〕「賢而賤，不肖而貴」現象，是現實存在的，不容迴避。應然不等於實然，自然應有的秩序不意味著一定就是現實的秩序。

應然秩序與實然秩序之間的鴻溝是如何形成的？在王安石看來應然的秩序不會自動實現爲現實的秩序，應然秩序實現爲現實秩序需要人力的作用參與其中。「擇而行之者，人之謂也。天人之道合，則賢者貴，不肖者賤；天人之道悖，則賢者賤，而不肖者貴也。天人之道悖合相半，則賢不肖或貴或賤……蓋天之命一，而人之時不能率合焉」〔註 94〕。「天之命一」，也就是說天命是一定的、確定的，即「賢者宜貴，不賢者宜賤」，賢德之人「則萬鍾之祿固有」。王安石的「天之命」就是「天之道」。天命、天道是確定的，但「賢者宜貴，不賢者宜賤」的天命、天道需要人推行，方能變爲現實。從「擇而行之」來看，天道、天命不但需要人來推行，而且人在推行過程中是可以自由選擇的。由於人的選擇不同，便有「天人之道合」、「天人之道悖」、「天人之道悖合相半」種種不同，這不同王安石稱之爲「人之時」。「時者，命之運」〔註 95〕。所謂「時」是一定之「命」運行進入現實社會人生的具體表現。「時」是「人之時」，也就是說天命、天道的具體表現，完全由人而定，也就是視人的作爲和選擇而定。這種「時」的概念，使得王安石的命論與歷史上其它命論十分不同，顯得甚爲積極。

「夫天之生斯人也，使賢者治不賢，故賢者宜貴，不賢者宜賤，天之道也」。天道、天命確定的不僅僅是個人的貴賤壽夭而已，眞正來說，天道、天命確定的是人世間應有的一種秩序。這種秩序，具體來說就是「賢者治不賢」，「賢者貴，不賢者賤」。這一秩序既然是天道、天命的秩序，自然也就是最爲合理，最爲理想的秩序，也是人間應有的秩序。從前面對「命」和「行命」的分析來看，這一秩序雖然是人間應有的最爲合理、最爲理想的秩序，但卻不會自動實現，它的實現需要人力推動。「擇而行之者，人之謂也……堯、舜

〔註 93〕王安石：《臨川先生文集》卷七十，《推命對》，1993 年上海古籍出版社影印四部精要刻本，第 194 頁。

〔註 94〕王安石：《臨川先生文集》卷七十，《推命對》，1993 年上海古籍出版社影印四部精要刻本，第 194 頁。

〔註 95〕王安石：《臨川先生文集》卷六五，《洪範傳》，1993 年上海古籍出版社影印四部精要刻本，第 179 頁。

之世，元凱用而四凶殛，是天人之道合也；桀、紂之世，飛廉進而三仁退，是天人之道悖也；漢、魏而下，賢不肖或貴或賤，是天人之道悖合相半也。」〔註 96〕天道、天命是確定的，但現實社會中賢不肖的貴賤取決於帝王的行爲，帝王的「擇」，特別是「擇」人而用，從而合理的人間秩序能否實現也取決於帝王的「擇」。「聖人必用其道以正天下之命也……故命行則正矣，不行則不正。」「命行」是合理秩序在人間得以實現。合理秩序的實現也就意味著每個人都「命正」，這就是所謂的「正天下之命」。「命正」不僅意味著「賢者貴，不賢者賤」，而且意味著每個人都安於與自己的德行相匹配的社會地位。「若夫貴賤，則有常分矣。使自公侯至於庶人，皆慕貴，欲其至，而不欲賤之在己，則陵犯篡奪之行日起，而上下莫安其命矣……蓋王者之世，使賤者安其賤如此。」〔註 97〕能使「賤者安其賤」，則每個人都安於與自己的德行相匹配的社會地位是不言而喻的。聖人能做到這一點的原因在於能使天下之「命正」，「命正」則不會有僥倖心理和怨望情緒。「降及文王興……則士不僥倖……其後幽王有聖人之勢，而不稱以德。故君子見微而思古，小人播惡而思高位」〔註 98〕。文王時期人的心理與幽王時期人的心理形成鮮明的對比，這種對比不僅是社會治亂的反映，也是社會治亂的原因，當然這種心理本身則源自帝王的作爲。

天下之人的命正不正取決於帝王的行爲。「是以堯、舜四門無凶人，而比屋可封。此其行貴賤壽短之命於天下也。降及文王興……則士不僥倖，而貴賤之命正矣。成王刑措……而壽短之命正矣……其後幽王有聖人之勢，而不稱以德。故君子見微而思古，小人播惡而思高位……夫有德者舉窮，不德者舉達，則貴賤之命行乎哉……夫是善者殺，不善者或生，則壽短之命行乎哉？此知命非聖人不行也。」〔註 99〕只有聖人才能「行命」，才能建立合理的人間秩序。聖人之所以能夠「行命」，能夠建立合理的人間秩序，首要的在於聖人能使「賢者治不賢」的天之道成爲現實。「以賢治不肖，以貴治賤，古之道也。」

〔註 96〕王安石：《臨川先生文集》卷七十，《推命對》，1993 年上海古籍出版社影印四部精要刻本，第 194 頁。

〔註 97〕王安石：《臨川先生文集》卷六五，《洪範傳》，1993 年上海古籍出版社影印四部精要刻本，第 182 頁。

〔註 98〕王安石撰，李之亮箋注：《王荊公文集箋注》，巴蜀書社，2005 年 5 月版，第 2172 頁。

〔註 99〕王安石撰，李之亮箋注：《王荊公文集箋注》，巴蜀書社，2005 年 5 月版，第 2171～2172 頁。

〔註 100〕古之道也就是古代聖王堯、舜、禹、湯、文、武所行之道。「所謂貴者，何也？公卿、大夫是也。所謂賤者，何也？士、庶人是也。同是人也，或爲公卿，或爲士，何也？爲其不能公卿也，故使之爲士；爲其賢於士也，故使之爲公卿。」〔註 101〕「貴」的根據在於「賢能」，「以貴治賤」實際還是「以賢治不肖」，因此，古代聖王所行之道與「天之道」是完全一致的。聖王「以賢治不肖，以貴治賤」就是「行命」。從「以賢治不肖，以貴治賤」來看，王安石具有強烈的精英政治傾向，以德性爲基礎的社會等級制傾向也極爲明顯，因此王安石才說「古者一鄉之善士必有以貴於一鄉，一國之善士必有以貴於一國」〔註 102〕，「王者必聖人……諸侯必賢人」〔註 103〕，也正因爲王安石有強烈的賢能政治、精英政治傾向，他才批評老子道：「群天下之民，役天下之物，而賢之不尚，則何恃而治哉？」〔註 104〕

「正天下之命」、「行命」，是王安石命論最具特色的概念，這兩個概念不但完全擺脫了歷史上命論一般具有的消極意味，而且是對帝王、對統治者提出的政治要求。建立合理的人間秩序，「正天下之命」，既然是天道，是古代聖王所爲，自然也就是每個帝王必須承擔的政治責任。

二、陶冶而成之——精英階層的培養

「以賢治不肖」的精英政治理想以精英階層的培養爲基礎，沒有一個以德性爲基礎的精英階層，就不可能有「以賢治不肖」的等級秩序。王安石《上仁宗皇帝言事書》闡述的核心是精英階層的培養問題，因此該萬言書可以說是聖人「行命」思想的具體展現。《宋史》王安石本傳中說「於是上萬言書。……後安石當國，其所注措，大抵皆祖此書。」〔註 105〕王安石「立法度」的改革實踐，特別是對教育科舉制度的改革，是在推行其萬言書中的思想，這應該

〔註 100〕王安石：《臨川先生文集》卷六三，《諫官論》，1993 年上海古籍出版社影印四部精要刻本，第 175 頁。

〔註 101〕王安石：《臨川先生文集》卷六三，《諫官論》，1993 年上海古籍出版社影印四部精要刻本，第 175 頁。

〔註 102〕王安石：《臨川先生文集》卷九十，《處士徵君墓表》，1993 年上海古籍出版社影印四部精要刻本，第 246 頁。

〔註 103〕程元敏：《三經新義輯考彙評——詩經》，國立編譯館，1986 年 9 月第一版，第 8 頁。

〔註 104〕容肇祖：《王安石老子注輯本》，中華書局，1979 年 5 月第一版，第 5 頁。

〔註 105〕脫脫等：《宋史》，中華書局，1985 年 6 月版，第 10541～10542 頁。

來說沒有什麼問題，而其萬言書中的思想又是其「命論」的具體展現，從中可以看出王安石的改革實踐與其早期道德性命之學是緊密聯繫在一起的，聯繫的紐帶是其「三代」理想，因此反對派「忘其舊學」的指責是不實之辭，有些學者認爲王安石在變法前後思想發生了根本性的變化也缺乏根據。

在《上仁宗皇帝言事書》中，以德性爲基礎的精英是用「才」來表達的。自然，「才」或「人才」這個詞具有極強的工具色彩，用「賢」來替換「才」這個詞，可能更符合王安石的本意。「文王能陶冶天下之士，而使之皆有士君子之才，然後隨其才之所有而官使之……及其成也，微賤兔罝之人，猶莫不好德，《兔罝》之詩是也。又況於在位之人乎？」〔註 106〕從「好德」看，德性是「才」最爲根本的素養，才能還在其次。不過，如果我們考慮到王安石此文乃是意圖說服皇帝改革，其寫作對象是宋仁宗，便不難理解王安石何以要用「才」這個詞。王安石這份著名的萬言書，其核心就是向宋仁宗闡述人才培養問題。在王安石看來，人才問題乃是解決當時社會政治問題的根本，也是重建「三代」秩序的根本。「雖然，以方今之勢揆之，陛下雖欲改易更革天下之事，合於先王之意，其勢必不能也……何也？以方今天下之人才不足故也。」〔註 107〕「改易更革天下之事」可以理解爲改革時弊，而時弊之所以爲「弊」的判斷標準則是「三代」理想，其改革的方向也是要合於「三代」理想，也就是「合於先王之意」。無論是改革時弊還是重建「合於先王之意」的堯、舜、「三代」社會秩序，都需要合格人才。「夫人才不足，則陛下雖欲改易更革天下之事以合先王之意，大臣雖有能當陛下之意而欲領此者，九州之大，四海之遠，孰能稱陛下之指，以一二推行此，而人人蒙其施者乎？」〔註 108〕只要有合格的人才，並且帝王能夠擇而用之，使他們眞正處於「以賢治不肖」的地位，時弊便可迎刃而解。「誠能使天下之才眾多，然後在位之才可以擇其人而取足焉。在位者得其才矣……變更天下之弊法，以趨先王之意，甚易也。」〔註 109〕

〔註 106〕王安石：《臨川先生文集》卷三九，《上仁宗皇帝言事書》，1993 年上海古籍出版社影印四部精要刻本，第 106 頁。

〔註 107〕王安石：《臨川先生文集》卷三九，《上仁宗皇帝言事書》，1993 年上海古籍出版社影印四部精要刻本，第 105～106 頁。

〔註 108〕王安石：《臨川先生文集》卷三九，《上仁宗皇帝言事書》，1993 年上海古籍出版社影印四部精要刻本，第 106 頁。

〔註 109〕王安石：《臨川先生文集》卷三九，《上仁宗皇帝言事書》，1993 年上海古籍出版社影印四部精要刻本，第 106 頁。

以德性爲基礎的精英階層，其形成有待於帝王的培養。「人之才，未嘗不自人主陶冶而成之者也。」〔註 110〕從主體內容上看，王安石這份萬言書向宋仁宗著力闡述的就是如何「陶冶而成之」的問題。具體來說，王安石從教、養、取、任四個方面闡述了精英階層的培養。「所謂陶冶而成之者，何也？亦教之、養之、取之、任之有其道而已。」〔註 111〕帝王陶冶成就人才與「行命」本就是同一件事，精英階層的培養與「以賢治不肖」秩序的建立也是同一過程，因此，考察王安石對精英階層培養問題的論述，就是考察王安石對如何建立「三代」理想秩序、理想社會的思考。同時，王安石培養精英階層的「教之、養之、取之、任之」之道，是通過描述「古」或「三代」的教、養、取、任之道來表達的，這就意味著對王安石培養精英階層的教、養、取、任之道的考察，就是對王安石心中的理想「三代」社會的考察。下面我們從這四個方面具體考察王安石對精英階層培養問題的論述。

對精英階層的教育自然是培養精英階層最爲核心的內容。對王安石來說，精英階層的教育意味著一整套學校教育體系，包括建立學校、選拔教師及教學內容的確定。「所謂教之之道，何也？古者天子諸侯，自國至於鄉黨皆有學，博置教導之官而嚴其選。朝廷禮樂刑政之事皆在於學，士所觀而習者，皆先王之法言德行治天下之意，其材亦可以爲天下國家之用。苟不可以爲天下國家之用，則不教也，苟可以爲天下國家之用者，則無不在於學。此教之之道也。」〔註 112〕從教學內容來看，士人所學習的是「朝廷禮樂刑政之事」及「先王之法言德行治天下之意」。顯然，這樣的教育意在使士人具備「治不肖」的素質，也就是使士人成爲具備德性和治理才能的合格統治者。這樣的教育是典型的精英教育，而非普遍的、平民化的教育，其目的在於培養服務於國家治理，也就是「可以爲天下國家之用」的人才。當然這裏說的「人才」不可做過分工具化的理解。「苟不可以爲天下國家之用，則不教也」，這也就意味著在學校接受教育的必須是具備成爲政治精英潛質的人，缺乏這種潛質的人則不會成爲學校的教育對象。同時，所有具備成爲政治精英潛質的人都

〔註 110〕王安石：《臨川先生文集》卷三九，《上仁宗皇帝言事書》，1993 年上海古籍出版社影印四部精要刻本，第 106 頁。

〔註 111〕王安石：《臨川先生文集》卷三九，《上仁宗皇帝言事書》，1993 年上海古籍出版社影印四部精要刻本，第 106 頁。

〔註 112〕王安石：《臨川先生文集》卷三九，《上仁宗皇帝言事書》，1993 年上海古籍出版社影印四部精要刻本，第 106 頁。

必須吸納進學校教育體系之中，所謂「苟可以爲天下國家之用者，則無不在於學」，即此之意。

在王安石看來學校教育制度顯然是政治之根本〔註 113〕，所以他說「天下不可一日而無政教，故學不可一日而亡於天下」〔註 114〕，才說「蓋君子之爲

〔註 113〕注釋：教育問題是最根本的政治問題，或者説最根本的政治問題是教育，這可以説是偉大政治思想家們的共識。在柏拉圖《理想國》中，教育是實現理性支配個人和城邦的根本，這是爲什麼柏拉圖要花費大量篇幅討論教育問題的原因。盧梭就認爲《理想國》是一本最偉大的教育著作。「如果你想知道公眾的教育是怎麼一回事，就請你讀一下柏拉圖的《理想國》，這本著作，並不像那些僅憑書名判斷的人所想像的是一本講政治的書籍；它是一篇最好的教育論文，像這樣的教育論文，還從來沒有人寫過咧。」該如何理解盧梭在《愛彌兒》第一卷中説的這段話？《社會契約論》是盧梭不朽的政治著作，《愛彌兒》是他的一本談論教育問題的小説，盧梭爲什麼説《愛彌兒》是《社會契約論》的完善？還有孔孟儒家爲何始終把教化作爲實現理想社會秩序最重要，甚至是唯一可能的方式。《愛彌兒》中談論的教育不正是意圖培養社會契約的締約者嗎？只有培養出社會契約的締約者，也就是公民，才有可能締結社會契約，才能建立眞正的共和國，正如只有培養出合格的哲學王和武士階層才能建立柏拉圖的理想國。盧梭説《愛彌兒》是《社會契約論》的完善也就是説公民的教育才是共和國的基礎，沒有公民的教育，「社會契約」和建立在其上的共和國只能是空中樓閣。

教育是最根本的政治問題可以這樣理解。政治應該是以建立理想的社會秩序，保證人能夠過上善的生活爲目的，在這種意義上可以説一切政治力量都是建立理想社會秩序，保證人能夠過上善的生活的工具。什麼是理想的社會秩序？什麼是善的生活？這些問題的回答，需建基於對人自身的認識之上。當一定社會的思想者對人自身有了一種認識，並且在這種認識的基礎上對什麼是理想的社會秩序，什麼是善的生活有了一種看法時，只有教育才能使得這種認識和看法得以傳承，得以深入普通大眾的心靈，成爲他們的意見，最終才能建立理想的社會秩序，保證人能夠過上善的生活。無論是培養思考人自身，思考什麼是理想的社會秩序，什麼是善的生活的思想者，還是將思想者的思考輸入普通人的心靈，都只能靠教育。教育是一種生活方式、一種政治秩序、一個政治社會得以存續的基礎。政治應以其能夠調動和支配的一切力量來推進一種教育，以實現其內在目的。

另一方面，教育是最根本的政治問題還可以這樣理解。實際政治無非是要建立和維護一種社會秩序，從手段來説，教育是建立和維護一種社會秩序的最有效手段。一種社會秩序只有被人們接受、認可才能建立和維持，通過教育使得一種社會秩序的觀念深入人的骨髓，從而接受、認可一種社會秩序，這是比用武力強迫更爲有效的辦法。一定的政治社會最根本的任務是其政教體系的傳承，這種傳承只能靠教育，因爲只有教育才能使得一定的政教體系的觀念深入人的骨髓，主宰人的思維，這也就是爲什麼所有的專制政體都想牢牢控制住教育的原因所在。

〔註 114〕王安石：《臨川先生文集》卷八三，《慈谿縣學記》，1993 年上海古籍出版社影印四部精要刻本，第 228 頁。

政，立善法於天下則天下治，立善法於一國則一國治……使周公知爲政，則宜立學校之法於天下矣……」〔註 115〕王安石在《虔州學記》和《慈谿縣學記》兩篇學記中，對理想的「三代」學校教育制度做了甚爲系統的闡述，下面我們分別從學校教育的原因、目的、對象、內容和功用等方面，對這兩篇學記中描述的學校教育制度做一系統分析。

首先，「三代」聖王爲何需要建立學校，進行學校教育？「余聞之也，先王所謂道德者，性命之理而已……而常患乎難知，故爲之官師，爲之學，以聚天下之士……使之深知其意。」〔註 116〕建立學校對士進行教育，是爲了使士能夠深知道德性命之意，而其之所以必要則是因爲道德性命之理並非易知易曉。從「以聚天下之士」看，學校教育的對象是士階層，是「牧民者」，因此理想的「三代」學校教育不是普及的平民教育，而是政治精英教育。不過，雖然學校教育的對象是士階層，直接目標是培養政治精英，但其最終目的則在於培養普通民眾的德性，這在下一小節將有具體論述。「夫士，牧民者也。牧知地之所在，則彼不知者驅之爾。」〔註 117〕「知地之所在」顯然是指深知道德性命之意，而學校教育使士深知道德性命之意的最終目的，則在於通過士階層的教化作用培養普通平民的德性，「彼不知者驅之爾」即此之意。

其次，「三代」學校教育的內容如何？從教育內容看，理想的「三代」學校教育是德性與政治才幹教育。「蓋其教法，德則異之以智、仁、聖、義、忠、和，行則同之以孝、友、睦、姻、任、恤，藝則盡之以禮、樂、射、御、書、數。淫言詖行詭怪之術，不足以輔世，則無所容乎其時。」〔註 118〕「德」與「行」的教育自然是著眼於德性的培養，「藝」則是意在增長知識才幹。當然「德」、「行」、「藝」的教育都是爲了「輔世」，爲了社會國家的治理。「古者井天下之田，而黨庠、遂序、國學之法立乎其中。鄉射飲酒、春秋合樂、養老勞農、尊賢使能、攷藝選言之政，至於受成、獻馘、訊囚之事，無不出於學……則士朝夕所見所聞，無非所以治天下國家之道……一日取以備公卿大

〔註 115〕王安石：《臨川先生文集》卷六四，《周公》，1993 年上海古籍出版社影印四部精要刻本，第 176 頁。

〔註 116〕王安石：《臨川先生文集》卷八二，《虔州學記》，1993 年上海古籍出版社影印四部精要刻本，第 225 頁。

〔註 117〕王安石：《臨川先生文集》卷八二，《虔州學記》，1993 年上海古籍出版社影印四部精要刻本，第 225 頁。

〔註 118〕王安石：《臨川先生文集》卷八二，《虔州學記》，1993 年上海古籍出版社影印四部精要刻本，第 225 頁。

夫百執事之選，則其材行皆已素定，而士之備選者，其施設亦皆素所見聞而已，不待閱習而後能者也。」〔註 119〕教育的內容概括來說是「治天下國家之道」，具體來說則包括德性的培養及處理具體政務之能力的培養。以此爲內容的學校教育，其目的顯然是培養政治精英，社會國家的治理者，即所謂的「公、卿、大夫、百執事」。從「淫言詖行詭怪之術，不足以輔世，則無所容乎其時」來看，王安石的理想「三代」學校教育制度當包含類似於今天的書報檢查制度的東西，也包含意識形態的控制和對思想自由的鉗制。當然，這種思想並非王安石的發明，至少從孟子斥責楊、墨爲禽獸始，儒學的思想專制傾向就極爲明顯。

再次，「三代」建立了怎樣的學校體系？「古者井天下之田，而黨庠、遂序、國學之法立乎其中。」〔註 120〕理想的「三代」學校教育制度是與井田制度相伴而行的，或者說「三代」學校制度是一種教養合一的制度。「養」我們會在下文討論，這裏我們只討論「教」。王安石理想的「三代」學校體系是建立在井田制度基礎之上的，井田與一定的行政區劃相聯繫，而學校體系則依行政區劃體系而建立。「黨」、「遂」、「國」是不同的行政區劃，「庠」、「序」、「學」則是分別與之相應的學校教育機構。整個學校體系的建立，教學內容的確定皆由帝王或中央政府控制。「而諸侯之所以教，一皆聽於天子，天子命之矣，然後興學。命之歷數，所以時其遲速；命之權量，所以節其豐殺。命不在是，則上之人不以教，而爲學者不道也。」〔註 121〕於此可見，王安石的理想「三代」教育機構絕不是一個思想自由的王國，而是「一道德以同俗」的意識形態控制、思想專制機構。

最後，「三代」學校教育達到了怎樣的效果？「高可以至於命，其下亦不失爲人用」〔註 122〕。「三代」學校教育以培養政治精英爲直接目標，所謂的「高」指的是學校教育培養出來的通曉道德性命之理，可以爲王者師的人，「若夫道隆而德駿者，又不止此，雖天子，北面而問焉，而與之迭爲賓主，此舜所謂

〔註 119〕王安石：《臨川先生文集》卷八三，《慈谿縣學記》，1993 年上海古籍出版社影印四部精要刻本，第 228 頁。

〔註 120〕王安石：《臨川先生文集》卷八三，《慈谿縣學記》，1993 年上海古籍出版社影印四部精要刻本，第 228 頁。

〔註 121〕王安石：《臨川先生文集》卷八二，《虔州學記》，1993 年上海古籍出版社影印四部精要刻本，第 225 頁。

〔註 122〕王安石：《臨川先生文集》卷八二，《虔州學記》，1993 年上海古籍出版社影印四部精要刻本，第 225 頁。

承之者也」〔註 123〕，指的就是這種人。所謂的「下」指的是學校教育培養出來的具有某些具體才能的人才，「其次雖未成，而不害其能至者以爲士，此舜所謂庸之者也」〔註 124〕，指的就是這種人。自然，這二者之間的便是可以爲「卿大夫」的人。當然，「三代」學校教育所達到的政治效果絕不僅僅是培養了這些政治精英而已。「故當是時，婦人之所能言，童子之所可知，有後世老師宿儒之所惑而不悟者也；武夫之所道，鄙人之所守，有後世豪傑名士之所憚而愧之者也。堯、舜、三代從容無爲，同四海於一堂之上，而流風餘俗，詠歎之不息，凡以此也。」〔註 125〕可以說，在王安石看來，「堯、舜、三代」理想社會、理想風俗、理想政治皆因其學校教育而成就。「古之在上者，事不慮而盡，功不爲而足，其要如此而已。此二帝、三王所以治天下國家而立學之本意也。」〔註 126〕這也就可以明白，王安石何以說「使周公知爲政，則宜立學校之法於天下矣」〔註 127〕，何以說「故學不可一日而亡於天下」〔註 128〕。

上面談的是教之之道，接下來我們看王安石培養精英階層的養之之道。「所謂養之之道，何也？饒之以財，約之以禮，裁之以法也。」〔註 129〕王安石雖然是從「饒之以財，約之以禮，裁之以法」三個方面闡述對精英階層的養之之道，但其核心則是「養廉恥」，也就是說，養之之道關注的核心是確保培養精英階層德性的物質財富基礎。精英階層當然不是能餐風飲露之人，他們也需要一定的物質財富以滿足自己及家人的生存之需。「何謂饒之以財？人之情，不足於財，則貪鄙苟得，無所不至。先王知其如此，故其制祿，自庶人之在官者，其祿已足以代其耕矣。由此等而上之，每有加焉，使其足以養

〔註 123〕王安石：《臨川先生文集》卷八二，《虔州學記》，1993 年上海古籍出版社影印四部精要刻本，第 225 頁。

〔註 124〕王安石：《臨川先生文集》卷八二，《虔州學記》，1993 年上海古籍出版社影印四部精要刻本，第 225 頁。

〔註 125〕王安石：《臨川先生文集》卷八二，《虔州學記》，1993 年上海古籍出版社影印四部精要刻本，第 225 頁。

〔註 126〕王安石：《臨川先生文集》卷八三，《慈谿縣學記》，1993 年上海古籍出版社影印四部精要刻本，第 228 頁。

〔註 127〕王安石：《臨川先生文集》卷六四，《周公》，1993 年上海古籍出版社影印四部精要刻本，第 176 頁。

〔註 128〕王安石：《臨川先生文集》卷八三，《慈谿縣學記》，1993 年上海古籍出版社影印四部精要刻本，第 228 頁。

〔註 129〕王安石：《臨川先生文集》卷三九，《上仁宗皇帝言事書》，1993 年上海古籍出版社影印四部精要刻本，第 106 頁。

廉恥而離於貪鄙之行。猶以爲未也，又推其祿以及其子孫，謂之世祿。使其生也，既於父子、兄弟、妻子之養，婚姻、朋友之接，皆無憾矣；其死也，又於子孫無不足之憂焉。」〔註 130〕很明顯，給精英階層提供足夠的物質財富，不是爲了讓他們過上舒適安逸的生活，而是爲培養他們的德性提供物質財富保障。王安石對「人之情」有比較清醒的認識，雖然「倉廩實、衣食足」不能保證必然「知榮辱、知禮義」，但「足於財」顯然是「養廉恥而離於貪鄙之行」的前提條件。王安石理想中的「三代」社會「制祿」、「世祿」都是爲了使士大夫無「憾」與「憂」而「離於貪鄙之行」，以養他們的「廉恥」之心，即培養他們的德性。

顯然，「祿」、「世祿」針對的都是已經實際參與社會國家管理的士大夫階層，王安石理想中的「三代」社會又是怎樣「養」尚處於未仕階段的士階層呢？理想的「三代」學校體系不僅是教育機構，也是「養」士之所。在《慈谿縣學記》中，王安石闡述了「三代」學校的「養」士功能。「古者井天下之田，而黨庠、遂序、國學之法立乎其中……於此養天下智仁、聖義、忠和之士，以至一偏之伎、一曲之學，無所不養。」〔註 131〕王安石的「三代」學校制度是一教養合一的制度，學校不僅負責對士階層的教育，還提供士階層生活所需，而學校的經濟來源則由井田制度保證。不僅如此，如果士人未入仕也未進入學校，生活仍然有保障。「古者井天下之地而授之氓。士之未命也，則授一廛而爲氓。其父母妻子裕如也。」〔註 132〕

如果說「饒之以財」是爲了養廉恥，「約之以禮，裁之以法」則是將士階層的經濟生活納入「三代」禮法制度框架內，以培養他們的守禮意識、等級意識，無疑這也是著眼於他們德性的培養。「何謂約之以禮？人情足於財而無禮以節之，則又放僻邪侈，無所不至。先王知其如此，故爲之制度。婚喪、祭養、燕享之事，服食、器用之物，皆以命數爲之節，而齊之以律度量衡之法。其命可以爲之而財不足以具，則弗具也；其財可以具而命不得爲之者，不使有銖兩分寸之加焉。何謂裁之以法？……約之以禮矣，不循禮則待之以

〔註 130〕王安石：《臨川先生文集》卷三九，《上仁宗皇帝言事書》，1993 年上海古籍出版社影印四部精要刻本，第 106 頁。

〔註 131〕王安石：《臨川先生文集》卷八三，《慈谿縣學記》，1993 年上海古籍出版社影印四部精要刻本，第 228 頁。

〔註 132〕王安石：《臨川先生文集》卷六九，《進說》，1993 年上海古籍出版社影印四部精要刻本，第 192 頁。

流、殺之法。……加小罪以大刑，先王所以忍而不疑者，以爲不如是不足以一天下之俗而成吾治。」〔註133〕理想「三代」社會秩序是一等級秩序，而各等級將經濟生活嚴格控制在自身等級允許的範圍內，是維護社會等級秩序，保持良好社會風俗的重要方面。士階層是作爲政治精英，作爲「牧民者」來培養的，他們應是等級秩序的維護者，良好社會風俗的倡導者，因此，他們的經濟生活更應嚴格控制在禮法等級允許的範圍內，而培養精英階層也自當以培養他們在經濟生活方面的守禮意識、等級意識爲要務。

接下來我們考察「取之之道」。「所謂取之之道者，何也？先王之取人也，必於鄉黨，必於庠序，使眾人推其所謂賢能，書之以告於上而察之。誠賢能也，然後隨其德之大小、才之高下而官使之……所謂察之者，試之以事是也。雖堯之用舜，亦不過如此而已，又況其下乎？……此取之之道也。」〔註134〕王安石心中理想的人才選拔制度不是當時的科舉制，而是類似於漢代的察舉制。這種制度是「舉」與「察」的結合，具體來說，「舉」是由各級學校和各級政府機構向上推舉士人，「察」則是各級政府機構直至帝王試用下級推舉的士人，而後根據其德才的高下正式任用，其最終目標則是使賢者在位能者在職。「既教而成以，則有德者承之，而承之者使之在位也；有能者庸之，而庸之者使之在職也……先王所以成就天下之材至於如此，可謂至矣。」〔註135〕

最後，我們考察王安石極富理想主義色彩的「任之之道」。王安石的「任之之道」簡單來說就是各盡其才，各得其所。「所謂任之之道者，何也？人之才德高下厚薄不同，其所任有宜有不宜。先王知其如此，故知農者以爲后稷，知工者以爲共工。其德厚而才高者以爲之長，德薄而才下者以爲之佐屬。」〔註136〕每個人所從事的工作，所處的地位都與其才能和德行相一致，這是一種極爲理想化的社會分工和社會等級劃分構想，與古希臘柏拉圖的構想甚爲相

〔註133〕王安石：《臨川先生文集》卷三九，《上仁宗皇帝言事書》，1993年上海古籍出版社影印四部精要刻本，第106頁。

〔註134〕王安石：《臨川先生文集》卷三九，《上仁宗皇帝言事書》，1993年上海古籍出版社影印四部精要刻本，第106頁。

〔註135〕程元敏：《三經新義輯考彙評——尚書》，國立編譯館，1986年7月第一版，第43頁。

〔註136〕王安石：《臨川先生文集》卷三九，《上仁宗皇帝言事書》，1993年上海古籍出版社影印四部精要刻本，第106頁。

似。「古之人君，知其如此，於是銖量其能而審處之，使大者小者、長者短者、強者弱者無不適其任者焉。」〔註 137〕值得注意的是，這種工作、地位與才能德行相一致具有全社會的普遍性，不僅限於政治精英階層。王安石還將這種各盡其才，各得其所的美好構想推廣到了殘疾之人，甚至鳥獸魚蟲。「蓋聞古者致治之世，自瞽蒙、昏聵、侏儒、蘧蒢、戚施之人，上所以使之，皆各得盡其才；鳥獸、魚鼈、昆蟲、草木，所以養之，皆各得盡其性而不失也……言古之君子，於士之宜左者左之，宜右者右之，各因其才而有之……魚者潛逃深渺之物，皆得其所安而樂……」〔註 138〕。王安石理想的「三代」社會就是這種連殘障人士，甚至鳥獸魚蟲都能各得其所的美好世界。在王安石的理想「三代」社會，不僅每個人都處於與自己的才能、德行相一致的工作崗位和社會地位，而且每個人都安於這樣的工作崗位和社會地位，這在《名實論》中有清楚的描述。「古者……其能可以爲卑，方其居卑，則勞而不怨。有志可以用大，方其用大，則安而不矜。故居卑者不愧勞，用大者不易事，遠近相維，本末相應，而天下之治畢舉。」〔註 139〕

無疑，王安石的「任之之道」與前述「聖人行命」密切相關，「任」用人才是帝王「行命」以建立理想社會秩序之重要方面。每個人都安於與自己的才能、德行相一致的工作崗位和社會地位，也是上文「聖人行命」部分所述「每個人都安於與自己的德行相匹配的社會地位」的重要表現。

第三節　「三代」道德理想國
——王安石的道德理想主義

王安石迴向「三代」的訴求是重建儒家理想的倫理道德社會。自孔、孟始，傳統儒家就將建立理想的倫理道德社會寄望於教化，王安石秉承了孔、孟的這種傳統。

〔註 137〕王安石：《臨川先生文集》卷六四，《材論》，1993 年上海古籍出版社影印四部精要刻本，第 177 頁。

〔註 138〕王安石：《臨川先生文集》卷七四，《上執政書》，1993 年上海古籍出版社影印四部精要刻本，第 205 頁。

〔註 139〕王安石撰，李之亮箋注：《王荊公文集箋注》，巴蜀書社，2005 年 5 月版，第 2174 頁。

一、富之、善之

教化所要達到的目標是建立美好的社會風俗，而民生問題的解決則是教化得以實施的前提，這是孔、孟的共識。《論語・子路》篇孔子和冉有對話所表達的「既富而後加教」思想，孟子所說的「養生喪死無憾，王道之始也」〔註140〕，都是認爲民生問題的解決需先於教化的實施，教化的實施需在民生問題得到解決的情況下才有可能。當然，這並不是說在孔、孟看來，經濟建設遠比教化重要。民生問題只關涉到人的動物性肉體生命，而教化關涉的則是人之爲人的根本。孔子在《論語・顏淵》中「去食。自古皆有死，民無信不立」〔註141〕，孟子說的「飽食暖衣，逸居而無教，則近於禽獸」〔註142〕，都表明孔、孟認爲教化人民、培養人民的德性是遠比經濟建設更爲根本的任務。民生問題的解決只是「王道之始」，也就是說只是「王道」政治的起點，而不是終點，「王道」政治的終點是純美風俗的養成和倫理道德社會的建立。

在《論語・顏淵》中孔子用「政者，正也。子帥以正，孰敢不正」〔註143〕這樣簡潔的語言表達了儒家的「政治」觀。怎樣理解孔子的這句話呢？孔子的這句話應與《論語・子路》中「苟正其身矣，於從政乎何有？不能正其身，如正人何」〔註144〕這句話結合起來理解。「正」是正人，也就是說「政」是正人。正人是政治的目的和作用，所以朱熹對「政」的注解是「政之爲言正也，所以正人之不正也。」〔註145〕所謂「正人之不正」，也就是建立「君君、臣臣、父父、子子」的人倫秩序。「子路曰：『衛君待子而爲政，子將奚先？』子曰：『必也正名乎！』」〔註146〕「齊景公問政於孔子。孔子對曰：『君君，臣臣，父父，子子。』」〔註147〕孔子所說的「正名」是指「君君，臣臣，父父，子子」。君、臣、父、子各按其名份（身份、地位）的要求而行動就是一種理想的人倫秩序，此種秩序的建立是爲政的目的，爲政者所要努力實現的就是這種人倫秩序，捨此再沒有什麼別的所謂的「政」，而建立此種人倫秩序的基本方式則是「子率以正」的「化」民成俗。

〔註140〕焦循：《孟子正義》，中華書局，1987年10月第一版，第55頁。
〔註141〕劉寶楠：《論語正義》，中華書局，1990年3月第一版，第491頁。
〔註142〕焦循：《孟子正義》，中華書局，1987年10月第一版，第386頁。
〔註143〕劉寶楠：《論語正義》，中華書局，1990年3月第一版，第505頁。
〔註144〕劉寶楠：《論語正義》，中華書局，1990年3月第一版，第532頁。
〔註145〕朱熹：《四書章句集注》，中華書局，1983年10月第一版，第53頁。
〔註146〕劉寶楠：《論語正義》，中華書局，1990年3月第一版，第517頁。
〔註147〕劉寶楠：《論語正義》，中華書局，1990年3月第一版，第499頁。

在民生、民德問題以及對「政」的理解上，王安石秉承了上述孔、孟傳統。在《洪範傳》中王安石說道：「凡正人之道，既富之然後善。雖然，徒富之亦不能善也，必先治其家，使人有好於汝家，然後人從汝而善也。」〔註 148〕同篇稍後的地方，王安石又說道：「爲政於天下者，在乎富之、善之，而善之必自吾家始。」〔註 149〕王安石的這兩句話意思基本相同。王安石接受了孔子對「政」的看法〔註 150〕，「正人之道」即是「政者，正也」的一種不同表達，因此「正人之道」與「爲政於天下」所表達的意思相同。在王安石看來，「政」是「正人」，是要建立「君君、臣臣、父父、子子」的人倫秩序，而「正人」，也就是「善之」，需以「富之」爲前提，同時，「善之」是以「自吾家始」的「化」爲基本方式。

「富之」是解決民生問題，「善之」是解決民德問題。與孟子強調「養生喪死無憾，王道之始」相同，王安石認爲只有先解決民生問題，才可能解決民德問題。「民窘於衣食，而欲其化而入於善，豈可得哉？故次命棄以爲稷也。」〔註 151〕王安石以「富之」爲「善之」前提的思想，一方面秉承自孔、孟，另一方面也與其對人性的認識有關。「人之情，不足於財，則貪鄙苟得，無所不至。」〔註 152〕正是因爲對人性有這樣的認識，他才會說「民窘於衣食，而欲其化而入於善，豈可得哉？」正因爲王安石認爲不先解決「富之」問題，「善之」問題就無法解決，所以他把發展農業生產，解決「富之」問題作爲當政者的首要任務，甚至作爲設立各種職位，建立各種政府機構的根本目的。「古者天子之於諸侯，訓以農事，視其農事或修或否，以爲賞罰也……誠以農事爲最先也……以農事爲諸侯之急務也。」〔註 153〕「則王所建置，凡以養人而已。」〔註 154〕

〔註 148〕王安石：《臨川先生文集》卷六五，《洪範傳》，1993 年上海古籍出版社影印四部精要刻本，第 180 頁。

〔註 149〕王安石：《臨川先生文集》卷六五，《洪範傳》，1993 年上海古籍出版社影印四部精要刻本，第 180 頁。

〔註 150〕參見李燾：《續資治通鑒長編》，中華書局，1986 年 5 月版，第 6461 頁，「臣備位執政。政者，正也……」。

〔註 151〕王安石：《臨川先生文集》卷六八，《夔說》，1993 年上海古籍出版社影印四部精要刻本，第 188 頁。

〔註 152〕王安石：《臨川先生文集》卷三九，《上仁宗皇帝言事書》，1993 年上海古籍出版社影印四部精要刻本，第 106 頁。

〔註 153〕程元敏：《三經新義輯考彙評——詩經》，國立編譯館，1986 年 9 月第一版，第 311 頁。

〔註 154〕程元敏：《三經新義輯考彙評——周禮》，國立編譯館，1987 年 12 月第一版，第 7 頁。

王安石一生極爲關注民生疾苦，《發廩》詩是其中最好的例證，此詩不僅表現了他對民生疾苦的關注，而且表達了他解決民生問題的志向和願望。「先王有經制，頒賚上所行。後世不復古，貧窮主兼并……我嘗不忍此，願見井地平。大意苦未就，小官苟營營。三年佐荒州，市有棄餓嬰。駕言發富藏，云以救鰥煢。崎嶇山谷間，百室無一盈。鄉豪已云然，罷弱安可生……豳詩出周公，根本詎宜輕。願書《七月》篇，一寤上聰明。」〔註 155〕「市有棄餓嬰」、「百室無一盈」和「罷弱安可生」表達的都是對民生疾苦的關注和同情，而「願見」與「大意」則是解決民生問題之願望和志向的表達。此處値得注意的是，王安石爲何將《詩經》中的《豳・七月》與其解決民生問題的願望聯繫在一起？「《豳・七月》，周公攝政之詩也……其《七月》陳王業……」〔註 156〕如果說在王安石看來《豳・七月》是周公王道政治的展現，那麼其「願書《七月》篇，一寤上聰明」的詩句就不難理解了。王安石此詩是希望向宋代帝王們展現《豳・七月》中的王業與王道政治，使宋代帝王們能以周公的王道政治爲榜樣，解決民生問題，建立現實的王業與王道政治。

《豳・七月》在王安石看來究竟陳述了怎樣的「王業」？周公的王道政治建立的是怎樣一個理想社會？在《詩經新義》中，王安石向我們描述了周公建立的理想社會之美好圖景。「女服事乎內，男服事乎外。治自內而外，化自上而下。上以誠愛下，下以忠報上。父父子子，夫夫婦婦，養老而慈幼，食力而助弱。不作無益也，備預乎桑田之事而已，非特備預乎桑田之事而已也，苟可以除患者皆備預焉。不貴異物也，致美乎桑田之器而已，非特致美乎桑田之器而已也，苟可以成禮皆致美焉。人無遺力矣，故事不足治也。地無遺利矣，故物不可勝用也。女不淫而仁也，又有禮焉；士不惰而武也，又有義焉。非道之以政，齊之以刑所能致也，風化而已。其祭祀也時，其燕享也節。夫然，故天不能災，人不能難，上下內外和睦，而以逸樂終焉。此七月之義也。」〔註 157〕前已敘及，王安石《發廩》詩在表達了對民生疾苦之關懷的同時，還表達了其「願書《七月》篇，一寤上聰明」的願望。顯然，王

〔註 155〕王安石：《臨川先生文集》卷十二，《發廩》，1993 年上海古籍出版社影印四部精要刻本，第 50 頁。

〔註 156〕王安石：《王文公文集》，上海人民出版社，1974 年 7 月第一版，第 351 頁。

〔註 157〕程元敏：《三經新義輯考彙評——詩經》，國立編譯館，1986 年 9 月第一版，第 115 頁。

安石希望通過向宋代帝王展現《豳・七月》中的「王業」，使宋代帝王能關注和解決民生問題。

自然，《豳・七月》中所陳的「王業」不僅僅是民生問題的解決，還有「善之」的民德問題。民德問題我們放在後文討論，此處集中討論「富之」的民生問題。「人無遺力，地無遺利」是王安石發展生產，解決民生問題的美好理想。王安石要發展的是解決「飽食、暖衣」的農業生產，對工商業抱有的則是輕視甚至排斥態度。「不作無益也，備預乎桑田之事而已」和「不貴異物也，致美乎桑田之器而已」都表明王安石的「富之」指的是發展農業生產，解決人民的衣食問題。王安石排斥工商業有兩方面的原因。其一，在「市有棄餓嬰」、「百室無一盈」和「罷弱安可生」的條件下，王安石認爲大量人力從事於工商業生產，必然妨礙人民衣食問題的解決，「不作無益」即是說工商業所從事的是不能增加衣食的無益之事。「有作奇技淫巧以疑眾者，糾罰之……工商逐末者，重租稅以困辱之。民見末業之無用，而又爲糾罰困辱，不得不趨田畝；田畝闢，則民無饑矣。」〔註 158〕王安石排斥工商業是爲了「田畝闢」，而「田畝闢」則是爲瞭解決人民的衣食所需。其二，王安石認爲工商業的奇技淫巧不僅無益於民生衣食所需，而且會敗壞良好社會風俗。

當然，王安石的「三代」理想絕不僅僅是要讓人民吃飽穿暖，「富之」不是最終目標，「善之」才是最終目的。「……化自上而下。上以誠愛下，下以忠報上。父父子子，夫夫婦婦，養老而慈幼，食力而助弱……女不淫而仁也，又有禮焉；士不惰而武也，又有義焉」，這樣的圖景是「善之」最生動的寫照。「善之」是使動用法，「善」是動詞，是使人民善的意思。「善之」的最高目標當然是使社會上每一個人都成爲有德行的人。「昔者堯、舜之時，比屋之民，皆足以封」〔註 159〕，說的就是美好堯、舜時代，每個人都有君子之德行，都達到了可以封賞爵位的標準。「三代」理想社會每個人都具有美好的德行，這種德行的普遍性甚至達至牛羊。「某聞古者極治之時……其誠心之所化，至於牛羊之踐，不忍不仁於草木。」〔註 160〕牛羊「不忍不仁於草木」當然是對理

〔註 158〕王安石：《臨川先生文集》卷六九，《風俗》，1993 年上海古籍出版社影印四部精要刻本，第 193 頁。

〔註 159〕王安石：《臨川先生文集》卷六七，《三不欺》，1993 年上海古籍出版社影印四部精要刻本，第 193 頁。

〔註 160〕王安石：《臨川先生文集》卷七四，《上相府書》，1993 年上海古籍出版社影印四部精要刻本，第 204 頁。

想「三代」社會極盡誇張的描述，但這種誇張是為了凸顯「化」之效果。

對於「善之」來說，「化」無疑是最為根本的方式。「必先治其家，使人有好於汝家，然後人從汝而善也」和「善之必自吾家始」，都是將「化」作為「善之」的根本方式。在《通州海門興利記》中，王安石對《豳・七月》中所陳的「王業」有更細緻的分析。「余讀豳詩：『以其婦子，饁彼南畝，田畯至喜。』嗟乎！豳之人帥其家人戮力以聽吏，吏推其意以相民，何其至也。夫喜者非自外至，乃其中心固有以然也。既歎其吏之能民，又思其君之所以待吏，則亦欲善之心出於至誠而已，蓋不獨法度有以驅之也。」〔註161〕吏「中心固有」的喜以及「出於至誠」的「欲善之心」，都是因為君「帥其家人戮力以聽吏」的效果，不僅如此，吏又「推其意以相民」，民的喜與「欲善之心」也不難想見，這就是上文所說的「化自上而下」。「父父子子，夫夫婦婦，養老而慈幼，食力而助弱」的社會風俗的形成，「三代」美好社會的建立「非道之以政，齊之以刑所能致也，風化而已」。

除了統治者以身作則，樹立榜樣的「化」之外，「善之」的另一方式是「教」。「民既富而可以教矣，則豈可以無教哉？故次命契以為司徒也。」〔註162〕在《詩經新義》中，王安石對「教」的內容有具體的描述。「其躬行仁義，道民厚矣。猶以為未也，又建官置師，以孝友睦姻任恤六行教民。為其有父母也，故教以孝；為其有兄弟也，故教以友；為其有同姓也，故教以睦；為其有異姓也，故教以姻；為鄰里鄉黨相保相受也，故教以任；相賙相救也，故教以恤。以為徒教之或不率也，故使官師……」〔註163〕「躬行仁義」自然是上文所說的「化」，而建立專門的機構，設置專門的職務負責人民的教育則是「教」。「教」的內容是「孝友睦姻任恤六行」，其目的在培養人民的德行自不必言。需要指出的是，這裏所說的德行是儒家君臣、父子、夫婦的人倫秩序所要求的德行，培養人民的這種德行其目的自然在於建立與維護儒家君君、臣臣、父父、子子的人倫秩序。在王安石看來，教育是建立儒家倫理道德社會最有效也是最佳的方式。在《虔州學記》中，

〔註161〕王安石：《臨川先生文集》卷八二，《通州海門興利記》，1993年上海古籍出版社影印四部精要刻本，第227頁。

〔註162〕王安石：《臨川先生文集》卷六八，《夔說》，1993年上海古籍出版社影印四部精要刻本，第188頁。

〔註163〕程元敏：《三經新義輯考彙評——詩經》，國立編譯館，1986年9月第一版，第157～158頁。

王安石說道：「堯、舜、三代從容無爲，同四海於一堂之上，而流風餘俗，詠歎之不息，凡以此也。」〔註 164〕可見，在王安石看來，「堯、舜、三代」美好社會是因教育而成就的。正因，「三代」理想社會是因教育而成就的，所以王安石說「教不可以一日廢，則學不可一日亡於天下也。」〔註 165〕王安石這裏說的「學」是學校、學校教育之意。

「教」與「化」雖有所不同，但在孔孟儒家和王安石看來，統治者身兼「官」與「師」兩重身份，也就是王安石所說的「官師」。統治者承擔教育人民的責任，也以人民的教育者自居，這就使得「教」與「化」實際上成了不可分的一體。王安石在《原教》中說道：「善教者藏其用，民化上而不知所以教之之源。不善教者反此。民知所以教之之源，而不誠化上之意。善教者之爲教也，致吾義忠而天下之君臣義且忠矣，致吾孝慈而天下之父子孝且慈矣，致吾恩於兄弟而天下之兄弟相爲恩矣，致吾禮於夫婦而天下之夫婦相爲禮矣。天下之君君臣臣、父父子子、兄兄弟弟、夫夫婦婦皆吾教也。民則曰：『我何賴於彼哉？』此謂化上而不知所以教之之源也。不善教者之爲教也，不此之務，而暴爲之制，煩爲之防，劬劬於法令誥戒之間，藏於府，憲於市，屬民於鄙野。必曰：臣而臣，君而君，子而子，父而父；兄弟者無失其爲兄弟也，夫婦者無失其爲夫婦也。率是也有賞，不然則罪。鄉閭之師，族酇之長，疏者時讀，密者日告，若是其悉矣。顧不有服教而附於刑者，於是嘉石以慙之，圜土以苦之，甚者棄之於市朝，放之於裔末，卒不可以已也。此謂民知所以教之之源，而不誠化上之意也。善教者浹於民心，而耳目無聞焉，以道擾民者也。不善教者施於民之耳目，而求浹於心，以道強民者也。擾之爲言，猶山藪之擾毛羽，川澤之擾鱗介也，豈有制哉？自然然耳。強之爲言，其猶囿毛羽沼鱗介乎！一失其制，脫然逝矣。噫！古之所以爲古，無異焉，由前而已矣；今之所以不爲古，無異焉，由後而已矣。或曰：『法令誥戒不足以爲教乎？』曰：法令誥戒，文也。吾云爾者，本也。失其本而求之文，吾不知其可也。」〔註 166〕王安石將「善」教者與「不善教者」對舉，意在說明「化」是教之根本方式，而「法令誥戒」則只是「文」。這裏王安石所說的「致吾」

〔註 164〕王安石：《臨川先生文集》卷八二，《虔州學記》，1993 年上海古籍出版社影印四部精要刻本，第 225 頁。

〔註 165〕潘斌：《王安石佚書〈禮記發明〉輯考》，《古代文明》，2010 年第 2 期。

〔註 166〕王安石：《臨川先生文集》卷六九，《原教》，1993 年上海古籍出版社影印四部精要刻本，第 191～192 頁。

就是以身作則，樹立榜樣的「化」。在王安石看來「三代」理想社會，即所謂的「古」，就是因教化而得以建立起來的。

二、正風俗

從個人層面講，教化所要達到的目標是美好德行的養成；從社會的層面講，教化所要達到的目標則是美好社會風俗的養成。「夫天之所愛育者民也……聖人上承天之意，下為民之主，其要在安利之。而安利之要，不在於它，在乎正風俗而已。故風俗之變，遷染民志，關之盛衰，不可不慎也。」〔註167〕「安利」人民是上天賦予帝王的責任和使命，而對於人民來說，最大的「安」與「利」莫過於純美的社會風俗，因此「正風俗」在王安石看來是政治之根本，也是帝王需承擔的基本責任。社會風俗是民德的展現，與社會上每一個人息息相關，是人民普遍感覺幸福的眞正保障，正是在此種意義上王安石說「安利之要，不在於它，在乎正風俗而已。」

正是因為「正風俗」乃是政治之根本，所以熙寧二年（1069 年）拜參知政事前夕，王安石在回答神宗「卿所施設以何為先」時說：「變風俗，立法度，方今所急也。凡欲美風俗，在長君子消小人，以禮義廉恥由君子出故也……小人道消，則禮義廉恥之俗成，而中人以下變為君子者多矣；禮義廉恥之俗壞，則中人以下變為小人者多矣。」〔註 168〕王安石的「變風俗」是針對社會上的大多數人，也就是普通人或「中人」來說。「中人」概念由孔子而來，王安石《性說》篇在駁斥韓愈性三品說時，討論了「中人」概念。「然則孔子所謂『中人以上可以語上，中人以下不可以語上，惟上智與下愚不移』，何說也？曰：習於善而已矣，所謂上智者；習於惡而已矣，所謂下愚者。一習於善，一習於惡，所謂中人者。上智也、下愚也，中人也，其卒也命之而已矣。」〔註169〕王安石從《原性》中情、習、性的區分出發，認為「上智下愚」說的是習而非性，因此上智、下愚和中人都是習的問題，而非性的問題。上智、下愚和中人都是習的問題，也就是說是可以改變的，所謂的「其卒也命之而已矣」，

〔註 167〕王安石：《臨川先生文集》卷六九，《風俗》，1993 年上海古籍出版社影印四部精要刻本，第 193 頁。

〔註 168〕黃以周等輯注，顧吉辰點校：《續資治通鑒長編拾補》，中華書局，2004 年版，第 153～154 頁。

〔註 169〕王安石：《臨川先生文集》卷六十八，《性說》，1993 年上海古籍出版社影印四部精要刻本，第 190 頁。

即是說一個人只有到死時才能確定是上智、下愚還是中人，因爲只要沒死，他的行爲就是可以改變的，這也就是所謂的蓋棺定論。「有人於此，未始爲不善也，謂之上智可也；其卒也去而爲不善，然後謂之中人可也。有人於此，未始爲善也，謂之下愚可也，其卒也去而爲善，然後謂之中人可也。惟其不移，然後謂之上智，惟其不移，然後謂之下愚，皆於其卒也命之，夫非生而不可移也。」〔註 170〕「中人」的行爲相對於上智、下愚來說最不確定，他們的行爲搖擺於善惡之間，這樣的人最易受社會風氣影響的人，是既可因美好風俗影響而變成「好人」或君子，也可因不良社會風俗影響而變成「壞人」或小人的人。因此，所謂的「變風俗」就是要爭取使「中人」變爲君子。「中人」當然是一個社會的多數，如果能使「中人以下變爲君子者多矣」，則眞正達到了「善之」的目標，正眞的「爲政於天下」。

既然「變風俗」是要使「中人」變爲君子，那麼所要採取的措施自然要針對「中人」的實際情況。「先王以爲眾不可以力勝也，故制行不以己，而以中人爲制……以爲中人之所能守，則其志可以行乎天下而推之後世。」〔註 171〕「以中人爲制」就是不要設置過高的標準來要求普通人，但這並不意味著是要使「中人」保持「中人」的狀態，恰恰相反「變風俗」就是要使「中人」變爲君子，而使「中人」變爲君子的基本方式則是前面討論過的教化。

禮樂教化是「變風俗」的基本方式，而政與刑則是「變風俗」的輔助手段。「二帝三王之所以基太平而澤後世，必曰禮樂云，若政與刑，乃其助爾。禮節之，樂和之，人已大治之後，其所謂助者，幾不用矣。」〔註 172〕政與刑的必要是因爲「既教之，則民不能無不帥教者，民有不帥教，則豈可以無刑乎？」〔註 173〕刑罰的使用，與禮樂教化一樣，目的在於維護良好的社會風俗或改變頹壞的社會風俗。「夫群飲、變衣服，小罪也；流、殺，大刑也。加小罪以大刑，先王所以忍而不疑者，以爲不如是不足以一天下之俗而成吾治。」

〔註 170〕王安石：《臨川先生文集》卷六十八，《性說》，1993 年上海古籍出版社影印四部精要刻本，第 190 頁。

〔註 171〕王安石：《臨川先生文集》卷三九，《上仁宗皇帝言事書》，1993 年上海古籍出版社影印四部精要刻本，第 107 頁。

〔註 172〕王安石：《臨川先生文集》卷七十，《策問之六》，1993 年上海古籍出版社影印四部精要刻本，第 196 頁。

〔註 173〕王安石：《臨川先生文集》卷六八，《變說》，1993 年上海古籍出版社影印四部精要刻本，第 188 頁。

〔註 174〕在當政期間，王安石屢屢勸宋神宗用刑罰，此爲王安石招人詬病，指爲法家的原因之一。勸帝王用刑罰當然難逃法家之嫌，但王安石主張用刑罰與法家完全不同，法家用刑罰是爲了君主宰制臣下，而王安石勸神宗用刑罰則意在變頹壞之俗，也就是長君子而消小人。此點第三章中將做具體論述，此不盡述。

王安石「變風俗」的目標不僅在於「善之」，在於使「中人」變爲君子，還在於「一天下之俗」，在於統一全社會的道德標準。王安石的「三代」理想社會是「一道德以同天下之俗」的社會，這樣的社會不允許有不同的道德標準和思想觀念。「古者一道德以同天下之俗……人無異論。今家異道，人殊德……」〔註 175〕。「古者一道德以同俗……則人無異論。今家異道，人殊德……」〔註 176〕古與今是一種對照，顯然，王安石無法容忍「家異道，人殊德」的現狀，而滿心嚮往「一道德以同天下之俗」的「三代」理想社會。

王安石的理想「三代」社會，是一個道德理想國，也是一個道德標準高度統一，不允許有「異論」的思想專制的社會，這一社會的專制甚至達到了以流、殺大刑對付「變衣服」的極端程度。從官師一體的角度來看，王安石的「三代」道德理想國也必具有任何政教合一體制所必具有的思想專制色彩。

〔註 174〕王安石：《臨川先生文集》卷三九，《上仁宗皇帝言事書》，1993 年上海古籍出版社影印四部精要刻本，第 106 頁。

〔註 175〕王安石：《臨川先生文集》卷七二，《答王深甫書二》，1993 年上海古籍出版社影印四部精要刻本，第 201 頁。

〔註 176〕王安石：《臨川先生文集》卷七二，《與丁元珍書》，1993 年上海古籍出版社影印四部精要刻本，第 208 頁。

第二章　王安石的人性論與其「三代」理想

第一節　王安石人性論之演進

王安石不同文章中的人性論觀點，僅就字面上看甚爲不同，甚至頗有矛盾之處。如：《性論》中說「性者，五常之謂也」〔註 1〕，而《原性》篇卻說「五常不可以謂之性」〔註 2〕。關於人性善惡，王安石前後有「性歸於善而已矣」、「性可以爲惡」、「性有善有惡」、「性不可善惡言」等不同說法。這種表述的不一致甚至矛盾，表明王安石人性論經歷了一個發展演進的過程。

關於王安石的人性論及其演進，學界有不同的看法。賀麟認爲王安石「以性情合一論爲出發點，以性善惡混之說爲過渡思想，而歸結到性善論。」〔註 3〕日本學者井澤耕一則認爲王安石的性情說經歷了性善說、性善惡混在說和性無善惡說的變化。目前，學界普遍傾向於認爲性善論是王安石早年的主張，李祥俊、劉成國、劉豐等人都持此種觀點。需要指出的是，無論學界關於王安石人性論演進過程的具體觀點有多麼不同，卻都只是試圖說明王安石人性論演進經歷了哪些階段，至於王安石人性論何以會這樣演進，演進的動力和

〔註 1〕曾棗莊、劉琳主編：《全宋文》第 65 冊，上海辭書出版社、安徽教育出版社，2006 年版，第 21 頁。

〔註 2〕王安石：《臨川先生文集》卷六八，《原性》，1993 年上海古籍出版社影印四部精要刻本，第 190 頁。

〔註 3〕賀麟：《文化與人生》，商務印書館，1988 年版，第 293 頁。

內在邏輯何在，演進的痕跡表現在何處，這些更爲根本的問題，學界反而未進行深入探討。不僅如此，目前學界各種關於王安石人性論演進的觀點，均未提供文獻著述年代方面的有力佐證。本小節試圖從考察王安石人性論演進的內在動力及邏輯理路出發，結合文獻著述年代的考證，清理王安石人性論演進的內在理路和思想發展軌跡。

一、演進的內在動力

王安石人性論經歷了「性歸於善而已矣」、「性可以爲惡」、「性有善有惡」和「性不可善惡言」四個發展階段。雖然各階段關於人性善惡的表述很不相同，但王安石對「性」這個字的理解卻是始終一貫的。對於「性」字內涵的理解，王安石秉承的是告子「生之謂性」，荀子「生之所以然者謂之性」的傳統，這一傳統是說「生而有」的就是性。把握王安石始終以生言性這一點，對於理解王安石的人性論及其演進至爲關鍵。以「生」言「性」是王安石人性論的基點，其對人性的不同具體看法都立基於對「性」的這種規定之上。正是因爲王安石始終以生言性，才導致了他思考人性問題時思想內部發生矛盾，形成了張力。生而有的實際內容顯然不僅有孟子所說的「四端」，還有荀子所說的「耳目之欲」。以生言性無法與王安石早期所持的「性善論」協調一致。正是這種無法協調一致所形成的內在張力，推動王安石對人性問題的思考不斷深入。後文將具體分析這一張力怎樣推動王安石人性論從「性歸於善而已矣」，向「性不可善惡言」發展演進。

在人性善惡觀極爲不同的文章中，都透露出王安石是以生言性，這就足以證明，生而有是王安石對「性」始終一貫的理解。《性論》篇對「性」的規定是「性者，生之質也」〔註4〕。《楊孟》篇有「夫人之生，莫不有羞惡之性」〔註5〕的論述，顯然是以「生而有」談「性」。《禮論》中有如下一段。「夫斫木而爲之器，服馬而爲之駕，此非生而能者也……固亦因其天資之才也。今人生而有嚴父愛母之心……」〔註6〕。「生而能」、「天資之才」和「生而有」

〔註4〕曾棗莊、劉琳主編：《全宋文》第65冊，上海辭書出版社、安徽教育出版社，2006年版，第21頁。

〔註5〕王安石：《臨川先生文集》卷六四，《楊孟》，1993年上海古籍出版社影印四部精要刻本，第177頁。

〔註6〕王安石：《臨川先生文集》卷六六，《禮論》，1993年上海古籍出版社影印四部精要刻本，第183頁。

正透露了王安石乃是「以生言性」。《性情》篇對性、情關係有如下論述。「性者情之本，情者性之用。故吾曰性情一也……故此七者，人生而有之，接於物而後動焉。」〔註 7〕此處雖以「生而有」言「情」，然而「性情一也」，實際隱含著以「生而有」言「性」。《原性》篇有批評孟子人性觀的下面一段話。「孟子以惻隱之心人皆有之，因以謂人之性無不仁……孟子以惻隱之心爲性者，以其在內也。」〔註 8〕顯然，王安石認爲，孟子性善論的立論根據僅在於「惻隱之心」是人人內在固有的，而人不僅內在固有「惻隱之心」，「怨毒忿戾之心」也是人內在固有的東西，所以孟子的性善論是站不住腳的。此處我們可以透過王安石對孟子性善論的理解，把握住王安石乃是以內在固有言「性」這一點。

王安石對孟子推崇備至，但在「性」之內涵這一根本問題上，卻追隨了告子、荀子。孟子是在人禽之辨，人之所以爲人的意義上談論「性」。孟子的「人之所以異於禽獸者幾希」〔註 9〕，「無惻隱之心，非人也」〔註 10〕，談論的不是一般的「性」而是「人性」。「生而即有」在孟子看來顯然不能都稱之爲性，「犬之性」是犬之爲犬的東西，「牛之性」是牛之爲牛的東西，「人之性」是人之爲人，人區別於禽獸的東西。孟子性善論立基於「四端」之上，然而孟子立論並非僅僅因爲「四端」是人人生而固有，更因爲「四端」乃人之所以爲人，人區別於禽獸之所在。正因爲王安石始終執持「性者生之質也」，才導致他對早期服膺的孟子性善論產生懷疑，進而才有其人性論的發展演進。

二、演進的第一階段——性歸於善而已矣

王安石人性論演進的第一階段爲早期服膺孟子時期，認同孟子的性善論，代表文本是《性論》和《禮記發明》（已佚，南宋衛湜《禮記集說》保存有佚文多條，有輯佚。）中訓釋《中庸》的段落。此階段，王安石關於人性善惡的觀點是「性歸於善而已矣」〔註 11〕。從通篇來看，《性論》論證的目標乃在於

〔註 7〕王安石：《臨川先生文集》卷六七，《性情》，1993 年上海古籍出版社影印四部精要刻本，第 187 頁。

〔註 8〕王安石：《臨川先生文集》卷六八，《原性》，1993 年上海古籍出版社影印四部精要刻本，第 190 頁。

〔註 9〕焦循：《孟子正義》，中華書局，1987 年 10 月第一版，第 567 頁。

〔註 10〕焦循：《孟子正義》，中華書局，1987 年 10 月第一版，第 233 頁。

〔註 11〕曾棗莊、劉琳主編：《全宋文》第 65 冊，上海辭書出版社、安徽教育出版社，2006 年版，第 21 頁。

化解孔子「上智與下愚不移」與孟子性善論之間的緊張。王安石認為孔子「性相近，習相遠」與孟子「人無有不善」沒有什麼不同。「欲明其性，則孔子所謂『性相近，習相遠』……孟軻所謂『人無有不善』之說是也。」〔註 12〕孔子「上智下愚」之說是困擾王安石人性思考始終的一個問題。《性論》以區分「性」與「才」的方式，試圖化解孔子「上智與下愚不移」與孟子性善論之間的緊張。王安石對「性」的理解是「性者，生之質也，五常是也」〔註 13〕。「性」是生而即有的自然之質，其具體內容是「五常」。以「五常」為性的具體內容，自然性是善的。如果說五常是人人皆有的，「上智與下愚，均有之矣」〔註 14〕，這必定與孔子「上智下愚」之間有一定的緊張。王安石用來化解此一緊張的方式是區分「性」與「才」，「仲尼、子思、孟軻之言，有才性之異」〔註 15〕。王安石認為孔子說的「上智與下愚不移」說的是「才」，是人的知性才智，而非「性」。人的才智有「上智下愚」的不同，「性」卻沒有不同。「夫性猶水也。江河之與畎澮，小大雖異，而其趨於下同也……智而至於極上，愚而至於極下，其昏明雖異，然其於惻隱、羞惡、是非、辭遜之端則同矣。」〔註 16〕

王安石訓釋《中庸》所表達的人性觀點與《性論》接近，但有向《性情》篇觀點發展過渡的痕跡，其著述年代當在《性論》與《性情》之間。《禮記發明》中有一段訓釋《禮記·王制》中「天子命之教，然後為學」的一大段話。「古之教法……堯舜三代，從容無為，同四海於一堂之上，而流風遺俗詠歎之不息，凡以此也。」〔註 17〕上面這段話與《虔州學記》中的一段話幾乎完全相同，只有四字之差。兩文中出現幾乎完全相同的一段文字，只能是一文摘抄自另一文的結果。將訓釋經書《禮記》中一段關於學校教育的論述移用到一篇「學記」中，顯然很合情合理，而將一篇「學記」的內容直接用於訓釋經書，則顯然有悖常理。不僅如此，一篇學記並非必須論述「諸侯之所以

〔註 12〕曾棗莊、劉琳主編：《全宋文》第 65 冊，上海辭書出版社、安徽教育出版社，2006 年版，第 21 頁。

〔註 13〕曾棗莊、劉琳主編：《全宋文》第 65 冊，上海辭書出版社、安徽教育出版社，2006 年版，第 21 頁。

〔註 14〕曾棗莊、劉琳主編：《全宋文》第 65 冊，上海辭書出版社、安徽教育出版社，2006 年版，第 21 頁。

〔註 15〕曾棗莊、劉琳主編：《全宋文》第 65 冊，上海辭書出版社、安徽教育出版社，2006 年版，第 22 頁。

〔註 16〕曾棗莊、劉琳主編：《全宋文》第 65 冊，上海辭書出版社、安徽教育出版社，2006 年版，第 22 頁。

〔註 17〕潘斌：《王安石佚書〈禮記發明〉輯考》，《古代文明》，2010 年第 2 期。

教，一皆聽命於天子，天子命之矣，然後興學」這樣的內容，而這一內容則必須出現在對「天子命之教，然後爲學」的訓釋中。因此，《虔州學記》這段文字極有可能是摘抄自《禮記發明》，也就是說《禮記發明》的著述應早於《虔州學記》。《虔州學記》有一段敘述寫作原委的話。「蓋經始於治平元年二月，提點刑獄宋城蔡侯行州事之時，而考之以十月者，知州事錢塘元侯也……內外完善矣。於是州人相與樂二侯之適己，而來請文以記其成。」〔註 18〕《虔州學記》的寫作當在治平元年（1064 年）末至治平二年（1065 年）初，是絕無疑問的，而《禮記發明》的寫作也就當在此之前。

寫作《禮記發明》時王安石關於人性善惡的基本觀點是「善而已矣」。「人受天而生，使我有是之謂命，命之在我之謂性。不唯人之受而有是也，至草木、禽獸、昆蟲、魚鼈之類，亦稟天而有性也。然性果何物也？曰：善而已矣。性雖均善，而不能自明，欲明其性，則在人率循而已，率其性不失，則五常之道自明。然人患不能修其五常之道以充其性……」〔註 19〕。「草木、禽獸、昆蟲、魚鼈之類」皆「稟天而有性」。顯然王安石所說的「性」並不是特指人性，而是指所有「天生」、「稟天而有」的東西。從「天生」的角度看，萬物都是由天而生，也因此都有「性」。此處透露了王安石正是「以生言性」。王安石萬物皆「稟天而有性」所展現出來的「性」之普遍性，在於其「性」的形式性，也就是「生之謂性」的形式性。從「欲明其性」、「五常之道自明」和「修其五常之道以充其性」來看，此時「性」的具體內容仍是「五常」，延續了《性論》的觀點。

揭示王安石人性論從《性論》向《性情》演進過渡的是下面一段話。「人之生也，皆有喜、怒、哀、樂之事。當其未發之時謂之中者，性也；能發而中喜、怒、哀、樂之節謂之和者，情也。後世多以爲性爲善而情爲惡，夫性情一也，性善則情亦善，謂情而不善者，說之不當而已，非情之罪也。」〔註 20〕此處與《性論》不同，王安石在思考人性問題時引入了對情和性、情關係的討論。「未發之時謂之中者，性也；能發而中……節謂之和者，情也。」〔註 21〕王安石從「未發之中」、「已發之和」談論「性情一也」，與《性情》篇接近，

〔註 18〕王安石：《臨川先生文集》卷八二，《虔州學記》，1993 年上海古籍出版社影印四部精要刻本，第 225 頁。

〔註 19〕潘斌：《王安石佚書〈禮記發明〉輯考》，《古代文明》，2010 年第 2 期。

〔註 20〕潘斌：《王安石佚書〈禮記發明〉輯考》，《古代文明》，2010 年第 2 期。

〔註 21〕潘斌：《王安石佚書〈禮記發明〉輯考》，《古代文明》，2010 年第 2 期。

而《性情》篇則進一步從「本」和「用」的角度論證「性情一也」。顯然，就對性、情關係的思考而言，《性情》篇更進了一步。更值得注意的是，此處王安石是直接從「性善」和「性情一也」得出「情亦善」的結論的，沒有對情本身做進一步的考察，而《性情》則是在深入考察「情」的基礎上討論人性的問題，其思考的深度遠過於訓釋《中庸》的這段文字。

三、演進的第二階段——性可以爲惡

《性情》篇對服膺孟子性善論的突破，是王安石人性論演進到第二階段的標誌。一方面《性情》突破了孟子性善論，提出了「性可以爲惡」的命題，另一方面《性情》直接延續了《禮記發明》關於性、情關係問題的思考。《性情》開篇就重申《禮記發明》中提出的命題「性、情，一也」，並駁斥《禮記發明》已駁斥過的「性善情惡」命題，當然此處的論證和駁斥都較《禮記發明》深入系統得多。與《禮記發明》相近，《性情》仍從「未發」、「已發」規定性、情，但也有明顯的不同。《禮記發明》是從「未發之中」與「發而中節之和」規定性、情，性、情乃「中」與「和」，所以都是善的，而《性情》則從「未發於外」與「發於外而見於行」規定性、情。「喜、怒、哀、樂、好、惡、欲未發於外而存於心，性也；喜、怒、哀、樂、好、惡、欲發於外而見於行，情也。」〔註 22〕王安石從「未發於外」與「發於外」出發，進一步指出性、情是「本」與「用」的關係，「性者情之本，情者性之用」〔註 23〕，這樣「性情一也」這一命題就有了較《禮記發明》中更爲堅實的基礎。既然「性情一也」，性、情之間是體用關係，那麼情之或善或惡的根據就應在「性」之中。在王安石看來，「情惡論」的根據無非在於，「彼曰情惡，無它，是有見於天下之以此七者而入於惡，而不知七者之出於性耳。」〔註 24〕王安石並不否認情會「入於惡」，這裏的關鍵在於「七者之出於性」。如果情會「入於惡」，而性乃「情之本」，情出於性，追溯起來只能承認性也可以爲惡，否則情會「入於惡」這一觀察到的事實將無法解釋。就是在這裏，王安石突破了孟子的性善論。

〔註 22〕王安石：《臨川先生文集》卷六七，《性情》，1993 年上海古籍出版社影印四部精要刻本，第 187 頁。

〔註 23〕王安石：《臨川先生文集》卷六七，《性情》，1993 年上海古籍出版社影印四部精要刻本，第 187 頁。

〔註 24〕王安石：《臨川先生文集》卷六七，《性情》，1993 年上海古籍出版社影印四部精要刻本，第 187 頁。

下面我們來看一下，「性可以爲惡」的結論是怎麼得出的。要回答這個問題，必須回到王安石「以生言性」所導致的思想困境上來。從生而有來說，喜、怒、哀、樂、好、惡、欲七者也是生而有的，「故此七者，人生而有之」〔註 25〕，從這種意義上來說這七者也是「性」，和生而有的五常是「性」沒什麼不同。當然王安石沒直接說這七者是「性」，而是說它們是「出於性」的「性之用」。如果堅持性善論，無論說這七者是「性」，還是說這七者是「出於性」的「性之用」，都必須說這七者也應是善的。然而，「天下之以此七者而入於惡」，「情之發於外者爲外物之所累，而遂入於惡」〔註 26〕的事實卻是無法否定和迴避的。如何解決這之間的矛盾和緊張？在不否定「天下之以此七者而入於惡」的情況下，勢必會導致承認「性可以爲惡」。因爲不承認「性可以爲惡」，將無法解釋惡何以會產生的問題。畢竟如果人生而不可以爲惡，又怎麼會做惡呢？

「性可以爲惡」命題強調的是「可以爲惡」，既然「可以爲惡」，自然也「可以爲善」。「彼徒有見於情之發於外者爲外物之所累，而遂入於惡也，因曰情惡也，害性者，情也。是曾不察於情之發於外而爲外物之所感，而遂入於善者乎……是以知性情之相須，猶弓矢之相待而用，若夫善惡，則猶中與不中也。」〔註 27〕從「入於惡」、「入於善」、「若夫善惡，則猶中與不中也」這些用語來看，《性情》篇中的性與情都是中性意義的，本身無所謂善惡，當然也是既能「入於善」，也能「入於惡」的。從「養性之善」、「養性之惡」這種用語，以及將「揚子曰『人之性善惡混』」作爲立論的部分根據來看，此處已暗含「性有善有惡」命題。從「性可以爲惡」不難導向「性有善有惡」。

四、演進的第三階段——性有善有惡

在《再答龔深父論語孟子書》中，王安石提出了「性有善有惡」命題，標誌著其人性論從孟子轉向了揚雄。「然道德性命，其宗一也……性有善有

〔註 25〕王安石：《臨川先生文集》卷六七，《性情》，1993 年上海古籍出版社影印四部精要刻本，第 187 頁。

〔註 26〕王安石：《臨川先生文集》卷六七，《性情》，1993 年上海古籍出版社影印四部精要刻本，第 187 頁。

〔註 27〕王安石：《臨川先生文集》卷六七，《性情》，1993 年上海古籍出版社影印四部精要刻本，第 187 頁。

惡，固其理，又何足以疑？」〔註 28〕此信作於治平四年（1067 年）初秋，晚於《禮記發明》，由此可知，王安石「性有善有惡」命題的提出晚於性「善而已矣」命題。信中有「然某疲病，恐不能久堪州事，不知還得相見於此否？向秋，自愛。」〔註 29〕從「恐不能久堪州事」來看，此時王安石當任知州。王安石共在兩處擔任過知州，一是嘉祐二年（1057 年）七月至次年二月知常州軍州事，二是治平四年（1067 年）閏三月至次年四月知江寧軍府事。有兩點可證此信必不作於知常州時。其一，嘉祐二年（1057 年）龔原還只不過是十四歲左右的孩子，不太可能已與王安石書信往來討論《論語》、《孟子》中的道德性命問題；其二，龔原是王安石的外甥女婿，信中提到的「十二娘子」當是指龔原的妻子，也就是說此時龔原已婚，因此此信必不作於嘉祐二年龔原大概十四歲的時候。既然此信不作於知常州時，那必作於知江寧時，即作於治平四年（1067 年）。信中提到「向秋」，因此此信必作於治平四年（1067 年）初秋前後。李之亮、李德身均將此信繫於治平元年（1064 年），顯然欠妥當。

伊尹、召公的用詞，是此信要解答或面對的一個問題。「伊尹曰：『茲乃不義，習與性成。』出善就惡，謂之性亡，不可謂之性成，則伊尹之言何謂也？」〔註 30〕從「性有善有惡」出發，說「習與性成」顯然是沒有問題的。然而王安石並不想否定「去善就惡，謂之性亡」，所以他說「去善就惡，謂之性亡，非不可也」。此處的用詞問題，促使《楊孟》篇中「正性」、「正命」等重要概念的提出。

《楊孟》篇意在調解孟子性善論與揚雄「性善惡混」論，論證「孟、揚之說，果何異乎？」〔註 31〕在王安石看來，孟子、揚雄的人性論沒什麼實質的不同，只是「所指者異耳」，也就是因對「性」的內涵理解不同而造成的表面不同而已。「孟子之所謂性者，正性也，揚子之所謂性者，兼性之不正者言

〔註 28〕王安石：《臨川先生文集》卷七二，《再答龔深父論語孟子書》，1993 年上海古籍出版社影印四部精要刻本，第 187 頁。

〔註 29〕王安石：《臨川先生文集》卷七二，《再答龔深父論語孟子書》，1993 年上海古籍出版社影印四部精要刻本，第 187 頁。

〔註 30〕王安石：《臨川先生文集》卷七二，《再答龔深父論語孟子書》，1993 年上海古籍出版社影印四部精要刻本，第 187 頁。

〔註 31〕王安石：《臨川先生文集》卷六四，《楊孟》，1993 年上海古籍出版社影印四部精要刻本，第 177 頁。

之也」〔註 32〕。爲了調解揚、孟，王安石提出了「正性」的概念。「正性」概念不僅使孟、揚人性論得以並行不悖，而且也化解了前所提及的「習與性成」與「去善就惡，謂之性亡」之間的對立。王安石認爲孟子把耳目口鼻之嗜欲稱爲「性也」，指的是「非正性」，仁義禮智指的是「正性」，孟子的「性善論」專指「正性」而言，而揚雄的「性善惡混」則兼「正性」與「非正性」而言，所以在王安石看來揚、孟人性論的不同只是表面的，只是語詞涵義的不同。然而孟、揚的「相同」完全建立在王安石「以生言性」和對孟子的誤解之上。「夫人之生，莫不有羞惡之性，且以羞惡之一端以明之。有人於此，羞善行之不修，惡善名之不立……此得乎性之正者，而孟子之所謂性也。有人於此，羞利之不厚，惡利之不多……此得乎性之不正，而楊子之兼所謂性者也。」〔註 33〕從「人之生」可以看出，王安石完全是「以生言性」。「羞利之不厚，惡利之不多」無論如何不是孟子「羞惡之心」的涵義。王安石理解的「羞惡」與孟子不同，是中性意義的，其或善或惡完全視「羞惡」的具體內容而定。《楊孟》篇表面在調解揚、孟人性論，實則完全站在了揚雄人性論的立場上。「盡力乎善以充其羞惡之性……得乎性之正者……盡力乎利以充羞惡之性……此得乎性之不正」〔註 34〕。「充」與「得」只是揚雄「修其善則爲善人，修其惡則爲惡人」的另一種表述。

五、演進的第四階段——性不可以善惡言

「性不可以善惡言」命題的提出，標誌著王安石人性論演進到了第四階段。此階段以《原性》與《性說》爲代表。《原性》篇批評了包括揚雄在內的孟、荀、揚、韓四人的人性論，回到了孔子的「性相近也，習相遠也。」

《原性》對孟子的正面批評，標誌著王安石在人性問題的思考方面邁出了重要一步。對孟子的批評是與對荀子的批評同時進行的。「孟子言人之性善，荀子言人之性惡。夫太極生五行，然後利害生焉，而太極不可以利害言

〔註 32〕王安石：《臨川先生文集》卷六四，《楊孟》，1993 年上海古籍出版社影印四部精要刻本，第 177 頁。

〔註 33〕王安石：《臨川先生文集》卷六四，《楊孟》，1993 年上海古籍出版社影印四部精要刻本，第 177 頁。

〔註 34〕王安石：《臨川先生文集》卷六四，《楊孟》，1993 年上海古籍出版社影印四部精要刻本，第 177 頁。

也。性生乎情，有情然後善惡形焉，而性不可以善惡言也。」〔註 35〕《原性》篇對性、情關係的思考與《性情》篇略有不同。《性情》篇認爲性之善惡只有通過情才能表現出來，而《原性》則認爲只有表現於外在倫理行爲的情才有善惡可言，才能進行善惡評價，性則「不可以善惡言」。雖然，「有情然後善惡形焉。然則善惡者，情之成名而已矣」〔註 36〕，但仔細分析，此處的情與《性情》篇相似，也是中性意義的。「古者有不謂喜、怒、愛、惡、欲情者乎？喜、怒、愛、惡、欲而善，然後從而命之曰仁也、義也；喜、怒、愛、惡、欲而不善，然後從而命之曰不仁也、不義也。」〔註 37〕這裏的「喜、怒、愛、惡、欲而善」、「喜、怒、愛、惡、欲而不善」與《性情》篇「入於惡」、「入於善」、「若夫善惡，則猶中與不中也」根本來說是相同的。

如果說情是中性意義的，那麼「不可以善惡言」的性應作超越意義的理解，還是中性意義的理解？從王安石的論證理路來看，性情關係相似於太極與五行關係。如果說太極具有「不可以利害言」的超越性，從太極與五行關係的角度考察性與情的關係，就極易得出「性不可以善惡言」意指性超越於倫理的善惡之上的結論。但這樣的結論是站不住腳的。王安石將性與五常的關係，性與情的關係都比作太極與五行的關係，這也就意味著情與五常處於同一層次。情與五常都包含於「性」之中，實際是「性有善有惡」觀點的一種延續。王安石此時之所以不說「性有善有惡」，而說「性不可以善惡言」，只是因爲他認爲表現於外在的倫理行爲才可以作善惡的評價，才有善惡可言。所以「性不可以善惡言」並不是一個認爲性超越於倫理善惡之上的命題，而是一個認爲性是未發，不表現爲外在的倫理行爲而無法進行善惡評價，也就無所謂善惡的命題。性的無所謂善惡，是中性意義的，而非超越意義的。

王安石認爲表現於外在的倫理行爲才有善惡可言，性是「不可善惡言」的，因此孟子的性善論、荀子的性惡論、韓愈的人性論說的都是情、是習，不是性。「且諸子之所言，皆吾所謂情也、習也，非性也。揚子之言爲似矣，

〔註 35〕王安石：《臨川先生文集》卷六四，《原性》，1993 年上海古籍出版社影印四部精要刻本，第 190 頁。

〔註 36〕王安石：《臨川先生文集》卷六四，《原性》，1993 年上海古籍出版社影印四部精要刻本，第 190 頁。

〔註 37〕王安石：《臨川先生文集》卷六四，《原性》，1993 年上海古籍出版社影印四部精要刻本，第 190 頁。

猶未出乎以習而言性也。」〔註 38〕值得注意的是「揚子之言爲似矣」。從生而有來說，不僅有「四端」，也不僅有「好利、好聲色」，因此王安石認爲孟子、荀子都是片面的，揚雄的「善惡混」更接近實際情況，所以說「揚子之言爲似矣」，但揚雄仍是將「不可善惡言」的性用善惡來論述，因此也犯了「以習而言性」的錯誤。不過，如果拋開性、情、習這些用詞，王安石「揚子之言爲似矣」認同的仍是揚雄的觀點。

逐一批評了孟、荀、楊、韓人性論後，王安石認爲孔子的「性相近，習相遠」才是人性問題的定論。「吾所安者，孔子之言而已。」〔註 39〕「孔子曰：『性相近也，習相遠也。』吾之言如此。」〔註 40〕前面我們提及，孔子的「上智下愚」之說乃是困擾王安石人性思考始終的一個問題。《原性》對「上智下愚」的論述直接延續《性論》，沒有正面回應性三品說，認爲「上智與下愚不移」說的是「才」，是人的知性才智，而非「性」。《性說》正面回應了韓愈性三品說，是對《原性》的完善。《性說》開篇便重申《原性》中的觀點。「孔子曰：『性相近也，習相遠也。』吾是以與孔子也。」〔註 41〕接下來便以此爲立腳點，展開了對韓愈性三品說的批評。「韓子之言性也，吾不有取焉。然則孔子所謂『中人以上可以語上，中人以下不可以語上，惟上智與下愚不移』，何說也？曰：習於善而已矣，所謂上智者；習於惡而已矣，所謂下愚者。一習於善，一習於惡，所謂中人者。」〔註 42〕王安石從《原性》中情、習、性的區分出發，認爲「上智下愚」說的是習而非性，因此上智、下愚和中人都是習的問題，而非性的問題。

《性說》對《原性》的完善，不僅表現在對性三品說的回應上，還表現在對「性相近，習相遠」內涵的展開上。從「習於善而已矣……所謂中人者」來看，王安石「性相近，習相遠」的意思是說，性是「不可善惡言」的，然

〔註 38〕王安石：《臨川先生文集》卷六四，《原性》，1993 年上海古籍出版社影印四部精要刻本，第 190 頁。

〔註 39〕王安石：《臨川先生文集》卷六四，《原性》，1993 年上海古籍出版社影印四部精要刻本，第 190 頁。

〔註 40〕王安石：《臨川先生文集》卷六四，《原性》，1993 年上海古籍出版社影印四部精要刻本，第 190 頁。

〔註 41〕王安石：《臨川先生文集》卷六四，《原性》，1993 年上海古籍出版社影印四部精要刻本，第 190 頁。

〔註 42〕王安石：《臨川先生文集》卷六四，《原性》，1993 年上海古籍出版社影印四部精要刻本，第 190 頁。

而人人生而有的「性」卻是相近的，因爲後天的「習」的不同，才使得不同的人表現出或善或惡的不同，這種不同也就是「習相遠」。值得注意的是，王安石對「習相遠」的理解，不過是揚雄「修其善則爲善人，修其惡則爲惡人」的另一種表述而已。因此，可以說王安石最終認同的仍是揚雄的人性觀，雖然表述有所不同。

第二節 「成性」與「三代」理想

學界對王安石的人性論有較多的研究和論述，但作爲王安石人性論重要組成部分的「成性」論，至今仍甚少有人關注和研究。劉文波在《論王安石的人性觀》一文中，雖以一小節篇幅論述了王安石的「成性」論，但只是就王安石《洪範傳》中的「五事，人所以繼天道而成性者也」這句話展開討論，將王安石極富深意且與其政治思想密切相關的「成性」論，僅僅當作了簡單的道德修養論來考察，未能挖掘出王安石「成性」論的深意〔註43〕。

「成性」概念見於《易傳・繫辭上》中的「天地設位，而易行乎其中矣。成性存存，道義之門。」對於這句話及其中的「成性」概念，有很多不同的解釋。朱熹的解釋是：「天地設位而變化行，猶知、禮存性而道義出也。成性，本成之性也。存存，謂存而又存，不已之意也。」〔註44〕朱熹的這句話，需與其對《易傳・繫辭上》中「一陰一陽之謂道。繼之者善也，成之者性也」的解釋參照著看。「成言其具也，性謂物之所受也。言物生則有性，而各具是道也，陰之事也。」〔註45〕顯然，朱熹對「成」的解釋不是完成、實現的意思，其「成性」也不是動詞，不是指完成、成就、實現人性，而是名詞，是萬物生而具有的性，即「本成之性」的意思。張載對《易傳・繫辭上》中的上引兩句話及「成性」的解釋與朱熹大爲不同。「成性」在張載關學中是一十分重要的概念，張載在解釋上引《易傳・繫辭上》中的兩句話時，提出著名的「知禮成性」說，其「成性」取的是成就、完成、實現人性的意思。張載

〔註43〕參見劉文波：《論王安石的人性觀》，《湖南師範大學社會科學學報》，2005年第6期。

〔註44〕朱熹：《朱子全書》第一冊，上海古籍出版社、安徽教育出版社，2002年12月第一版，第128頁。

〔註45〕朱熹：《朱子全書》第一冊，上海古籍出版社、安徽教育出版社，2002年12月第一版，第126頁。

的「成性」論，及其與王安石「成性」論的異同，後文將有詳細論述，此不贅言。

牟宗三先生曾高度評價張載成性論的創發之功，認爲道學「成性」論，是張載提出的重要觀念〔註 46〕。牟先生重視「成性」概念，可謂慧眼獨具，不過成就、完成、實現人性意義上的「成性」概念，並非張載首先提出，稍早於張載的王安石就十分重視此一概念，更不必說西漢的董仲舒早已有系統完備的「成性」論了。

一、董仲舒的成性論

董仲舒的成性論與其政治思想密切相關，可以說其成性論是爲其政治思想服務的。

董仲舒在《深察名號》與《實性》兩篇中批評孟子性善論，提出了「性有善質而未善，待教而後善」的人性論觀點。從這兩篇文字中我們可以看出董仲舒是基於五點理由，批評孟子性善論，提出自己人性論主張的。

在《深察名號》篇中，董仲舒首先從《春秋》正名思想出發批評性善論。「《春秋》辨物之理，以正其名。名物如其真，不失秋毫之末……性之名非生與？如其生之自然之資謂之性。性者質也。」〔註 47〕「生之自然之資」有情有欲，絕非純善。既然性與善有此差距，則從正名的立場來說，「性善」名不副實，所以不能說「性善」。在董仲舒看來與性的本意有一點點差異則已不是性——「離質如毛，則非性已」〔註 48〕，所以董仲舒不作性善之論。

其次，董仲舒從對心、栣聲近作心的訓詁出發，也就是從對「心」的正名出發，否定性善之說。心的作用是「栣眾惡於內」〔註 49〕，那麼人身之內就肯定有「惡」，而非純善，即栣要有可栣的對象，「人之受氣苟無惡者，心何栣哉？」〔註 50〕

爲何說人之受氣有惡呢？董仲舒從他的天的哲學出發認爲「天人一也」

〔註 46〕參見牟宗三：《中國哲學十九講》，上海古籍出版社，2005 年 4 月第一版，第 304～305、323 頁。

〔註 47〕蘇輿：《春秋繁露義證》，中華書局，1992 年 12 月第一版，第 293 頁。

〔註 48〕蘇輿：《春秋繁露義證》，中華書局，1992 年 12 月第一版，第 292 頁。

〔註 49〕蘇輿：《春秋繁露義證》，中華書局，1992 年 12 月第一版，第 293 頁。

〔註 50〕蘇輿：《春秋繁露義證》，中華書局，1992 年 12 月第一版，第 293 頁。

〔註 51〕，「天兩有陰陽之施，身亦兩有貪仁之性」，而人性中的貪實際所指乃是人的情慾。董仲舒認爲「天地之所生，謂之性情」，情慾也是生而即有，從這一點來說可以說「情亦性也」。顯然，情慾不能說是善的，「故聖人莫謂性善」。這是董仲舒否定性善說的第三點理由。

董仲舒否定性善說的第四點理由是對「民」的正名，他以「瞑」與「民」聲同義同作「民」的訓詁，再由「民」的訓詁否定性善之說。

以上所列董仲舒否定性善說的四點理由，除第三點是從他的天的哲學和正名兩者出發外，其它三項理由均是基於正名，以文字的訓詁來否定性善說。不過，董仲舒否定性善說的深意，不在於上述四點，而在於第五點理由。「天生民性有善質，而未能善，於是爲之立王以善之，此天意也。民受未能善之性於天，而退受成性之教於王，王承天意，以成民之性爲任者也。今案其眞質，而謂民性已善者，是失天意而去王任也。萬民之性苟已善，則王者受命尚何任也？其設名不正，故棄重任而違大命，非法言也。」〔註 52〕「今謂性已善，不幾於無教而如其自然！又不順於爲政之道矣。」〔註 53〕「萬民之性苟已善，則王者受命尚何任也？」這句話道出了他批評孟子，強調性未善的眞正原因。在董仲舒看來通過教化成民之性不僅是政治的主要內容，而且是統治者的根本責任和義務，是統治者和政治存在的意義和依據。如果說人性已善，特別是如強調性善，則恐一切聽任自然，教化將無所施設，統治者也將推卸其責任，政治將失去方向，統治者和政治也將失去存在的意義。所以他說「今案其眞質，而謂民性已善者，是失天意而去王任也。」〔註 54〕正是出於這種顧慮，他在《實性》開篇便說「孔子曰：『名不正，則言不順。』今謂性已善，不幾於無教而如其自然！又不順於爲政之道矣。」〔註 55〕

董仲舒的這種顧慮與荀子正同。「今誠以人之性固正理平治邪？則有惡用聖王，惡用禮義哉！雖有聖王禮義，將曷加於正理平治也哉！」〔註 56〕「故性善則去聖王，息禮義矣；性惡則與聖王，貴禮義矣。」〔註 57〕荀子認爲性

〔註 51〕蘇輿：《春秋繁露義證》，中華書局，1992 年 12 月第一版，第 341 頁。
〔註 52〕蘇輿：《春秋繁露義證》，中華書局，1992 年 12 月第一版，第 302～303 頁。
〔註 53〕蘇輿：《春秋繁露義證》，中華書局，1992 年 12 月第一版，第 311 頁。
〔註 54〕蘇輿：《春秋繁露義證》，中華書局，1992 年 12 月第一版，第 302 頁。
〔註 55〕蘇輿：《春秋繁露義證》，中華書局，1992 年 12 月第一版，第 310～311 頁。
〔註 56〕王先謙：《荀子集解》，中華書局，1988 年 9 月第一版，第 441 頁。
〔註 57〕王先謙：《荀子集解》，中華書局，1988 年 9 月第一版，第 439 頁。

惡是「與聖王，貴禮義」的前提條件。性善則聖王、禮義都失去了存在的必要，這也是董仲舒批評孟子，堅持「性未善」的根本原因之所在。「性未善」強調的是王者的責任、政治的目的在於教化，在於成民之性，以防止統治者推卸責任的「無教而如其自然」，也爲了防止統治者改變通過教化成民之性的政治大方向。

上面分析的是董仲舒對性善論的批評和否定。他對人性的看法是「有善質而未善」，「待教而爲善」。「性如繭如卵。卵待覆而成雛，繭待繅而爲絲，性待教而爲善。此之謂眞天。天生民性有善質，而未能善，於是爲之立王以善之，此天意也……今萬民之性，待外教然後能善，善當與教，不當與性。」〔註 58〕董仲舒對「性有善質而未善」有很多形象的比喻，禾之中除了米之外還有其它的東西，並不全是米，正如性之中除了善之外還有情一樣。董仲舒說「身兩有仁貪之性」，「有善質」指的是人性中的「仁」，而「未善」指的是人性中還有貪的一面，即情慾好利的一面。「夫萬民之從利也，如水之走下，不以教化隄防之，不能止也。」〔註 59〕

董仲舒從「生之自然之資」這種對性的界定出發，認爲性包含了仁與貪兩個方面，其實是把人的自然情慾一起包括在性裏面。情與欲是貪鄙之性，是需要教化隄防的，所以性不能說是善的。我們知道孟子也承認人有耳、目、口、鼻之欲，有欲富、欲貴之情，從「生之所以然」來講孟子也承認這些是性，然而孟子卻不把這些視作人之性。性應是人之所以爲人，人區別於禽獸的東西。孟子自覺到人身上只有「四端之心」才是這種能稱作性的東西，而不是食、色之欲。正是因爲董仲舒把情也包括在性之內，所以他說性未善。欲不能稱作善，故而性未善；然而性之中也包含有「仁」，所以董仲舒說性有善質。

董仲舒所說的性中包含的「仁」的內涵是什麼呢？「人受命於天，固超然異於群生，入有父子兄弟之親，出有君臣上下之誼，會聚相遇，則有耆老長幼之施；粲然有文以相接，驩然有恩以相愛，此人之所以貴也……明於天性，知自貴於物。」〔註 60〕「無孝悌則亡其所以生，無衣食則亡其所以養，無禮樂，則亡其所以成也。三者皆亡，則民如麋鹿，各從其欲，家自爲俗。

〔註 58〕蘇輿：《春秋繁露義證》，中華書局，1992 年 12 月第一版，第 300～303 頁。
〔註 59〕班固：《漢書》，中華書局，1962 年 6 月第一版，第 2503 頁。
〔註 60〕班固：《漢書》，中華書局，1962 年 6 第一版，第 2516 頁。

父不能使子，君不能使臣。」〔註 61〕人所超然異於群生，人之所以貴是人與動物的不同，也就是人之所以爲人的東西。人之所以爲人在於有「父子兄弟之親」、「君臣上下之誼」、「耆老長幼之施」等，董氏把這些稱爲天性。人與麋鹿的區別在於人有孝悌、衣食、禮樂，無此三者則人同於禽獸。性有仁貪，貪指的是耳目之欲、好利之情，那麼仁指的只能是這些人倫孝悌的東西了。人倫孝悌正是孟子所認爲的人之所以爲人，人區別於禽獸的所在，他說「無父無君，是禽獸也」。由此可知，董氏與孟子的不同只是對「性」這個字的理解不同，對「人之所以爲人」的認識是相同的。

上面分析了「性有善質而未善」，下面我們再來看看董仲舒人性論的另一半——「待教而爲善」。「今萬民之性，待外教然後能善，善當與教，不當與性。」〔註 62〕「以性爲善，此皆聖人所繼天而進也。」〔註 63〕前已敘及，通過對「性未善」和「待教而爲善」的強調，董仲舒實際強調的是王者的責任、政治的目的是成民之性。在董仲舒看來，王者或者說政治的根本任務就在於成民之性，王者或政治脫離了此一目標和任務就失去了存在的意義和依據。「且天之生民，非爲王也，而天立王以爲民也。」〔註 64〕「天生民性有善質，而未能善，於是爲之立王以善之，此天意也。」〔註 65〕「質樸之謂性，性非教化不成……下務明教化民，以成性也。」〔註 66〕統治者是受命於天而成爲「天子」的，但天之所以立王是爲了人民。「爲之立王以善之」，教民使善，即成民之性是天賦予王者的使命。

從上面的分析不難看出，董仲舒成性論的著眼點在政治，是爲其政治思想服務的，是爲建立儒家理想的倫理道德社會服務的。

二、王安石的「成性」論

王安石的人性論與董仲舒的人性論有很多相似之處。對於「性」字內涵的理解，王安石、董仲舒秉承的都是告子「生之謂性」，荀子「生之所以然者謂之性」的傳統。王安石《性論》篇對「性」的規定是「性者，生之質也」，

〔註 61〕蘇輿：《春秋繁露義證》，中華書局，1992 年 12 月第一版，第 168 頁。
〔註 62〕蘇輿：《春秋繁露義證》，中華書局，1992 年 12 月第一版，第 303 頁。
〔註 63〕蘇輿：《春秋繁露義證》，中華書局，1992 年 12 月第一版，第 311 頁。
〔註 64〕蘇輿：《春秋繁露義證》，中華書局，1992 年 12 月第一版，第 320 頁。
〔註 65〕蘇輿：《春秋繁露義證》，中華書局，1992 年 12 月第一版，第 302 頁。
〔註 66〕班固：《漢書》，中華書局，1962 年 6 月第一版，第 2515 頁。

董仲舒《深察名號》篇對性的規定是「如其生之自然之資謂之性。性者質也」，可以說在對「性」的規定方面他們完全相同。正因爲他們對「性」的規定相同，在對人性的認識方面他們才會得出近似的結論，王安石認爲「性有善有惡」，董仲舒也認爲「身亦兩有貪仁之性」。正因爲有相似的人性觀，才有共同的「成性」說，畢竟「成性」說需以「性」之不完美、不完善爲前提，人「性」不完美、不完善，才需要完成、成就、實現人性之中的善。

考察王安石的「成性」論需從其《洪範傳》開始，此文明確提出了完成、成就、實現人性意義上的「成性」概念。「五行，天所以命萬物者也……五事，人所以繼天道而成性者也。」〔註67〕五事指《尚書・洪範》中所說的貌、言、視、聽、思，顯然，「五事，人所以繼天道而成性者也」是從個人道德實踐、道德修養的角度談論「成性」問題。

値得注意的是，個人道德實踐、道德修養意義上的「成性」，何以是「人所以繼天道」？「好惡者，性也，天命之謂性。作者，人爲也，人爲則與性反矣。」〔註68〕王安石從《中庸》「天命之謂性」出發，對天道、人道作了區分。「始而生之者，天道也；成而終之者，人道也。」〔註69〕這種天道、人道的區分，不同於荀子的天人相分，含有天道、人道既相分，又相配合、補充的意思。天生的並不完美、完善，所謂人道即人的作用，在於使不完美、不完善的「天生」變得完善、完美，也即所謂的「成而終之」，正是在這種意義上王安石才說「五事，人所以繼天道而成性者也」。所謂「繼」是指人以「五事」，繼「天所以命萬物」（天命之謂性）的「五行」，而完善自己的人性。從個人道德實踐、道德修養的角度說，「成性」需依次從貌、言、視、聽、思五個方面著手，完善自己的德行，最終達至聖人。「此言修身之序也。恭其貌，順其言，然後可以學而至於哲。既哲矣，然後能聽而成其謀。能謀矣，然後可以思而至於聖。」〔註70〕

〔註67〕王安石：《臨川先生文集》卷六五，《洪範傳》，1993年上海古籍出版社影印四部精要刻本，第178頁。

〔註68〕王安石：《臨川先生文集》卷六五，《洪範傳》，1993年上海古籍出版社影印四部精要刻本，第180頁。

〔註69〕王安石：《臨川先生文集》卷六二，《郊宗議》，1993年上海古籍出版社影印四部精要刻本，第171頁。

〔註70〕王安石：《臨川先生文集》卷六五，《洪範傳》，1993年上海古籍出版社影印四部精要刻本，第179頁。

王安石的「成性」論，以「正性」與非「正性」的區分爲基礎。在《楊孟》篇中王安石對性作了「正性」與「非正性」的區分。「孟子之所謂性者，正性也，楊子之所謂性者，兼性之不正者言之也」〔註 71〕。前已敘及，王安石的人性觀是「性有善有惡」。顯然，所謂「正性」指的是「性」之中善的成分，而「非正性」則是指「性」之中惡的成分。這種意義上的「正性」與「非正性」，王安石有時也用「常性」與「非常性」來表述。「善者，常性也；不善者，非常性也。」〔註 72〕王安石所謂的「成性」是指「正性」的成就與實現，同時意味著對「非正性」的克服。

「成性」概念王安石有時也用「得性」來表述。「有人於此，羞善行之不修，惡善名之不立，盡力乎善以充其羞惡之性，則其爲賢也孰禦哉？此得乎性之正者……」〔註 73〕。「聖人內求，世人外求，內求者樂得其性，外求者樂得其欲」〔註 74〕。「一日咎前之非，沛然思而行之，是失而復得，廢而復舉也。顧曰非其性，是率天下而戕性也……性失復得，曰非其性，可乎？」〔註 75〕「得性」是一種切實的道德實踐、道德修養功夫的結果，在《禮樂論》中王安石對這種道德實踐、道德修養功夫有十分詳盡的論述。「聖人，盡性以至誠者也。神生於性，性生於誠，誠生於心，心生於氣，氣生於形。形者，有生之本。故養生在於保形，充形在於育氣，養氣在於寧心，寧心在於致誠，養誠在於盡性，不盡性不足以養生。能盡性者，至誠者也；能至誠者，寧心者也；能寧心者，養氣者也；能養氣者，保形者也；能保形者，養生者也。不養生不足以盡性也。生與性之相因循，志之與氣相爲表裏也。生渾則蔽性，性渾則蔽生，猶志一則動氣，氣一則動志也。」〔註 76〕

〔註 71〕王安石：《臨川先生文集》卷六四，《楊孟》，1993 年上海古籍出版社影印四部精要刻本，第 177 頁。

〔註 72〕程元敏：《三經新義輯考彙評——尚書》，國立編譯館，1986 年 7 月第一版，第 79 頁。

〔註 73〕王安石：《臨川先生文集》卷六四，《楊孟》，1993 年上海古籍出版社影印四部精要刻本，第 177 頁。

〔註 74〕王安石：《臨川先生文集》卷六六，《禮樂論》，1993 年上海古籍出版社影印四部精要刻本，第 183 頁。

〔註 75〕王安石：《臨川先生文集》卷六九，《原過》，1993 年上海古籍出版社影印四部精要刻本，第 192 頁。

〔註 76〕王安石：《臨川先生文集》卷六六，《禮樂論》，1993 年上海古籍出版社影印四部精要刻本，第 183 頁。

王安石上面這段話應怎樣理解？有的學者從這段話中一連串的「生於」出發，認為這段話體現了王安石的唯物主義立場〔註 77〕。從通篇看，王安石此段話說的完全是修養問題，因此這裏的「生於」只能作修養功夫產生的結果意義上的「生於」來理解，而根本不是何者第一性，何者第二性意義上「派生」的意思，因此，此段話也就根本談不上唯心、唯物的問題。

王安石的這段話是從孟子的「志一則動氣，氣一則動志」〔註 78〕的修養論出發，論述其「不盡性不足以養生」和「不養生不足以盡性」的修養理論。鑒於本文主題，此處對王安石養生與盡性的修養論不作細緻分析。就本文的主題來說，我們需要清楚的是王安石這裏說的「盡性」，在個人道德修養意義上來說，其意涵與「成性」相同。因此，養生、保形、育氣、寧心、致誠、盡性是修養功夫的諸層次、諸階段，也是個人「成性」的修養過程。

從「成性」的修養過程來說可以分為上述諸階段，但「成性」的根本保證則在於對先王之禮樂的踐履。「先王知其然，是故體天下之性而為之禮，和天下之性而為之樂……禮樂者，先王所以養人之神，正人氣而歸正性也……聖人內求，世人外求，內求者樂得其性，外求者樂得其欲。」〔註 79〕禮、樂乃是先王「體天下之性」、「和天下之性」而作，而先王之所以制禮作樂，其目的則在於使人「歸正性」、「得性」。這段話是緊接著上引那段話說的，因而也可以進一步證明「盡性」、「歸正性」、「得性」、「成性」諸詞的意思在王安石那裏是相通或基本相同的。

通過對先王禮、樂的踐履能使人「得性」、「成性」，這與前述通過貌、言、視、聽、思五事「成性」完全一致。「聖人之言，莫大顏淵之問，『非禮勿視，非禮勿聽，非禮勿言，非禮勿動』……蓋人之道莫大於此……道不違乎言貌辭氣之間……《洪範》之言天人之道，莫大於貌、言、視、聽、思。」〔註 80〕

上面從個人道德實踐、道德修養方面討論了王安石的「成性」論，然而王安石「成性」論的意涵絕不僅限於此，它還有近似董仲舒成性論所具有的豐富政治意涵。

〔註 77〕參見馬振鐸：《政治改革家王安石的哲學思想》，湖北人民出版社，1984 年月第一版，第 111～113 頁。

〔註 78〕焦循：《孟子正義》，中華書局，1987 年 10 月第一版，第 197 頁。

〔註 79〕王安石：《臨川先生文集》卷六六，《禮樂論》，1993 年上海古籍出版社影印四部精要刻本，第 183 頁。

〔註 80〕王安石：《臨川先生文集》卷六六，《禮樂論》，1993 年上海古籍出版社影印四部精要刻本，第 183～184 頁。

前已敘及，在王安石看來聖人制禮作樂是爲了使人「歸正性」，也就是「成性」。人通過對先王禮樂的踐履，可以實現、成就人之所爲人的人性，可以過上眞正意義上人的生活。「太古之人，不與禽獸朋也幾何？聖人惡之也，制作焉以別之……太古之道果可行之萬世，聖人惡用制作於其間？必制作於其間，爲太古之不可行也。」〔註 81〕「太古之人」是生活在聖人未制禮作樂之前的人，是未經聖人禮樂教化、文明化的人，這樣的人與禽獸幾無分別。聖人制禮作樂使人與禽獸得以區別開來，因爲對聖人禮樂的踐履可以實現、成就人之所以爲人的人性。

禮、樂雖然能幫助實現、成就人之所以爲人的人性，然而卻並非是禮樂創造了人性，而是聖人依據人的天賦之性制作了禮樂。前已談及禮樂乃是先王「體天下之性」、「和天下之性」而作，在《禮論》篇中王安石對此有更爲清楚的論述。「故禮始於天而成於人……今人生而有嚴父愛母之心，聖人因其性之欲而爲之制焉，故其制雖有以強人，而乃以順其性之欲也。聖人苟不爲之禮，則天下蓋將有慢其父而疾其母者矣。此亦可謂失其性也。得性者以爲僞，則失其性者乃可以爲眞乎？此荀卿之所以爲不思也……以謂天性無是而可以化之使僞耶，則狙猿亦可使爲禮矣。故曰禮始於天而成於人，天則無是，而人欲爲之者，舉天下之物，吾蓋未之見也。」〔註 82〕聖人依據人性之中善的成分制作了禮樂，對禮樂的踐履不斷地強化、培育人性之中善的成分，從而能夠使人「成性」、「得性」、「歸正性」。正是因爲禮樂是「因其性之欲」而作，所以對禮樂的踐履乃是「順其性之欲」。聖人是依據人的天性而制作禮樂，所以「禮始於天而成於人」，而非荀子所說的「化性起僞」。

禮不但「始於天而成於人」，而且能幫助、輔助天。在王安石看來，天賦的人性有善有惡，並不完善、完美，禮可以使不完善、不完美的人性變得完善、完美，正是在這種意義上王安石說禮是天地的輔助者。「禮也者，因時之會通，以財成輔相天地者也。」〔註 83〕「財成輔相」就是幫助、輔助完成天地所未完成的事業，在這裏具體來說就是成就人性。因禮乃聖人所制作，禮的這種「財成輔相」作用就是「成而終之者，人道也」的具體體現。

〔註 81〕王安石：《臨川先生文集》卷六九，《太古》，1993 年上海古籍出版社影印四部精要刻本，第 191 頁。

〔註 82〕王安石：《臨川先生文集》卷六六，《禮論》，1993 年上海古籍出版社影印四部精要刻本，第 183 頁。

〔註 83〕王安石：《臨川先生文集》卷六五，《易象論解》，1993 年上海古籍出版社影印四部精要刻本，第 182 頁。

不僅禮樂的作用在於「財成輔相天地」，而且君主、政府乃至政治、國家的作用都在於「輔相天地」，並且因「輔相天地」而獲得其存在的合理性與合法性。「人君固輔相天地以理萬物者也。」〔註 84〕「固」意味著君主之爲君主所絕不可缺少的，也就是說「輔相天地以理萬物」是君主的根本職責。如果說在王安石那個時代，君主代表了政府、國家和一切政治活動的話，那麼說「輔相天地以理萬物」是君主的根本職責，也就是說政府、國家和政治的根本目的和作用在於「輔相天地以理萬物」。

所謂君主「輔相天地以理萬物」，就是通過禮樂教化使人「得性」、「成性」。教化自然要從君主自身的道德修養開始。「五事，人君所以修其心、治其身者也。修其心、治其身而後可以爲政於天下。」〔註 85〕「至於命則所以成己也，而後可以成民教。」〔註 86〕「成己」就是通過窮理、盡性、至於命而成就、實現自己人之所以爲人的人性，即「成性」。「成民教」就是通過教化使人民「成性」，用董仲舒的話說就是「成民之性」。君主通過五事「成性」後，才能夠「爲政於天下」。「爲政於天下者，在乎富之、善之。」〔註 87〕對於「富之、善之」，上文已作大量討論，此不贅言。此處我們需要明確的是，「善之」與「成性」的內涵是一致的。「夫人君使人得其常性，又得其常產，而繼之以毋擾，則人好德矣。」〔註 88〕「得其常產」是「富之」，「得其常性」是「善之」，也就是使人民「得性」、「成性」，而「人好德矣」則是人民「得性」、「成性」的一種表現。前文已敘及，「善之」或「人好德」是王安石「三代」政治理想的最終目標，是王安石的最高政治理想，這也就意味著使人民「成性」，或用董仲舒的語言來說「成民之性」，乃是王安石的最高政治理想。

既然使人民「成性」是最高政治理想，那麼與此理想相背離的君主、政

〔註 84〕王安石：《臨川先生文集》卷六五，《洪範傳》，1993 年上海古籍出版社影印四部精要刻本，第 181 頁。

〔註 85〕王安石：《臨川先生文集》卷六五，《洪範傳》，1993 年上海古籍出版社影印四部精要刻本，第 178 頁。

〔註 86〕王安石：《臨川先生文集》卷六五，《洪範傳》，1993 年上海古籍出版社影印四部精要刻本，第 182 頁。

〔註 87〕王安石：《臨川先生文集》卷六五，《洪範傳》，1993 年上海古籍出版社影印四部精要刻本，第 180 頁。

〔註 88〕王安石：《臨川先生文集》卷六五，《洪範傳》，1993 年上海古籍出版社影印四部精要刻本，第 182 頁。

府、國家、政治，在王安石看來皆是「惡」的君主、政府、國家、政治。「羞惡之心，莫不有之，而其爲至於如此者，豈其人性之固然哉？兵革不息，男女相棄而無所從歸也，是以至於如此。然則民之失性也，爲可哀，君之失道也，爲可刺。」〔註 89〕這段話是王安石對《詩經・鄭風・溱洧》小序中「男女相棄，淫風大行」的評注。在王安石看來「淫風大行」，人民不「好德」、「失性」是應該哀憐、同情的，因爲錯不在人民，而在君主、政府沒有盡到「富之、善之」的根本責任。「夫君人者，使人失其常性，又失其常產，而繼之以擾，則人不好德矣。」〔註 90〕因爲君主、政府沒有盡到應盡的責任，才導致了「男女相棄，淫風大行」，所以「君之失道也，爲可刺」。

顯然，君主不可能單獨一人通過禮樂教化使人民「得性」、「成性」，使人民「得性」、「成性」，需要一精英階層來承擔教化人民的具體工作。「夫民於襁褓之中而有善之性，不得賢而與之教，則不足以明天下之善。」〔註 91〕「『塗之人皆可以爲禹。』蓋人人有善性，而未必善自充也。」〔註 92〕使人民明瞭自身的善性，從而成就實現之，需要精英階層的教化。

最後，我們可以試著重新解讀「始而生之者，天道也；成而終之者，人道也」〔註 93〕這句話。前面我們從個人道德修養的角度闡發了這句話的意涵，下面我們試著從政治角度再次闡發這句話的深刻意蘊。天生的並不完美、完善，所謂「人道」即君主、政府、國家、政治的作用，在於使不完美、不完善的「天生」變得完善、完美，也即所謂的「成而終之」。正是因爲有這種天道、人道的區分，所以統治者或社會國家的治理者，應致力於成就人性的事業。「道有本有末。本者，萬物之所以生也；末者，萬物之所以成也。本者出之自然，故不假乎人之力，而萬物以生也；末者涉乎形器，故待人力而後萬物以成也。四術者，禮、樂、刑、政是也，所以成萬物者也。故聖人唯務修

〔註 89〕程元敏：《三經新義輯考彙評——詩經》，國立編譯館，1986 年 9 月第一版，第 76 頁。

〔註 90〕王安石：《臨川先生文集》卷六五，《洪範傳》，1993 年上海古籍出版社影印四部精要刻本，第 182 頁。

〔註 91〕王安石：《臨川先生文集》卷六八，《老子》，1993 年上海古籍出版社影印四部精要刻本，第 189 頁。

〔註 92〕王安石：《臨川先生文集》卷七六，《答孫長倩書》，1993 年上海古籍出版社影印四部精要刻本，第 210～211 頁。

〔註 93〕王安石：《臨川先生文集》卷六二，《郊宗議》，1993 年上海古籍出版社影印四部精要刻本，第 171 頁。

其成萬物者，不言其生萬物者，蓋生者尸之於自然，非人力之所得與矣。」〔註94〕人性的完善、成就，需要人力的作用，統治者或社會國家的治理者應致力於此，致力於完善、成就人性的禮、樂、刑、政。

王安石、董仲舒的「成性」論強調君主、政府、國家的責任，政治的目的在於成民之性，這到底意味著什麼？「成性」意味著實現、完成、成就人身上所具有的人之所以爲人的東西，也就是像人應該的那樣生活。如果說「人就應該像人那樣生活」，或者說「符合人的本性的生活是人應該過的生活」，可以用來回答「人應該怎樣生活」這一哲學的根本問題〔註95〕，那麼王安石、董仲舒的「成性」論便是對蘇格拉底「人應該怎樣生活」問題的一種回答。如果說在王安石、董仲舒看來，人倫是人之所以爲人，人區別於禽獸的所在，那麼其「成民之性」從社會層面來講所要實現、成就的便是儒家君臣、父子的人倫秩序，而這一秩序因爲是符合人性的秩序，自然是善或好的秩序。因此，董仲舒、王安石的「成性」論是對古典政治哲學關注的核心問題，即「善或好的國家、社會，善或好的秩序應該是什麼樣子？什麼樣的國家、社會才是善或好的國家、社會？什麼樣的秩序才是善或好的秩序？」的一種回答。王安石、董仲舒認爲君主、政府、國家的責任，政治的目的在於成民之性，即認爲君主、政府、國家只有在促進、保證人性實現的情況下，才有其存在的合理性與合法性，也即認爲善或好的政府、國家、社會應是能夠實現人性的政府、國家、社會。

牟宗三曾高度評價張載成性論，認爲成性概念「代表一個特別的間架，所承傳的學問與伊川、朱子不同，與王陽明也不同。」〔註96〕如果確如牟宗三所言，成性概念能「代表一個特別的間架」，那麼稍早於張載的王安石成性

〔註94〕王安石：《臨川先生文集》卷六八，《老子》，1993年上海古籍出版社影印四部精要刻本，第189頁。

〔註95〕當然，這樣的回答「人應該怎樣生活」的問題，只是給出了一個形式化的解答，實際並沒有眞正回答這一哲學根本問題。蘇格拉底「人應該怎樣生活」的問題與康德「人是什麼」的問題，實際上是同一個問題，因此，「人就應該像人那樣生活」，「符合人的本性的生活是人應該過的生活」，只是抽象的、形式化的回答了蘇格拉底的問題，實際等於什麼都沒有回答。不過，如果將「人就應該像人那樣生活」，「符合人的本性的生活是人應該過的生活」與一種特定的對人之爲人的認識相結合，便是一種特定的對「人應該怎樣生活」問題的解答。

〔註96〕牟宗三：《中國哲學十九講》，上海古籍出版社，2005年版，第305頁。

論就理應值得我們給予高度重視。更值得注意的是，王安石成性論強調君主、政府、國家的責任和目的在於成民之性，是對古典政治哲學關注的核心問題——什麼是善或好的國家——的一種思考，其在中國政治思想史上的意義不容低估。

第三章　王安石變法的指導思想

關於王安石變法的指導思想，目前學界大致有四種不同的觀點。第一種，法家說，以鄧廣銘爲代表，認爲王安石變法是在法家思想指導下的變法革新，其終極目標是富民、富國和強兵〔註1〕。第二種，儒家說，以余英時、季平爲代表。余英時認爲「今天有人曲說王安石是法家，眞不值一駁……他的變法根據主要是在儒家經典」〔註2〕；季平認爲王安石的基本思想和行動仍然是以孔孟思想爲指導〔註3〕。第三種，儒表法裏說，以張祥浩、趙益爲代表。張祥浩認爲「王安石新法的本質是以富民爲辭而行富國之實」〔註4〕；趙益認爲王安石是位具有典型法家取向的儒家，繼承了儒法互補、儒表法內、儒體法用的傳統〔註5〕。第四種，儒家主體說，以姜國柱、史玄冰、李祥俊爲代表。姜國柱認爲王安石變法是以儒家思想爲主體，也吸收了各家的某些思想〔註6〕；

〔註1〕參見鄧廣銘：《北宋政治改革家王安石》，河北教育出版社，2000年12月第一版，第94頁。

〔註2〕余英時：《論戴震與章學誠》，三聯書店，2000年6月第一版，第338頁。

〔註3〕參見季平：《王安石和司馬光的政治思想探源》，《四川師院學報》，1985年第3期。

〔註4〕張祥浩：《「富民」是名，「富國」是實——王安石新法的是與非》，《溫州師範學院學報》，2005年第6期。

〔註5〕參見趙益：《王霸義利——北宋王安石改革批判》，南京大學出版社，2000年10月版，第159頁。

〔註6〕參見姜國柱：《論王安石》，《社會科學輯刊》，1980年第3期。

史玄冰認爲變法的理論基礎是建立在儒家思想資料基礎上，參照各家的「荊公新學」〔註 7〕；李祥俊認爲「王安石的學術思想以經學爲主體，以儒學爲正宗，以子學、佛學、道教思想爲輔助」。〔註 8〕

以上四種觀點，可以說都是古已有之。王安石變法之初，反對派中便有指責其爲法家者。熙寧二年（1069 年）十月劉琦等在《上神宗論王安石專權謀利及引薛向領均輸非便》中說道：「今安石反以管、商權詐之術，戰國縱橫之論，取媚於陛下。」〔註 9〕熙寧三年（1070 年）七月范純仁在《上神宗論新法乞責降第二狀》中說道：「安石乃以五霸富國強兵之術，啓迪上心，去其舊聞，以希速效，甚異孔子不言軍旅，孟軻恥道桓文之意也。」〔註 10〕鄧廣銘、劉琦、范純仁都認爲王安石變法是以法家思想爲指導，雖因價值判斷之異而產生了一褒一貶的不同。余英時判定王安石變法指導思想爲儒家思想，其理由不僅在於變法主要根據在儒家經典，還在於王安石的志向〔註 11〕，這與陸象山在《荊國王文公祠堂記》中對王安石變法指導思想的判斷基本一致。「自是君臣議論，未嘗不以堯、舜相期。」〔註 12〕「道術必爲孔、孟，勳績必爲伊、周，公之志也。」〔註 13〕「公方恥斯世不爲唐、虞」〔註 14〕。雖然陸象山認爲王安石的學術存在問題，「惜哉！公之學，不足以遂斯志」〔註 15〕，但對於王安石變法是以儒家思想爲指導，以實現儒家「三代」政治理想爲目標這一點，陸象山絕不表示懷疑。至於儒表法裏說，王夫之有相似議論。「申、商之言，何爲至今而不絕邪？……學博志廣如王介甫而師其意……用其實而諱其名者，介甫也。」〔註 16〕儒家主體說，在古代表現爲認爲王安石學術不

〔註 7〕史玄冰：《略談王安石變法的指導思想和理論基礎》，《南京大學學報》，1982 年第 3 期。

〔註 8〕李祥俊：《王安石學術思想研究》，北京師範大學出版社，2000 年 11 月第一版，第 357 頁。

〔註 9〕趙汝愚編：《宋朝諸臣奏議》卷一百九，上海古籍出版社，1999 年 12 月版，第 1187 頁。

〔註 10〕趙汝愚編：《宋朝諸臣奏議》卷一百九，上海古籍出版社，1999 年 12 月版，第 1187 頁。

〔註 11〕參見余英時：《論戴震與章學誠》，三聯書店，2000 年 6 月第一版，第 338 頁。

〔註 12〕陸九淵：《陸九淵集》，中華書局，1980 年版，第 231～232 頁。

〔註 13〕陸九淵：《陸九淵集》，中華書局，1980 年版，第 232 頁。

〔註 14〕陸九淵：《陸九淵集》，中華書局，1980 年版，第 233 頁。

〔註 15〕陸九淵：《陸九淵集》，中華書局，1980 年版，第 232 頁。

〔註 16〕王夫之：《讀通鑒論》卷一，中華書局，1975 年版，第 5 頁。

純正。朱熹在評論王安石、蘇軾學術時說道：「至於王氏、蘇氏則皆以佛老爲聖人，既不純乎儒者之學矣……二公之學皆不正。」〔註 17〕

對於以上四種觀點，現在仍持第一種觀點的人已不多，就是鄧廣銘也認爲王安石是儒家學者，甚至將王安石評價爲北宋「高踞首位」的儒家學者。在《王安石在北宋儒家學派中的地位》一文中，鄧廣銘評價王安石道：「從其對儒家學說的貢獻及其對北宋後期的影響來說，王安石應爲北宋儒家學者中高踞首位的人物。」〔註 18〕當然，鄧廣銘認爲王安石存在「援法入儒」〔註 19〕的傾向，這就使得他關於王安石變法指導思想的觀點與第三種觀點極爲接近。

上述第四種觀點，目前是學界普遍接受的觀點，不過第四種觀點與第二種觀點應該來說沒有什麼實質的差別。吸收佛、老等各家思想成分是宋代儒學之共同特徵，朱熹站在自己學派立場上當然可以指責王安石學術不純正，但從現代學術的眼光來看，包括程朱理學在內的宋代儒學在整體上無疑與先秦原始儒學存在很大差異，從這種意義來說都不「純正」，因此說程朱理學與荊公新學哪個更「純正」便沒太大意義。雖然程、朱、陸、王的學說與先秦原始儒學有所不同，但因爲他們在價值取向上認同孔孟，所以沒有誰會否認他們爲儒家。承認王安石變法的指導思想是以儒家思想爲主體，便承認了變法是以孔孟儒家倫理爲價值取向，以實現儒家「三代」政治理想爲最終目標，否則何談「儒家主體」。如果變法以孔孟儒家倫理爲價值取向，以實現儒家「三代」政治理想爲最終目標，那變法的指導思想不是儒家思想又能是什麼呢？

對於「儒表法裏」、「法家取向的儒家」、「援法入儒」這樣的觀點，關鍵問題在於如何看待王安石思想中，或其變法措施中展現的所謂「法家」成分。例如，主張「強兵」就是法家思想嗎？強調「立法度」就是法家嗎？在沒有對王安石主張的「強兵」、「立法度」之內涵進行細緻分析，沒有將其與孔子、孟子、商鞅、韓非的出發點、歸宿及價值取向進行深入比照的情況下，僅憑字面表象便將這些判爲「法家」成分，恐怕有失武斷。本章的主要工作就在於辨析王安石思想中的所謂「法家」成分，對王安石變法的指導思想問題做一些澄清工作。

〔註 17〕黎靖德：《朱子語類》，中華書局，1986 年 3 月版，第 3100 頁。

〔註 18〕鄧廣銘：《鄧廣銘學術論著自選集》，首都師範大學出版社，1994 年 10 月第一版，第 285 頁。

〔註 19〕鄧廣銘：《鄧廣銘學術論著自選集》，首都師範大學出版社，1994 年 10 月第一版，第 281 頁。

此外，與「儒表法裏」說息息相關，有一種論點認爲王安石當政前後思想發生了重大改變。張祥浩認爲「論王安石的政治思想，必須看到前後的變化……而不知熙寧年間王安石的政治思想，與其早年的政治思想不可同日而語。」〔註 20〕此說也是古已有之。范純仁在《上神宗論劉琦等責降》中說「安石不度己才，欲求近功，忘其舊學。捨堯舜知人安民之道，講五霸富國強兵之術。尙法令則稱商鞅，言財利則背孟軻。」〔註 21〕「舊學」指的當然是王安石早年的儒學取向，而「忘」指的則是王安石當政後由儒家變爲法家。司馬光在《與王介甫書》中說道：「竊見介甫獨負天下大名三十餘年，才高而學富，難進而易退。遠近之士，識與不識，咸謂介甫不起則已，起則太平可立致，生民咸被其澤矣。」〔註 22〕司馬光對當政前王安石的評價，應該來說代表了當時士大夫階層的一種共識。王安石《淮南雜說》問世後，「天下推尊之，以比孟子」〔註 23〕。王安石的學生蔡卞在《王安石傳》中也說：「初著《雜說》數萬言，世謂其與孟軻相上下。」〔註 24〕王安石當政前後思想果眞發生了由儒而法的重大轉變嗎？王安石熙寧二年（1069 年）拜參知政事主持變法時已年近五十，是思想成熟的年齡，在這種年齡思想發生由儒而法的重大轉變，無論如何讓人難以理解。要弄清王安石是否「忘其舊學」，也需對王安石當政時期思想中的所謂「法家」成分進行深入辨析。

具體展開討論之前，需要說明一點，在考察王安石變法的指導思想時，本文只就王安石變法的意圖、初衷、目標等立論，至於變法的是非得失及推行過程中出現的有違初衷之結果，則不在本文的討論範圍之內。

第一節　擇術爲始、講學爲先

考察王安石變法的指導思想，可從王安石與宋神宗初次見面時的對話開

〔註 20〕張祥浩、魏福明：《王安石評傳》，南京大學出版社，2006 年 6 月第一版，第 229 頁。

〔註 21〕趙汝愚編：《宋朝諸臣奏議》卷一百九，上海古籍出版社，1999 年 12 月版，第 1190 頁。

〔註 22〕司馬光：《傳家集》卷六十，《與王介甫書》，文淵閣四庫全書臺北故宮博物院藏本。

〔註 23〕徐自明：《宋宰輔編年錄》卷七，文海出版社，1967 年版，第 543 頁。

〔註 24〕晁公武撰，趙希弁附考：《昭德先生郡齋讀書志》，續古逸叢書，民國間商務印書館影印本，《後志》卷二，《王氏雜說解題》。

始。據李燾《續資治通鑒長編》記載，熙寧元年（1068年）四月，「詔新除翰林學士王安石越次入對。上謂安石曰：『朕久聞卿道術德義，有忠言嘉謨，當不惜告朕，方今治當何先？』對曰：『以擇術爲始。』」〔註25〕王安石對神宗「治當何先」的問題，回答得非常乾脆、明確。所謂「以擇術爲始」就是說要治理國家，首先要選擇治國之術，或治國之道，也就是必須首先明確治國的指導思想。需要注意的是，王安石這裏所說的「術」，是「道術」之意，不可誤解爲韓非所說的「術」或「權術」。

既然說「擇」，那麼王安石選擇的是怎樣的治國之「術」呢？「上問：『唐太宗何如？』對曰：『陛下每事當以堯、舜爲法。唐太宗所知不遠，所爲不盡合法度，但乘隋極亂之後，子孫又皆昏惡，所以獨見稱於後世。道有升降，處今之世，恐須每事以堯、舜爲法……』。」〔註26〕眾所週知，宋王朝積貧積弱，而唐太宗之世則是國家富強的象徵，從宋神宗的問話中明顯可以看出其想取法唐太宗而致富強，而從王安石的對答來看，王安石在取法唐太宗還是取法堯、舜方面，做出了明確的選擇，或者說在傳統上所說的王道與霸道之間做出了明確的選擇。王安石認爲「唐太宗所知不遠」，顯然其變法目標不在於致富強，而在於實現儒家堯、舜、三代政治理想。堯、舜爲儒家推崇的聖人，王安石說「每事當以堯、舜爲法」，其選擇儒家思想爲治國、變法的指導思想絕無可疑。

王安石此時已有自己的治國指導思想，也就是在「術」的問題上他已經有所「擇」，這自不待言。王安石對宋神宗說「擇術爲始」，是希望這位年輕的皇帝能夠選擇正確的「術」，即選擇正確的治國指導思想。當然，年輕皇帝「擇術」的前提在於他對所擇之「術」的內涵、精神有深刻把握。當宋神宗有意起用他主持變法時，王安石明確表示只有年輕皇帝對他的治國思想深信不疑，變法才有可能取得成功，也就是表示只有神宗皇帝選擇的治國指導思想與他的治國指導思想一致時，變法才能取得成功。「庚子，以王安石爲右諫議大夫、參知政事。先是，安石見上論天下事，上曰：『此非卿不能爲朕推行，朕須以政事煩卿，料卿學問如此，亦欲設施，必不固辭也。』安石對曰：『臣

〔註25〕黃以周等輯注，顧吉辰點校：《續資治通鑒長編拾補》，中華書局，2004年1月第一版，第92頁。

〔註26〕黃以周等輯注，顧吉辰點校：《續資治通鑒長編拾補》，中華書局，2004年1月第一版，第92～93頁。

所以來事陛下，固願助陛下有所爲……陛下誠欲用臣，恐不宜遽謂，宜先講學，使於臣所學本末不疑然後用，庶幾能粗有所成。』」〔註27〕王安石希望神宗對他「所學本末不疑」，也就是希望神宗選擇他所持的治國理念爲變法指導思想。要「不疑」，需深刻瞭解，要瞭解則需「先講學」，而「講學」的內容當然是王安石本人的治國理念。因此王安石勸宋神宗「擇術」，實際就是要求宋神宗接受他本人的治國理念作爲變法之指導思想。

正因爲「擇術」是治國之「始」，而「擇」的前提在「講學」，所以王安石一再強調神宗應「以講學爲事」。顯然，王安石認爲如果神宗皇帝不首先確定治國指導思想，不在指導思想上與他取得一致，變法不可能獲得成功。「上問安石：『祖宗守天下，能百年無大變，粗致太平，以何道也？』安石退而奏書曰……明日，上謂安石曰：『昨閱卿所奏書至數遍，可謂精畫計治，道無以出此，所由眾失，卿必已一一經畫，試爲朕詳見施設之方。』對曰：『遽數之不可盡，願陛下以講學爲事，講學既明，則施設之方不言自喻。』上曰：『雖然，試爲朕言之。』於是爲上略陳施設之方。上大喜曰：『此皆朕所未嘗聞，他人所學，固不及此，能與朕一一爲書條奏否？』對曰：『臣已嘗論奏陛下，以講學爲事，則諸如此類，皆不言而自喻。若陛下擇術未明，實未敢條奏。』」〔註 28〕神宗希望「詳見施設之方」，就是希望王安石陳述治國、變法的具體措施。面對神宗一再追問施設之方，王安石則一再強調「以講學爲事」，還表示如若神宗「擇術未明」，即在選擇指導思想方面還不明確，也就是對他的治國理念還不能做到「本末不疑」，他則「未敢條奏」具體變法措施。

如果說「擇術」是治國之始，那麼帝王通過「講學」而「聞道」則是「擇術」之始。「人主要聞道……三公以論道爲職者，必以爲治天下國家，不可以不聞道故也。」〔註 29〕帝王「不聞」儒家治國之道，當然也就無法選擇儒家治國之道爲治國的指導思想，而不先選擇正確的指導思想，治理好國家便無從談起，正因如此，王安石才說帝王「要聞道」、「不可以不聞道」。帝王治理國家必須「聞道」，所以王安石一再向宋神宗強調帝王之職責在於「論道」，

〔註27〕黃以周等輯注，顧吉辰點校：《續資治通鑒長編拾補》，中華書局，2004 年 1 月第一版，第 153 頁。

〔註28〕黃以周等輯注，顧吉辰點校：《續資治通鑒長編拾補》，中華書局，2004 年 1 月第一版，第 93～95 頁。

〔註29〕李燾：《續資治通鑒長編》，中華書局，1986 年 5 月第一版，第 5815 頁。

也就是討論、思考、明確治國的指導思想，而不在於處理具體事務。「王者之職，在於論道，而不在於任事。」〔註30〕「且刑名法制非治之本，是爲吏事，非主道也。國有六職，坐而論道謂之三公。所謂主道者，非吏事而已……臣愚以謂當更講論帝王之道術而已」〔註31〕。

在王安石看來帝王「聞道」最主要是明瞭「帝王大略」，因此「講學」最重要的內容就是「講論帝王之道術」，使帝王知曉「帝王大略」。從李燾《續資治通鑑長編》來看，王安石一再在神宗皇帝面前強調要懂得「帝王大略」，不要陷於瑣碎細務。「天錫陛下聰明非不過人，但陛下用之於叢脞，而不用之於帝王大略，此所以未能濟大功業也。」〔註32〕「陛下好察細務，誠由聰明有餘，然恐不能不於大略卻有所遺。」〔註33〕「如陛下朝夕檢察市易務事，乃似煩細，非帝王大體，此乃《書》所謂『元首叢脞』也。陛下修身，雖堯、舜無以加，然未能運天下者，似於大體未察，或代有司職，未免叢脞。」〔註34〕「叢脞」、「元首叢脞」語出《尚書·益稷》，孔安國的解釋是細碎無大略〔註35〕。

在王安石看來「帝王大略」最根本的是知人，也就是區分君子和小人。「陛下欲安民，當以知人爲先。」〔註36〕「且王公之職，論道而已。若道術不明，雖勞適足自困，無由致治；若道術明，君子小人各當其位，則無爲而天下治，不須過自勞苦紛紛也。」〔註37〕「講學」、「論道」其目的都在於明「道術」，而「道術明」的結果是「君子小人各當其位」，顯然，「道術」以分別君子、小人爲核心內容。從王安石的下面一段話中也能看出，帝王之「道術」，帝王之大略以分別君子、小人爲核心內容。「如漢元帝非不孜孜爲善，但不聞道，故於君子、小人情狀無以揆之，而爲小人所蔽……然要揆君子、小人情狀，

〔註30〕王安石：《臨川先生文集》卷四一，《論館職劄子一》，1993年上海古籍出版社影印四部精要刻本，第115頁。

〔註31〕李燾：《續資治通鑑長編》，中華書局，1986年5月第一版，第5590～5591頁。

〔註32〕李燾：《續資治通鑑長編》，中華書局，1986年5月第一版，第5788～5789頁。

〔註33〕李燾：《續資治通鑑長編》，中華書局，1986年5月第一版，第5688頁。

〔註34〕李燾：《續資治通鑑長編》，中華書局，1986年5月第一版，第5827頁。

〔註35〕參見《漢魏古注十三經》，中華書局，1998年11月第一版，四部備要本《尚書·孔安國傳》，第14頁。

〔註36〕李燾：《續資治通鑑長編》，中華書局，1986年5月第一版，第5639頁。

〔註37〕李燾：《續資治通鑑長編》，中華書局，1986年5月第一版，第5247頁。

決天下大計，須聞道。」〔註38〕在王安石看來，帝王能分別君子、小人與「聞道」密不可分。

要做到知人，首先需「窮理」。「蓋人主之患在不窮理，不窮理則不足以知言，不知言則不足以知人，不知人則不能官人，不能官人則治道何從而興乎？……然自堯、舜、文、武皆好問以窮理，擇人而官之以自助，其意以爲王者之職，在於論道，而不在於任事，在於擇人而官之，而不在於自用。願陛下以堯、舜、文、武爲法，則聖人之功必見於天下，至於有司叢脞之務，恐不足以棄日力、勞聖慮也。以方今所急爲在如此，敢不盡愚……自備位政府，每得進見，所論皆有司叢脞之事，至於大體，粗有所及，則迫於日晷，已復旅退。而方今之事，非博論詳說，令所改更施設、本末先後、大小詳略之方，已熟於聖心，然後以次奉行，則治道終無由興起。」〔註39〕顯然，「窮理」與「講學」只是因側重角度有異而用語不同而已。從「人主之患在不窮理」和「治道何從而興乎」這樣的用語來看，在王安石看來，君主要治理好國家，「窮理」是基礎，正因如此，「論道」也就成了君主的根本職責。「窮理」、「講學」、「論道」側重角度雖有不同，但都指向一個共同的方向，就是治國的指導思想。正因爲「窮理」、「論道」是帝王之根本，治理國家之根本，所以「以堯、舜爲法」首先應該做的就是取法「堯、舜、文、武好問以窮理」。「博論詳說」就是「講學」、「論道」，而「熟於聖心」就是上文所言「於臣所學本末不疑」。正因爲「講學」、「窮理」是明瞭「帝王大略」的根本，帝王不知曉「帝王大略」則「治道終無由興起」，而王安石認爲神宗皇帝在「帝王大略」的領會方面，顯然有所欠缺，所以他說「方今所急爲在如此」。

王安石爲何將「知人」作爲「帝王大略」？這與王安石所要建立的理想社會秩序密不可分。如第一章所述，王安石認爲「聖人行命」使「賢者貴，不賢者賤」，從而建立起來的秩序才是人間應有的理想秩序。顯然，「聖人行命」使「賢者貴，不賢者賤」以「知人」，也就是以分別君子、小人爲前提，不能分別賢者和不賢者，自然也就無法做到使「賢者貴，不賢者賤」。帝王能分別君子、小人，才能「行命」，才能使「君子小人各當其位」，而「君子小人各當其位」就是「賢者貴，不賢者賤」這種王安石心目中的理想社會秩序，

〔註38〕李燾：《續資治通鑒長編》，中華書局，1986年5月第一版，第5815頁。
〔註39〕王安石：《臨川先生文集》卷四一，《論館職劄子一》，1993年上海古籍出版社影印四部精要刻本，第115頁。

所以他說「君子小人各當其位，則無爲而天下治。」〔註 40〕這裏需要注意的是，王安石所說的「知人」、「擇人而官之」以建立理想「三代」秩序爲目標，不以君主的利益爲出發點和歸宿，我們應將其與視有才能之人爲帝王之工具的「知人善任」思想區別開來。

君主做到使「君子小人各當其位」就可以「無爲而天下治」，不僅因爲「君子小人各當其位」本身就是理想的社會秩序，還因爲能者在職、賢者在位這種精英治理模式能帶來最好的社會治理。「言有能者，使在職而羞其材，有爲者，使在位而羞其德，則邦昌也。人君孰不欲有能者羞其材，有爲者羞其德，然曠千數百年而未有一人致此，蓋聰不明而無以通天下之志，誠不至而無以通天下之德，則智以難知，而爲愚者所詘，賢以寡助，而爲不肖者所困，雖欲羞其行，不可得也。通天下之志在窮理，同天下之德在盡性。窮理矣，故知所謂咎而弗受，知所謂德而錫之福；盡性矣，故能不虐煢獨以爲仁，不畏高明以爲義。如是，則愚者可誘而爲智也，雖不可誘而爲智，必不使之詘智者矣；不肖者可革而爲賢也，雖不可革而爲賢，必不使之困賢者矣。夫然後有能、有爲者得羞其行，而邦賴之以昌也。」〔註 41〕「羞」是奉獻、貢獻之意，王安石認爲賢能之人，也就是社會的精英分子都能有機會向社會貢獻其才能和美好德行，社會就能得到最好治理，國家就能繁榮昌盛。能者在職、賢者在位就是第一章所述的王安石精英政治理想，這種理想在君主政體之下，以君主對賢者、能者和不肖者的識別、區分爲前提，也就是以君主「知人」爲前提，而君主「知人」的前提在於「窮理」、「講學」、「論道」。

「知人」乃「帝王大略」，其途徑是「講學」、「論道」、「窮理」，因爲通過「講學」、「論道」、「窮理」才能「明乎善」，而「明乎善」才能區分君子、小人。「蓋人君率其臣作而興事，在明乎善而已……故人君者，以明乎善爲難。苟明乎善矣，則人臣孰敢爲不善……然則人君欲股肱良而庶事康，不在乎他，在明乎善而已。明乎善，不可以責諸人也。」〔註 42〕君主治理好國家「在明

〔註 40〕李燾：《續資治通鑑長編》，中華書局，1986 年 5 月第一版，第 5247 頁。

〔註 41〕王安石：《臨川先生文集》卷六五，《洪範傳》，1993 年上海古籍出版社影印四部精要刻本，第 180 頁。

〔註 42〕王安石：《臨川先生文集》卷六二，《答聖問賡歌事》，1993 年上海古籍出版社影印四部精要刻本，第 172 頁。

乎善而已」，所以「明乎善」而「知人」是帝王之大略、帝王之道術。知人才能「擇人而官之」，才能使「君子小人各當其位」，才能使有能者羞其材，有爲者羞其德而邦昌。

最後，我們來看下面一段王安石與宋神宗的對話。「上曰：『唐太宗必得魏鄭公，劉備必得諸葛亮，然後可以有爲。魏鄭公、諸葛亮誠不世出之人也。』安石對曰：『陛下誠能爲堯、舜，則必有皋、夔、稷、契；陛下誠能爲高宗，則必有傅說。魏鄭公、諸葛亮皆有道者所羞，何足道哉！〔註 43〕以天下之大，人民之眾，百年承平，學者不爲不多，然常患無人可以助治者，以陛下擇術未明，推誠未至，雖有皋、夔、傅說之賢，亦將爲小人所蔽，卷懷而去。自古悉朝廷無賢者，以人君不明，好近小人；好近小人，則賢人雖欲自達無由矣。』」〔註 44〕王安石與宋神宗此處的對話，與他們初次見面時宋神宗問「唐太宗何如」的對話相似。王安石將堯、舜、皋、夔、稷、契、高宗、傅說與唐太宗、魏徵、劉備、諸葛亮相對，實際是將王道與霸道相對，並且毫無疑問在王道、霸道之間選擇了王道，也就是選擇了儒家的治國理念爲治國、變法的指導思想。王安石責備宋神宗「擇術未明」，一方面是責備宋神宗在治國指導思想方面選擇還不明確，也就是在霸道與王道的取捨方面尚不明確；另一方面是責備宋神宗不明帝王大略、帝王之道術，也就是不能知人。帝王不能知人則不能「擇人而官之」，也就不能使「君子小人各當其位」，使有能者羞其材，有爲者羞其德，進而也就無法建立「賢者貴，不賢者賤」的理想社會秩序。

第二節　變風俗

上一節「擇術爲始」，是從政治大方向上討論王安石治國、變法的指導思想問題，下面我們進一步從其施政、變法的更爲具體層面，討論王安石治國、變法所持的指導思想。

我們還是從神宗皇帝有意起用王安石主持變法之初開始討論。「庚子，以王安石爲右諫議大夫、參知政事。先是，安石見上論天下事……上曰：『朕仰慕卿道德，甚至有以助朕勿惜言。不知卿所設施以何爲先？』安石曰：『變風

〔註 43〕此下爲《東都事略》所載。

〔註 44〕黃以周等輯注，顧吉辰點校：《續資治通鑑長編拾補》，中華書局，2004 年 1 月第一版，第 134 頁。

俗，立法度，方今所急也。』」〔註 45〕神宗皇帝問「設施以何爲先」，是問王安石施政、變法的具體著眼點和著手之處，王安石的回答是「變風俗，立法度」，這也就意味著王安石施政、變法最急迫要解決的問題是改變當時衰壞的社會風俗和創立法度。王安石以「變風俗，立法度」爲先，不僅李燾《續資治通鑒長編》有記載，《臨川先生文集》中也有記載。「誠以陛下初訪臣以事，臣即以變風俗、立法度爲先。今待罪期年，而法度未能一有所立，風俗未能一有所變，朝廷內外，詖行邪說，乃更多於向時，此臣不能啓迪聖心以信所言之明效也。」〔註 46〕李燾的記載與《臨川先生文集》可以相互印證，王安石施政、變法以「變風俗、立法度爲先」，應該來說絕無可疑。關於「立法度」，我們留待下一節討論，此處集中討論「變風俗」問題。

以創建良好的社會風俗改善民德爲施政的著眼點和目標，是儒家政治思想的基本特徵，也是法家思想中絕不包含的內容。法家思想不僅不以建立良好社會風俗爲著眼點和目標，而且與儒家政治思想的這一著眼點和目標根本對立，這一點董仲舒已說得非常清楚。「自古以來，未嘗有以亂濟亂，大敗天下之民如秦者也。其遺毒餘烈，至今未滅，使習俗薄惡，人民嚚頑，抵冒殊扞，孰爛如此之甚者也。」〔註 47〕法家思想以君主的利益和富國強兵爲出發點和歸宿，將人性自私自利之弱點和人民本身都作爲工具加以利用。秦王朝以法家思想爲指導，大敗天下之民使習俗薄惡，是其自然的結果。儒、法這方面的差異，後文會有所討論，此不贅言。對於社會風俗和民德問題，既然儒、法之間存在如此根本差異，而王安石施政、變法的首要著眼點和著手之處又在於建立良好社會風俗，改善民德，其施政、變法以儒家思想而非以法家思想爲指導思想，這一點絕無可疑。

王安石將「變風俗」作爲其施政、變法最急迫要解決的問題，一方面是其作爲儒家學者施政的題中應有之意，另一方面也源於他對當時社會問題的基本判斷。早在嘉祐五年（1060 年）《上仁宗皇帝言事書》中，王安石就將「風俗日以衰壞」作爲當時最根本的社會、政治問題之一，當神宗皇帝有意起用他主持變法時，他仍然將社會風俗頹壞視爲亟待解決的首要問題。「上曰：『此

〔註 45〕黃以周等輯注，顧吉辰點校：《續資治通鑒長編拾補》，中華書局，2004 年 1 月第一版，第 153 頁。

〔註 46〕王安石：《臨川先生文集》卷四四，《答手詔封還乞罷政事表劄子》，1993 年上海古籍出版社影印四部精要刻本，第 121 頁。

〔註 47〕班固撰、顏師古注：《漢書》，中華書局，1962 年 6 月第一版，第 2504 頁。

非卿不能爲朕推行，朕須以政事煩卿，料卿學問如此，亦欲設施，必不固辭也。』安石對曰：『臣所以來事陛下，固願助陛下有所爲。然天下風俗法度，一切頹壞，在廷少善人君子，庸人則安常習故而無所知，姦人則惡直詆正而有所忌。有所忌者倡之於前，而無所知者和之於後，雖有昭然獨見，恐未及效功，而爲異論所勝……』」〔註 48〕。可以看出，王安石認爲不首先改變頹壞的社會風俗，任何改革措施都無法推行和取得最終成功。

王安石「變風俗」針對的是整個社會風俗的改善和民德的養成，不過他首先要改變的是朝廷或統治階層內部的頹壞風氣，改變「在廷少善人君子」的狀況，這也符合傳統儒家化民成俗思想。「凡欲美風俗，在長君子消小人，以禮義廉恥由君子出故也。《易》以泰者通而治也，否者閉而亂也。閉而亂者以小人道長，通而治者以小人道消。小人道消，則禮義廉恥之俗成，而中人以下變爲君子者多矣；禮義廉恥之俗壞，則中人以下變爲小人者多矣。」〔註 49〕「中人」是受社會風俗影響可以變爲君子，也可以變爲小人的人，也是社會的大多數，王安石「變風俗」針對的正是作爲社會大眾的「中人」，是要將「中人」變爲君子以養成民德。

如何「變風俗」？王安石認爲「美風俗在長君子消小人」。如何「長君子消小人」？王安石認爲在朝廷之內要「長君子消小人」，需帝王能知人，能分辨君子、小人，並繼之以賞罰。「爲天下，要以定取捨、變風俗爲先務……今日之患，正爲君子道不長，小人道不消。所以然者，由陛下察君子、小人情狀不盡，若陛下能明道以御眾，如日之在天，則小人如雨雪之自消。」〔註 50〕「爲天下之先務」與「今日之患」都說明「變風俗」問題的首要地位和急迫性，而衰壞風俗之所以未能改善，君子不長小人不消的原因則在於帝王「察君子、小人情狀不盡」，也就是在於帝王不能分辨君子、小人，不能知人。「變風俗」是爲天下之先務，而「變風俗」又以帝王能知人爲前提，從中我們不難看出王安石爲何將「知人」作爲「帝王大略」。「小人如雨雪之自消」當然是一種形象、比喻的說法，「長君子消小人」需要帝王使用賞罰。「陛下能察忠信、誕謾，不爲人蔽欺，即不敢不奉行朝廷意指。今對面爲姦罔無所懲，

〔註 48〕黃以周等輯注，顧吉辰點校：《續資治通鑒長編拾補》，中華書局，2004 年 1 月第一版，第 153 頁。

〔註 49〕黃以周等輯注，顧吉辰點校：《續資治通鑒長編拾補》，中華書局，2004 年 1 月第一版，第 153～154 頁。

〔註 50〕李燾：《續資治通鑒長編》，中華書局，1986 年 5 月第一版，第 5451 頁。

即背面爲姦罔復何所忌？於有形狀可尋爲讒慝無所忌，即於無形狀可尋爲讒慝何所不至？姦罔、讒慝不禁如此，而欲治道起、風俗變，無此理……陛下欲安民，當以知人爲先，知人乃能馭臣，則姦慝自當化爲忠良。」〔註 51〕只有對誕謾、姦罔、讒慝施以懲罰，小人才會有所「忌」，有所「忌」才會「化爲忠良」。姦慝化爲忠良是變風俗的目標，而懲罰的前提是知人，能夠分辨君子、小人。「欲人臣忠良，在陛下聽察分明而已。」〔註 52〕「若陛下誠能熟計利害而深見情僞，明示好惡賞罰，使人人知政刑足畏，則姦言浮說自不敢起，詭妄之計自不敢施，豪猾吏民自當帖息。」〔註 53〕王安石知人、明察基礎上的賞罰，特別是罰，明顯帶有使人有所畏忌而不敢作姦犯科的意思，因此其變風俗也就明顯帶有使人不敢爲惡的意思，這與儒家傳統上的君主修身、以身作則、化民成俗有所不同。不過儒家雖主張教化，但也從未主張過廢棄刑罰，對不率教之人施以誅罰是儒家教化理論的題中之意，王安石勸神宗用誅罰即是此意。「神宗曰：『自古治世，豈能使朝廷無小人？雖堯、舜之時，不能無四凶。』安石曰：『惟能辨四凶而誅之，此所以爲堯、舜也。』」〔註 54〕

王安石認爲通過懲罰才能「消小人」，不「消小人」則不可能變風俗而興起治道，因爲帝王明示好惡繼以賞罰能夠影響「中人」的行爲，進而影響社會風氣。「王安石爲上言：『欲興起治道，須變得風俗。今誕謾之俗初不改，恐無由興起治道。』上曰：『人情千變萬化，苦難知。』安石曰：『人情要保其往誠難，若是誕謾已著，不能明示好惡，繼以懲責，風俗如何肯變？上好信則民莫敢不用情，民所以不用情，必是陛下好信不篤故也。』上曰：『前後爲誕謾黜逐亦不少，只是卻要審。』安石曰：『此事誠要審，然既審之後，不加誅罰以當其罪，何緣肯變？緣作忠信甚難，作誕謾甚易……以其眾人不利，所以作忠信難，以其眾人所利，所以作誕謾易……爲能知其情狀，故服也。今遇小人多不當其情狀，此所以不服，更紛紛也。人情雖難知，然亦有可見之道，在窮理而已。」〔註 55〕從「如何肯變」、「何

〔註 51〕李燾：《續資治通鑑長編》，中華書局，1986 年 5 月第一版，第 5639 頁。

〔註 52〕李燾：《續資治通鑑長編》，中華書局，1986 年 5 月第一版，第 5639 頁。

〔註 53〕李燾：《續資治通鑑長編》，中華書局，1986 年 5 月第一版，第 5427 頁。

〔註 54〕黃以周等輯注，顧吉辰點校：《續資治通鑑長編拾補》，中華書局，2004 年 1 月第一版，第 134 頁。

〔註 55〕李燾：《續資治通鑑長編》，中華書局，1986 年 5 月第一版，第 5894～5895 頁。

緣肯變」來看，王安石認爲社會風俗會因帝王的好惡而改變，只有帝王明示好惡繼以懲責，才可以改變誕謾的社會風俗。當然這裏的明示好惡指的是好君子惡小人，而好君子惡小人的前提是知人，是能分辨君子小人，而要知人則需窮理。「安石曰：巧言，雖堯、舜亦畏之，然以見理明，故共工不能亂堯、舜之治也。漢元帝詔曰：『朕不明於理，靡瞻不眩，靡聽不惑，政令多還，民心未得，公卿大臣緣姦作邪。』惟不明於理，故靡瞻不眩，靡聽不惑；惟眩惑，故一有政令，輒爲浮議所奪而多還；惟政令多還，故民心未得；上所操持如此，此公卿大臣所以敢作姦邪，其本乃在人主不明於理故也……賞罰在一人之身爲輕，在朝廷勸沮忠邪則爲利害甚大，不可不謹也。」〔註 56〕帝王「見理明」繼之以賞罰才能使得臣下不敢作姦犯科，才能改變朝廷的誕謾風氣，當然賞罰的目的不在於受賞罰者本身，而在於「勸沮忠邪」，也就是在於改變朝廷風氣。討論王安石勸神宗皇帝用賞罰時，我們始終要清楚其意在變風俗，而不在加強帝王對臣下的控制。「此輩固有忠良，假令非忠良，若陛下御之以道，即雖小人，自當革面而爲君子；若陛下不能御之以道，即今天下所望以爲君子者，變爲小人多矣。」〔註 57〕這裏說的「此輩」指的是皇帝身邊的近習。「御之以道」指的就是知人而繼之以賞罰，其目的在於使得可以變爲君子也可以變爲小人的「中人」變爲君子，在於培養民德，在於變風俗，而不在於帝王控制、駕馭臣下本身。

王安石認爲在改變社會風俗方面，帝王應該主動「倡率」，不過他所說的「倡率」不是指以身作則、樹立道德榜樣的意思，而是指用明示好惡繼以賞罰來引導天下人的取向，使人有志於爲善而不敢作姦犯科。「然天下事須自陛下倡率，若陛下於忠邪情僞勤怠之際，每示含容……蓋精神之運，心術之化，使人自然遷善遠罪者，主道也。今於群臣忠邪情僞勤怠，未能明示好惡使知所勸懼……臣愚以爲非明於帝王大略，使爲欺者不敢放肆，爲忠者無所顧忌，風俗丕變，人有自竭之志……」。〔註 58〕顯然，王安石這裏所說的「倡率」是指「明示好惡使知所勸懼」，有所「勸懼」才會使「爲欺者不敢放肆，爲忠者無所顧忌」，這樣才能改變朝廷誕謾之風。「欲成天下之務，在通天下之志，

〔註 56〕李燾：《續資治通鑑長編》，中華書局，1986 年 5 月第一版，第 5459～5460 頁。

〔註 57〕李燾：《續資治通鑑長編》，中華書局，1986 年 5 月第一版，第 5813 頁。

〔註 58〕李燾：《續資治通鑑長編》，中華書局，1986 年 5 月第一版，第 5590～5591 頁。

若不能通天下之志，即不能運動天下變移風俗，則何由成天下之務？」〔註 59〕「通天下之志」指的是能夠引導天下人的取向，能引導天下人的取向便能改變天下的風俗，而要「通天下之志」需知人而繼以賞罰。「通天下之志在窮理……窮理矣，故知所謂咎而弗受，知所謂德而錫之福。」〔註 60〕所謂「窮理」便是知善惡是非，實際就是知人，知人繼以賞罰，便是向天下人明示了帝王的「勸沮」之所在，進而就能影響天下人的行爲取向，這就是王安石所謂的「運動天下變移風俗」。「臣願觀古興王所以運動天下，變移風俗如何……小人敢無忌憚者，陛下當求其所以然，此不在他人，在陛下而已。陛下誠能照姦而斷以義，則無人敢如此。」〔註 61〕

帝王通過明示好惡引導天下之人的取向，這一過程不僅是改變社會風俗的過程，也是將「中人」培養成社會精英階層的過程，是將「中人」變爲君子的過程。「上曰：『人材少，須養育。』安石曰：『陛下不分別君子小人，即人才何由長育。』」〔註 62〕「今人材乏少，當由陛下是非、好惡、賞罰不明，人人偷惰取容，莫肯自盡故也。」〔註 63〕「人人偷惰取容」的社會風俗只能使得「中人」變爲小人，要改變這種頹壞風俗，培養社會精英階層，需要帝王「明示好惡使知所勸懼」，不惜使用誅罰手段。「夫先王欲立法度，以變衰壞之俗而成人之才，雖有征誅之難，猶忍而爲之以爲不若是不可以有爲也。」〔註 64〕

王安石一再將「變風俗」與興起治道相提並論，並將「變風俗」作爲興起治道的前提，足見他將改善社會風俗，培養民德作爲政治之根本，治道之根本，而這也體現了他作爲儒家學者在政治上的道德理想主義。當然，王安石政治上的道德理想主義與孔子「爲政以德，譬如北辰，居其所而眾星共之」〔註 65〕的道德理想主義還有所差異。在改善社會風俗、培養民德，即政治目標方面，王安石的道德理想主義與孔子並無二致，但在達成這一目標的手段

〔註 59〕李燾：《續資治通鑒長編》，中華書局，1986 年 5 月第一版，第 5688 頁。

〔註 60〕王安石：《臨川先生文集》卷六五，《洪範傳》，1993 年上海古籍出版社影印四部精要刻本，第 180 頁。

〔註 61〕李燾：《續資治通鑒長編》，中華書局，1986 年 5 月第一版，第 5688 頁。

〔註 62〕李燾：《續資治通鑒長編》，中華書局，1986 年 5 月第一版，第 6089 頁。

〔註 63〕李燾：《續資治通鑒長編》，中華書局，1986 年 5 月第一版，第 6089～6090 頁。

〔註 64〕王安石：《臨川先生文集》卷三九，《上仁宗皇帝言事書》，1993 年上海古籍出版社影印四部精要刻本，第 109 頁。

〔註 65〕劉寶楠：《論語正義》，中華書局，1990 年 3 月第一版，第 37 頁。

方面，卻有明顯不同。「爲政以德，譬如北辰，居其所而眾星共之」是要求君主以身作則，以自身的道德品行爲臣下樹立榜樣，而王安石則強調帝王運用賞罰達到變風俗之目的。

君主運用賞罰駕馭臣下，最易讓人想到韓非的賞罰「二柄」，王安石勸神宗皇帝用賞罰變風俗也最易讓人指爲法家，或指爲援法入儒，但這些用到王安石身上都有些似是而非。第一，王安石勸神宗皇帝用賞罰的目的是爲了長君子消小人，也就是爲了改善社會風俗，而韓非的賞罰「二柄」純粹是爲了君主的利益，爲了君主控制臣下。「明主之所導制其臣者，二柄而已矣。二柄者，刑、德也。」〔註 66〕「人主者，以刑、德制臣者也。」〔註 67〕第二，王安石主張君主「自用其福威」，其根據不來自韓非「人主自用其刑德」〔註 68〕，而是來自儒家經典《尚書・洪範》「惟辟作福、惟辟作威」〔註 69〕。王安石君主「自用其福威」的目的在長善消惡，也就是在美風俗。「人君蔽於眾，而不知自用其福威，則不期虐煢獨，而煢獨實見虐矣，不期畏高明，而高明實見畏矣。煢獨見虐而莫勸其作德，則爲善者不長；高明見畏而莫懲其作僞，則爲惡者不消。善不長，惡不消，人人離德作僞，則大亂之道也。然則虐煢獨而寬朋黨之多，畏高明而忽卑晦之賤，最人君之大戒也。」〔註 70〕韓非「人主自用其刑德」的目的在於使「群臣畏其威而歸其利」〔註 71〕，也就是爲了控制臣下。第三，王安石主張帝王依據對君子小人的分辨而施賞罰，韓非賞罰依據的則是「審合刑名」，無關乎德行和風俗，即「功當其事，事當其言，則賞；功不當其事，事不當其言，則罰。」〔註 72〕第四，王安石賞罰的目的在變風俗，而他認爲帝王的好惡能影響社會風俗，所以他主張帝王明示好惡繼以賞罰，與此相反，爲了避免臣下利用君主的好惡，韓非一再主張君主應該掩其情、匿其端。「越王好勇而民多輕死；楚靈王好細腰而國中多餓人……故君見惡，則群臣匿端；君見好，則群臣誣能。人主欲見，則群臣之情態得

〔註 66〕王先慎：《韓非子集解》，中華書局，1998 年 7 月第一版，第 39 頁。
〔註 67〕王先慎：《韓非子集解》，中華書局，1998 年 7 月第一版，第 40 頁。
〔註 68〕王先慎：《韓非子集解》，中華書局，1998 年 7 月第一版，第 39 頁。
〔註 69〕參見《漢魏古注十三經》，中華書局，1998 年 11 月第一版，四部備要本《尚書・孔安國傳》，第 42 頁。
〔註 70〕王安石：《臨川先生文集》卷六五，《洪範傳》，1993 年上海古籍出版社影印四部精要刻本，第 180 頁。
〔註 71〕王先慎：《韓非子集解》，中華書局，1998 年 7 月第一版，第 39 頁。
〔註 72〕王先慎：《韓非子集解》，中華書局，1998 年 7 月第一版，第 40 頁。

其資矣……人君以情借臣之患也……今人主不掩其情，不匿其端，而使人臣有緣以侵其主，則群臣爲子之、田常不難矣。故曰：『去好惡，群臣見素。』群臣見素，則大君不蔽矣。」〔註73〕

接下來，我們看看王安石對改變一種具體社會風氣，即奢侈之風的論述。在《風俗》一文中，王安石集中論述了對奢侈之風的看法。「故風俗之變，遷染民志，關之盛衰，不可不愼也。君子制俗以儉，其弊爲奢。奢而不制，弊將若之何？夫如是，則有殫極財力僭瀆擬倫以追時好者矣……如之何使斯民不貧且濫也……然而窶人之子，短褐未盡完，趨末之民，巧僞未盡抑，其故何也？殆風俗有所未盡淳歟……富者競以自勝，貧者恥其不若……由是轉相慕効，務盡鮮明，使愚下之人，有逞一時之嗜欲，破終身之貲產，而不自知也……淳朴之風散，則貪饕之行成，貪饕之行成，則上下之力匱。如此則人無完行，士無廉聲……節義之民少，兼并之家多……夫人之爲性，心充體逸則樂生，心鬱體勞則思死，若是之俗，何法令之能避哉？」〔註74〕王安石對奢侈之風的關注，主要不在經濟層面，而在道德層面。王安石認爲「人之情，不足於財，則貪鄙苟得，無所不至」〔註75〕，而奢侈之風必然導致「逞一時之嗜欲，破終身之貲產」，進而導致「斯民貧且濫」，即「貪鄙苟得無所不至」，結果是敗壞了民德。奢侈之風不僅敗壞民德，而且敗壞士大夫階層的德性，使得「人無完行，士無廉聲」。就王安石的精英政治理想來說，士大夫階層的德性，事關政治之根本，因此他說「士大夫無廉恥，最人主所當憂。」〔註76〕王安石對奢侈之風的關注點在道德層面，因此其改變奢侈之風也就是意在改善民德。

最後，我們從變風俗的角度看看王安石是否急功近利。范純仁一再指責王安石急功近利。「安石不度己才，欲求近功，忘其舊學」〔註77〕。「安石……去其舊聞，以希速效」〔註78〕。社會風俗的改變，絕非一朝一夕之事，在這方面

〔註73〕王先愼：《韓非子集解》，中華書局，1998年7月第一版，第42～43頁。

〔註74〕王安石：《臨川先生文集》卷六九，《風俗》，1993年上海古籍出版社影印四部精要刻本，第193頁。

〔註75〕王安石：《臨川先生文集》卷三九，《上仁宗皇帝言事書》，1993年上海古籍出版社影印四部精要刻本，第106頁。

〔註76〕王安石：《臨川先生文集》卷六二，《上看詳雜議》，1993年上海古籍出版社影印四部精要刻本，第172頁。

〔註77〕趙汝愚編：《宋朝諸臣奏議》卷一百九，上海古籍出版社，1999年12月版，第1190頁。

〔註78〕趙汝愚編：《宋朝諸臣奏議》卷一百九，上海古籍出版社，1999年12月版，第1187頁。

不可能急功近利，這一點王安石看得很清楚。「論善俗之方，始欲徐徐而變革；思愛日之義，又將汲汲於施爲。」〔註 79〕王安石雖然不得已「汲汲於施爲」，但不可能因此而急功近利。「然今欲理財，則須使能，天下但見朝廷以使能爲先，而不以任賢爲急，但見朝廷以理財爲務，而於禮義教化之際，有所未及，恐風俗壞，不勝其弊。」〔註 80〕「陛下自即位已來，以在事之人或乏材能，故所拔用者，多士之有小材而無行義者。此等人得志則風俗壞……」〔註 81〕。可見，王安石理財、用人，處處考慮對社會風俗的影響。施政、變法處處考慮社會風俗，又怎麼可能急功近利？范純仁的指責顯然是不實之辭。另外，上引兩段王安石之言論，與《續宋編年資治通鑒》所載王安石與程顥的一段對話，存在明顯衝突。「程顥謂王安石曰：『介甫行新法，人方疑以爲不便，今乃引用一副當小人，或爲險要，或爲監司，何也？』介甫曰：『方新法之行，舊時人不肯而前，因一切有才力，候法行已成，即逐之，卻用老成者守之，所謂知者行之，仁者守之。』顥曰：『以斯人而行新法，介甫誤矣。君子難進易退，小人反是，若小人得路，豈可去也？若欲去，必成讎敵，他日將悔之。』」〔註 82〕這段記載有可疑之處兩點。其一，從上引王安石的兩段話看，王安石不可能明知是小人，卻因其小有才能而加以任用。「因一切有才力，候法行已成，即逐之」與「所拔用者，多士之有小材而無行義者。此等人得志則風俗壞」兩句話，很難想像會出自一人之口。其二，程顥與王安石相較，不僅職級上爲下級，而且年齡上是晚輩，晚輩小生面對執政大臣而直呼「介甫」，恐無此理。

第三節　立法度

上一節我們討論了「變風俗」，下面我們接著討論「立法度」。與「變風俗」相併列，「立法度」也是王安石施政、變法的首要著眼點和著手之處，是其變法最急迫要解決的問題。

〔註 79〕王安石：《臨川先生文集》卷六二，《手詔令視事謝表》，1993 年上海古籍出版社影印四部精要刻本，第 168 頁。

〔註 80〕黃以周等輯注，顧吉辰點校：《續資治通鑒長編拾補》，中華書局，2004 年版，第 171 頁。

〔註 81〕王安石：《臨川先生文集》卷四一，《論館職劄子二》，1993 年上海古籍出版社影印四部精要刻本，第 115 頁。

〔註 82〕黃以周等輯注，顧吉辰點校：《續資治通鑒長編拾補》，中華書局，2004 年 1 月第一版，第 265 頁。

要討論王安石所說的「立法度」，首先必須清楚其「法度」的內涵。嚴復在批註王安石《進戒疏》時指出，「秦以後，法度思想最多者，介甫一人而已。」〔註 83〕王安石所說的「法度」究竟何所指？嚴復以「秦以後最多」來評價王安石的「法度思想」，顯然其將王安石所說的「法度」等同於「秦法」，也就是法家所說的「法」，即刑名、刑法、刑律。鄧廣銘判定王安石是以法家思想指導變法革新的根據之一，在於他認爲王安石「崇尚法治」〔註 84〕，從他的論述內容來看，所謂「法治」之法，所指皆刑法、刑律、刑名。因此，鄧廣銘說王安石「崇尚法治」，是說王安石崇尚法家所主張的運用刑法、刑律治理國家，而非崇尚現代憲政體制之意義的「法治」。如果我們細緻分析王安石所言「法度」之所指，便不難發現嚴復與鄧廣銘的論斷都是似是而非之論。

王安石所言「法度」，絕非刑法、刑律、刑名之意，而是指治理國家的各項制度。因此，王安石說「立法度」，便不是指創立各種刑法、刑律，並運用來治理國家，而是指創立治理國家的各項制度。「夫聖人爲政於天下也，初若無爲於天下，而天下卒以無所不治者，其法誠修也。故三代之制，立庠於黨，立序於遂，立學於國，而盡其道以爲養賢教士之法……蓋君子之爲政，立善法於天下則天下治，立善法於一國則一國治，如其不能立法，而欲人人悅之，則日亦不足矣。使周公知爲政，則宜立學校之法於天下矣。」〔註 85〕不難看出，此處出現的六個「法」字皆與刑法、刑律毫無關係，都是制度之意，有些則是專指國家教育制度，我們切不可望文生義，將其誤解爲法律，甚至刑法、刑律。我們將王安石所言的「法」與韓非所說的「法」，放到一起比較，便可知它們不可同日而語。「法者，憲令著於官府，刑罰必於民心，賞存乎慎法，而罰加乎姦令者也。此臣之所師也。」〔註 86〕「憲令」、「刑罰」是法家所言之「法」，王安石「立法度」與此無涉。

王安石所說的「學校之法」，明顯源於《孟子・滕文公上》和《禮記・學記》。「古之教者，家有塾，黨有庠，術有序，國有學。」〔註 87〕「設爲庠序

〔註 83〕嚴復：《嚴復集》，王栻主編，中華書局，1986 年版，第 1213 頁。

〔註 84〕參見鄧廣銘：《北宋政治改革家王安石》，河北教育出版社，2000 年 12 月第一版，第 112 頁。

〔註 85〕王安石：《臨川先生文集》卷六四，《周公》，1993 年上海古籍出版社影印四部精要刻本，第 176 頁。

〔註 86〕王先愼：《韓非子集解》，中華書局，1998 年 7 月第一版，第 397 頁。

〔註 87〕孫希旦：《禮記集解》，中華書局，1989 年 2 月第一版，第 957 頁。

學校以教之。庠者，養也。校者，教也。序者，射也。夏曰校，殷曰序，周曰庠，學則三代共之，皆所以明人倫也。人倫明於上，小民親於下。有王者起，必來取法，是爲王者師也。」〔註 88〕孟子說「有王者起，必來取法」，是說王者必然要取法包括他所說的「三代」教育制度在內的一系列制度，可見，在孟子看來，王道政治必然包括他所說的「三代」教育制度。我們可以說王安石「立學校之法於天下」，是欲推行孟子「設爲庠序學校以教之」的王道政治理想。

王安石所說「立法度」，顯然包括「立學校之法」，或者說「學校之法」即「三代」教育制度，無疑是王安石所要創立的各項制度之一。從王安石《上仁宗皇帝言事書》體現的對人才培養之重視，以及我們第一章所述精英階層的培養對於王安石「三代」理想之意義來看，我們甚至可以說「立學校之法」是王安石「立法度」最根本內容之一。熙寧二年（1069 年）主持變法之初，王安石便向神宗皇帝上書建議改革科舉制度。「伏以古之取士，皆本於學校，故道德一於上，而習俗成於下，其人材皆足以有爲於世。自先王之澤竭，教養之法無所本，士雖有美材而無學校師友以成就之，議者之所患也。今欲追復古制，以革其弊，則患於無漸。宜先除去聲病對偶之文，使學者得以專意經義，以俟朝廷興建學校，然後講求三代所以教育選舉之法，施於天下，庶幾可復古矣。」〔註 89〕「無漸」、「宜先」、「以俟」、「然後」這些詞表明，王安石對科舉制度的改革，只是其「立學校之法」或改革教育制度之第一步，科舉改革本身不是目的，恢復孟子和《禮記》中所說的「三代」教育制度才是最終目的。「今人材乏少，且其學術不一，異論紛然，不能一道德故也。一道德則修學校，欲修學校，則貢舉法不可不變。」〔註 90〕《宋史・選舉志・科目上》中的記載表明，王安石科舉改革是爲「立學校之法」鋪路的。

此外，王安石欲「興建學校以復古」，恢復「三代」教育制度，即「立學校之法」，在馬端臨《文獻通考》卷三十一中也有記載。「神宗熙寧二年，議更貢舉法，罷詩、賦、明經諸科，以經義、論、策試進士。王安石以爲古之

〔註 88〕焦循：《孟子正義》，中華書局，1987 年 10 月第一版，第 343～347 頁。

〔註 89〕王安石：《臨川先生文集》卷四二，《乞改科條制劄子》，1993 年上海古籍出版社影印四部精要刻本，第 117 頁。

〔註 90〕脫脫等：《宋史》，中華書局，1985 年 6 月第一版，第 3617 頁。

取士俱本於學，請興建學校以復古，其明經諸科欲行廢罷，取元解明經人數增進士。」〔註 91〕

「學校之法」是以孟子爲代表的儒家王道政治理想之一部分，程顥於熙寧初年，王安石上《乞改科條制劄子》前後，也向神宗皇帝上《請修學校尊師儒取士劄子》。「治天下以正風俗、得賢才爲本。宋興百年，而教化未大醇，人情未盡美……此蓋學校之不修，師儒之不尊，無以風勸養勵之使然耳……異日則十室之鄉，達於黨遂皆當修其庠序之制，爲之立師……」。〔註 92〕《玉海》卷百十六對程顥此劄作了簡明的概括：「治天下以正風俗、得賢才爲本，請修學校，尊師儒。縣令每歲與學之師以鄉飲之禮，會其鄉老學者，眾推經明行修材能可任之士，升於州之學，以觀其實。郡守又歲與學之師行鄉飲酒之禮，大會群士，以經義、性行、材能三物賓興其士於大學，大學聚而教之，歲論其賢者能者於朝，謂之選士。朝廷問之經，以考其言；試之職，以觀其材，然後辯論差等而命之職。」〔註 93〕可以說，在意圖推行孟子「設爲庠序學校以教之」的王道政治理想方面，程顥與王安石並無不同。

當然，王安石所要創立的不僅僅是「學校之法」而已，他所說的「善法」指的是「三代」之法，或者「三代」制度，「立善法」、「立法度」指的是創建各項符合「三代」理想的制度。「患在不知法度故也。今朝廷法嚴令具，無所不有，而臣以謂無法度者，何哉？方今之法度，多不合乎先王之政故也……然臣以謂今之失患在不法先王之政者，以謂當法其意而已……法其意，則吾所改易更革……而固已合乎先王之政矣。」〔註 94〕顯然，王安石所說的「法度」指的是符合「先王之政」的各項制度，而「立法度」則是要取法「先王之政」，即「三代」各項制度，建立符合「三代」先王之意又適合北宋時代形勢的各項制度。王安石「立法度」是指創立符合「三代」理想的各項制度，或者說「復先王之法度」，這在其《材論》一文中也有所表達。「天下法度未立之先，必先索天下之材而用之。如能用天下之材，則能復先王之法度，能

〔註 91〕黃以周等輯注，顧吉辰點校：《續資治通鑑長編拾補》，中華書局，2004 年 1 月第一版，第 194 頁。

〔註 92〕程顥、程頤：《二程集》，中華書局，1981 年 7 月第一版，第 448～449 頁。

〔註 93〕黃以周等輯注，顧吉辰點校：《續資治通鑑長編拾補》，中華書局，2004 年 1 月第一版，第 194 頁。

〔註 94〕王安石：《臨川先生文集》卷三九，《上仁宗皇帝言事書》，1993 年上海古籍出版社影印四部精要刻本，第 105 頁。

復先王之法度，則天下之小事無不如先王時矣，況教育成就人材之大者乎？」〔註 95〕於此可見，王安石不僅意圖「復先王之法度」，而且其「復先王之法度」意在使「天下之小事無不如先王時」，也就是意在實現「三代」政治理想。

如果說王安石「立法度」是指創立包括「學校之法」，即「三代」教育制度在內的一系列符合「三代」理想，符合「先王之政」的制度，那麼他所說的「立法度」毫無疑問體現的就是儒家精神，是以儒家思想爲指導，並以實現儒家「三代」政治理想爲目標。

關於王安石對待刑法、刑律、刑名之態度，我們可從四個方面展開討論。

第一，王安石絕不崇尚法家所主張的運用刑法、刑律治理國家，也就是鄧廣銘所說的「法治」。王安石不僅不崇尚「法治」，而且對仁宗皇帝「恃法以爲治」提出了批評。「雖然，在位非其人而恃法以爲治，自古及今，未有能治者也。即使在位皆得其人矣，而一二以法束縛之，不使之得行其意，亦自古及今未有能治者也。」〔註 96〕王安石用「自古及今未有能治者」這樣帶有強烈語氣的判斷，反對「恃法以爲治」，無論如何也難以想像他會崇尚法家所主張的運用刑法、刑律治理國家。反對「恃法以爲治」絕非僅僅是王安石早年的主張，熙寧五年（1072 年）王安石對神宗皇帝意欲「嚴立法制」表示了明確的反對。「上謂王安石曰：『舉官多苟且不用心，宜嚴立法制。』安石曰：『舉官法制，今已略備，不知更欲如何？』……安石曰：『中書於諸司非不考察，陛下既詳閱吏文，臣亦性於簿書期會事不欲鹵莽……且刑名法制非治之本，是爲吏事，非主道也……今於群臣忠邪情僞勤怠，未能明示好惡使知所勸懼，而每事專仰法制，固有所不及也……若欲調一天下，兼制夷狄，臣愚以爲非明於帝王大略……則區區法制未足恃以收功。……臣愚以謂當更講論帝王之道術而已；若不務此而但欲多立法制以馭群臣，臣恐不濟事。』」〔註 97〕「刑名法制非治之本，是爲吏事」是王安石對刑法、刑律在國家治理過程中所處地位的界定，這樣的地位何談「崇尚」？「固有所不及」、「未足恃以收功」和「恐不濟事」是對神宗皇帝「專仰法制」較爲委婉的批評。

〔註 95〕王安石：《臨川先生文集》卷六四，《材論》，1993 年上海古籍出版社影印四部精要刻本，第 177 頁。

〔註 96〕王安石：《臨川先生文集》卷三九，《上仁宗皇帝言事書》，1993 年上海古籍出版社影印四部精要刻本，第 108 頁。

〔註 97〕李燾：《續資治通鑑長編》，中華書局，1986 年 5 月第一版，第 5590～5591 頁。

另外，王安石認爲「刑名法制非治之本」，這在《原教》一文中也有所體現。「善教者藏其用，民化上而不知所以教之之源……不善教者之爲教也，不此之務，而暴爲之制，煩爲之防，劬劬於法令誥戒之間，藏於府，憲於市，屬民於鄙野……法令誥戒，文也。吾云爾者，本也。失其本而求之文，吾不知其可也。」〔註98〕

第二，王安石主張以教化爲本，但也並不否定刑律、刑法之作用，他認爲對「不帥教」之人則需使用刑罰，當然這也是孔子以來儒家之通義。「既教之，則民不能無不帥教者，民有不帥教，則豈可以無刑乎？故次命皋陶以爲士也。」〔註99〕「司徒以教民，教之不率，然後俟之以刑戮，故六曰司寇。」〔註100〕「蔽陷畔逃，不可與有言，則撻之以誨其過，書之以識其惡，待之以歲月之久而終不化，則放棄、殺戮之刑隨其後，此舜所謂威之者也。」〔註101〕

第三，王安石雖主張對「不帥教」之人使用刑罰，但卻不像法家那樣主張嚴刑峻法，而是主張輕刑。「上問執政曰：『布所言肉刑，可即行否？』安石曰：『理誠如此，即行亦無害，但務斟酌。所當施肉刑者，如禁軍逃走未曾結構爲非，又非在征戰處，諸合斬者，刖足可矣。』馮京以爲壞軍法，安石曰：『前代軍法但行於戰伐時，若罷兵，即解約束。律在軍所與平時法自不同也。』」〔註102〕「諸合斬者，刖足可矣」是王安石主張輕刑的明證。除了這次王安石、宋神宗、馮京的廷論外，據李燾《續資治通鑑長編》記載，還有一次王安石、宋神宗、文彥博的廷論，體現了王安石主張輕刑。「舊法五百料錢禁軍，逃者滿三日處死，初改爲十日，上疑其寬，曰：『祖宗立法恐有意，蓋收拾天下無賴，教之武藝，若不重法繩之，即生亂故也。』王安石曰：『所以重法繩之，懼生亂也。今所懼者，相結逃亡爲亂而已。緣二者又已有重法，若不相結逃亡，又非逃亡爲亂，而逃者雖貸其死，必不能生亂，況又滿十日

〔註98〕王安石：《臨川先生文集》卷六九，《原教》，1993年上海古籍出版社影印四部精要刻本，第191～192頁。

〔註99〕王安石：《臨川先生文集》卷六八，《夔說》，1993年上海古籍出版社影印四部精要刻本，第188頁。

〔註100〕王安石：《臨川先生文集》卷六五，《洪範傳》，1993年上海古籍出版社影印四部精要刻本，第179頁。

〔註101〕王安石：《臨川先生文集》卷八二，《虔州學記》，1993年上海古籍出版社影印四部精要刻本，第225頁。

〔註102〕李燾：《續資治通鑑長編》，中華書局，1986年5月第一版，第5215頁。

即不免死耶？且禁軍所以逃走；欲免爲軍也，其心必不欲止逃十日而已。然則，雖加七日然後死，軍人必不肯以此競逃走；而臣愚以謂無生亂長姦之實，且足以寬可矜之人。』文彥博曰：『祖宗時，才逃走一日即斬，仁宗放改作三日，當時議者已恐壞軍法。』安石曰：『仁宗改法以來，全人命甚眾，然於軍人比走舊不聞加多也。』上曰：『祖宗時用兵，故須嚴立法。仁宗時天下無事，自當改之。在眞宗時，已當如仁宗時立法矣。』安石曰：『誠如此。國初接五代，四方皆畔渙之國，山澤多亡命不從招喚之人，則逃亡禁軍易以投匿。今逃亡亦自易爲捉獲，即立法不當如國初時也』。彥博固言：『軍法臣等所當總領，不宜輕改，恐如前代消兵或能致變』。」〔註 103〕「足以寬可矜之人」和「全人命甚眾」可以說體現的是一顆眞正的儒者「仁心」。此外，還有一樁在當時引起朝野議論紛然的登州婦女阿云案，也體現了王安石的輕刑主張。「初，云許嫁未行，嫌壻陋，伺其寢田舍，懷刃斫十餘創，不能殺，斷其一指。吏求盜弗得，疑云所爲，執而詰之，欲加訊掠，乃吐實。遵案云納采之日，母服未除，應以凡人論，讞於朝。有司當爲謀殺已傷，遵駁言：『云被問即承，應爲案問。審刑、大理當絞刑，非是。』事下刑部，以遵爲妄，詔以贖論。未幾，果判大理。恥用議法坐劾，復言：『刑部定議非直，云合免所因之罪。今棄敕不用，但引斷例，一切案而殺之，塞其自首之路，殆非罪疑惟輕之義。』詔司馬光、王安石議。光以爲不可，安石主遵，御史中丞滕甫、侍御史錢顗，皆言遵所爭戾法意，自是廷論紛然。」〔註 104〕在這個案件中，王安石可以說是力排眾議，支持許遵「罪疑惟輕」的主張。

第四，王安石雖然主張輕刑，但對那些禍害百姓的貪官污吏，他則一再主張用重典。「用意沮壞，固不可容，就令失錯，所害至大，亦非可施輕典。今失入死罪三人，已是除名編管。今困一路生靈，只自縊殺者已不啻三人，何可恕？」〔註 105〕「先是，御史范育言：『河東民夫送材木至麟州，留月餘不使之納。』上曰：『河東兩轉運使恐須早責降，因其措置乖方，一路爲之勞擾，人不能堪，至自賊殺者甚眾。若論法，不過不應爲。』王安石曰：『此在陛下特斷，豈係法官。兼自來斷命官罪，皆以特旨，非以法，雖赦亦有所不用。

〔註 103〕李燾：《續資治通鑑長編》，中華書局，1986 年 5 月第一版，第 5704～5705 頁。

〔註 104〕參見黃以周等輯注，顧吉辰點校：《續資治通鑑長編拾補》，中華書局，2004 年 1 月第一版，第 108 頁。

〔註 105〕李燾：《續資治通鑑長編》，中華書局，1986 年 5 月第一版，第 5343 頁。

陛下前謂失入一人死罪，得罪不輕，今此壞一路，豈有輕赦之理。』」〔註 106〕對於禍害百姓的貪官污吏，王安石甚至主張不依據法律條文，而是以皇帝「特旨」的方式，給予嚴懲，其作爲儒者對民生之關切，於此可見。

第四節　理財爲先急

變法反對派及後世士大夫非議王安石新法，其中一個重要原因在於他們認爲新法汲汲於財利，違背了孔、孟儒家精神。與范純仁指責王安石「言財利則背孟軻」〔註 107〕相同，司馬光在《與王介甫書》中說道：「孟子曰：『仁義而已矣，何必曰利？』……今介甫爲政，首建制置條例司，大講財利之事……此豈孟子之志乎？」〔註 108〕值得注意的是，持此議論的並非僅僅是變法反對派，南宋朱熹對王安石新法也有相似評論。在《晦庵先生朱文公文集》卷七十《讀兩陳諫議遺墨》一文中，朱熹說道：「彼安石之所謂《周禮》，乃姑取其附於己意者也，而借其名高以服眾口耳，豈眞有意於古者哉！若眞有意於古，則格君之本，親賢之務、養民之政、善俗之方、凡古之所謂當先而宜急者，曷爲不少留意，而獨於財利兵刑爲汲汲耶？」〔註 109〕朱熹此類議論非僅此一處，在《楚辭後語》卷六《寄蔡氏女》一文中，朱熹還說道：「公以文章節行高一世，而尤以道德經濟爲己任，被遇神宗，致位宰相，世方仰其所爲，庶幾復見二帝三王之盛。而公乃汲汲以財利兵革爲先務……」〔註 110〕。朱熹「汲汲以財利兵革爲先務」的評論，對後世影響甚大，元人修《宋史》時便將朱熹的此論採入《王安石傳》之中。司馬光和范純仁都是王安石變法反對派的代表人物，我們尙可將其議論作爲反對派的一面之辭而置之，朱熹對王安石變法則有批評，也有肯定，且多有持平之論，他對王安石「汲汲以財利兵革爲先務」的評論我們不能不予以重視。我們此處先集中討論王安石「汲汲以財利爲先務」，「兵革」問題則留待下節討論。

〔註 106〕李燾：《續資治通鑒長編》，中華書局，1986 年 5 月第一版，第 5354 頁。

〔註 107〕趙汝愚編：《宋朝諸臣奏議》卷一百九，上海古籍出版社，1999 年 12 月版，第 1190 頁。

〔註 108〕司馬光：《傳家集》卷六十，《與王介甫書》，文淵閣四庫全書臺北故宮博物院藏本。

〔註 109〕朱熹：《朱子全書》第 23 冊，上海古籍出版社、安徽教育出版社，2002 年 12 月版，第 3382 頁。

〔註 110〕朱熹：《朱子全書》第 19 冊，上海古籍出版社、安徽教育出版社，2002 年 12 月版，第 304 頁。

具體展開討論之前，我們先需清楚「汲汲財利」之意涵，也就是需清楚「汲汲財利」指責的是什麼。朱熹將「汲汲財利」與「養民之政」相對立，這說明他所說的「汲汲財利」完全是指解決政府財政問題或富國，而與解決民生問題或富民無涉。張祥浩對於王安石理財思想的看法，可以說是上述范純仁、司馬光、朱熹等人觀點的最好注腳。張祥浩認爲「王安石的一生，雖說注重理財的政治思想沒有變化，卻有一個從富民到富國的變化」〔註 111〕，他還認爲王安石幾項主要新法「其目的都是爲政府斂財，希圖以此解決政府的財政危機」〔註 112〕。司馬光所言「大講財利之事」，朱熹所說「汲汲以財利爲先務」，指責的正是王安石新法以富國爲目的，爲政府斂財。

毋庸諱言，王安石極爲重視理財，我們需要辨析的是王安石重視理財，是否違背孔孟精神？如果王安石理財純爲政府斂財，純爲富國，那就毫無疑問違背了孔、孟儒家精神，但問題是王安石理財果眞純爲政府斂財，純爲富國嗎？恐怕還待商榷。「人主理財，當以公私爲一體，今惜厚祿不與吏人，而必令取賂，亦出於天下財物。既令資天下財物爲用，不如以法與之，則於官私皆利。」〔註 113〕「公」是指政府，「私」是指人民，理財「以公私爲一體」，最能說明王安石理財非純爲政府斂財，純爲富國。王安石這裏提出了有似今天所說的「高薪養廉」主張，以增加官吏俸祿的方式避免官吏盤剝百姓，而這也就意味著要提高政府財政支出，其理財非純爲富國於此可見。「其於理財，大抵無法，故雖儉約而民不富，雖憂勤而國不強。」〔註 114〕從「民不富」看，王安石所說的理財，顯然不僅包括富國，還包括富民。不僅如此，在王安石理財之目的序列中，富民與富國相比，處於更高地位。「今天下財用困急，尤當先理財。《易》曰：『理財正辭。』先理財然後正辭，先正辭然後禁民爲非，事之序也。孔子曰：『既庶矣富之，既富矣教之。』孟子『養生喪死無憾，王道之始也。』此陛下之所以理財，特置一司，使升之與臣領之之意也。」〔註

〔註 111〕張祥浩：《「富民」是名，「富國」是實——王安石新法的是與非》，《溫州師範學院學報》，2005 年第 6 期。

〔註 112〕張祥浩：《「富民」是名，「富國」是實——王安石新法的是與非》，《溫州師範學院學報》，2005 年第 6 期。

〔註 113〕李燾：《續資治通鑒長編》，中華書局，1986 年 5 月第一版，第 5223 頁。

〔註 114〕王安石：《臨川先生文集》卷四一，《本朝百年無事箚子》，1993 年上海古籍出版社影印四部精要刻本，第 116 頁。

〔註 115〕黃以周等輯注，顧吉辰點校：《續資治通鑒長編拾補》，中華書局，2004 年 1 月第一版，第 254 頁。

115〕此處，王安石當著其它兩府大臣之面，對神宗皇帝說「此陛下之所以理財」，明確道出了其理財、其特置三司條例司之原因。王安石所引孔子、孟子的話，都是說民生問題的解決或富民是實現王道政治的起點。王安石說「此陛下之所以理財」，正是通過闡述孔、孟，表明其理財的目的在於富民，在於首先解決民生問題，進而實現「王道」，即「三代」政治理想。王安石當政首先特置三司條例司理財，其直接原因當然在於「今天下財用困急」，也就是在於形勢所迫，但更根本的原因則在於「富之」乃是「王道之始」，乃是實現其「三代」政治理想之起點。如果「富之」進而實現王道政治理想是王安石理財之根本原因和目標，即目的因，那麼王安石理財就是爲了富民而非富國。前已敘及，王安石「三代」政治理想之終極目標在於美好風俗及民德之養成，也就是在於「善之」和「美風俗」，而「善之」的前提是「富之」。「孔子謂『富而後教之者』，民窘於衣食，固不可驅而之善也，故富之者，王道之始。」〔註116〕「民窘於衣食，而欲其化而入於善，豈可得哉？故次命棄以爲稷也。民既富而可以教矣，則豈可以無教哉？故次命契以爲司徒也。」〔註117〕「民窘於衣食，固不可驅而之善」道出了王安石何以如此重視理財，何以如此「汲汲財利」的深層原因，也道出了他理財、「汲汲財利」是爲了根本解決民生問題，爲培養民德即「善之」創造條件。王安石引用孔、孟之語，既表明了其理財以孔、孟思想爲依據，以孔、孟思想爲指導，是在推行、貫徹孔、孟思想，也表明其理財完全符合孔、孟儒家精神。

王安石在上引廷論中對爲何「特置一司」理財做了說明，這一說明雖非爲答覆司馬光「首建制置條例司，大講財利之事」的指責，但我們卻可將其與王安石對司馬光的直接答覆聯繫起來看。在《答司馬諫議書》中，王安石對司馬光「大講財利」的責難作了直接答覆，他說道：「爲天下理財，不爲征利」〔註118〕。王安石一再說他理財是因「天下財用困急」，是「爲天下理財」，這裏的「天下」應作何理解？顯然「天下」不能理解爲政府，如果理解爲政府那麼王安石理財就是不折不扣的「征利」、斂財行爲，他也就難以理直氣壯地說「爲天下理財，不爲征利」。王安石說「天下財用困急」是指整個社會經

〔註116〕潘斌：《王安石佚書〈禮記發明〉輯考》，《古代文明》，2010年第2期。

〔註117〕王安石：《臨川先生文集》卷六八，《夔說》，1993年上海古籍出版社影印四部精要刻本，第188頁。

〔註118〕王安石：《臨川先生文集》卷七三，《答司馬諫議書》，1993年上海古籍出版社影印四部精要刻本，第203頁。

濟狀況的惡化，包括人民經濟狀況生活狀況的惡化，也包括政府財政狀況的惡化。所以，王安石理財是爲了改善社會經濟狀況，改善人民的經濟、生活狀況，當然也包括改善政府財政狀況，並且政府財政狀況的改善要建立在發展生產改善社會經濟狀況、人民經濟狀況的基礎之上。

下面，我們具體討論王安石「爲天下理財」。首先，我們來考察「天下財用困急」之所指。早在嘉祐五年（1060年）《上仁宗皇帝言事書》中，王安石就說道：「宜其家給人足，天下大治。而效不至於此……天下之財力日以困窮……臣於財利固未嘗學，然竊觀前世治財之大略矣。蓋因天下之力以生天下之財，取天下之財以供天下之費，自古治世未嘗以不足爲天下之公患也。患在治財無其道耳……人致己力，以生天下之財，然而公私常以困窮爲患者，殆以理財未得其道。」〔註119〕從「家給人足」看，王安石「天下之財力日以困窮」首先指的是人民經濟狀況的惡化。「公」指的是政府財政狀況，「私」指的是私家也就是人民的經濟狀況。從「公私常以困窮爲患」看，王安石「天下之財力日以困窮」指的是人民經濟狀況與國家財政狀況都日漸惡化。因此，我們可以說王安石「天下財用困急」，包含人民經濟困急與政府財政困急兩方面的內容，其理財也包含富民與富國兩個方面，且富國以富民爲基礎。

王安石認爲富國需以富民爲基礎，在《寓言》詩第四首中有很形象的說明。「父母子所養，子肥父母充。」〔註120〕王安石以子喻人民，以父母喻政府，以詩的語言，以比喻的方式揭示了富國應以富民爲基礎，當然這句詩也是在闡發《論語》「百姓足，君孰與不足？百姓不足，君孰與足」〔註121〕的思想。這句詩所表達的意思，在《與馬運判書》中表達得更爲清楚明白。「蓋爲家者，不爲其子生財，有父之嚴而子富焉，則何求而不得？今闔門而與其子市，而門之外莫入焉，雖盡得子之財，猶不富也。」〔註122〕這裏父、子之喻與上面詩句相同，而「爲其子生財」則表達了「富民」乃是「富國」之根本途徑和基礎的思想。

〔註119〕王安石：《臨川先生文集》卷三九，《上仁宗皇帝言事書》，1993年上海古籍出版社影印四部精要刻本，第105～107頁。

〔註120〕王安石：《王荊公詩注補箋》卷十五《寓言十五首之四》，李壁注，李之亮補箋，巴蜀書社，2002年1月第一版，第270頁。

〔註121〕劉寶楠：《論語正義》，中華書局，1990年3月第一版，第494頁。

〔註122〕王安石：《臨川先生文集》卷七五，《與馬運判書》，1993年上海古籍出版社影印四部精要刻本，第208～209頁。

對於人民之經濟困急，王安石有很深切的感受，在其詩文中有不少滿含關切與同情的表達。「朞矣富阡陌，哀哉此無粮。鄉閭人所懷，今或棄而走。」〔註 123〕「三年佐荒州，市有棄餓嬰……崎嶇山谷間，百室無一盈。鄉豪已云然，罷弱安可生。」〔註 124〕「爲富者田連阡陌，爲貧者無置錐之地。」〔註 125〕「近世以來，農人尤爲困苦……近自京畿，陂防溝洫多有不治，乃至都城側近，往往綿地數百里棄爲污萊，父子夫婦，流離失業，四方遐僻，不問可知。一方水旱，則餓死者相枕藉，而流移者塡道路。」〔註 126〕

對於國家財政困急，王安石一般用「國用不足」來表示。「國家富有四海，大臣郊賚所費無幾，而惜不之與，未足富國，徒傷大體……且國用不足，非方今之急務也。」〔註 127〕「至有非泛用度，或不免就上等戶強借錢物，百姓典賣田產物業以供暴令，此亦可謂國用乏矣。」〔註 128〕我們需要清楚的是，在王安石的話語系統中「國用不足」與「天下財用困急」是兩個完全不同的概念，「國用不足」特指政府財政狀況，而「天下財用困急」則指包括政府財政狀況在內的整個國民經濟狀況。正是因爲有此不同，王安石才會一面說「今天下財用困急，尤當先理財」，「今所以未舉事者，凡以財不足，故臣以理財爲方今先急」〔註 129〕，一面又說「國用不足，非方今之急務也」，這樣看似自相矛盾的話。「國用不足，非方今之急務也」說明「以理財爲方今先急」所說的理財，不是要爲政府斂財，解決政府財政問題，至少不是以解決財政問題爲根本目的。

其次，我們考察王安石理財，解決「天下財用困急」的措施。王安石認爲引起「天下財用困急」的原因有二：一是「失所以生財之道」，也就生產方

〔註 123〕王安石：《臨川先生文集》卷五，《酬王詹叔奉使江南訪茶利害》，1993 年上海古籍出版社影印四部精要刻本，第 35 頁。

〔註 124〕王安石：《臨川先生文集》卷十二，《發廩》，1993 年上海古籍出版社影印四部精要刻本，第 50 頁。

〔註 125〕王安石：《王荊公文集箋注》，李之亮箋注，巴蜀書社，2005 年 5 月第一版，第 2206 頁。

〔註 126〕王安石：《王荊公文集箋注》，李之亮箋注，巴蜀書社，2005 年 5 月第一版，第 2191～2194 頁。

〔註 127〕黃以周等輯注，顧吉辰點校：《續資治通鑑長編拾補》，中華書局，2004 年 1 月第一版，第 126 頁。

〔註 128〕王安石：《王荊公文集箋注》，李之亮箋注，巴蜀書社，2005 年 5 月第一版，第 2191～2194 頁。

〔註 129〕李燾：《續資治通鑑長編》，中華書局，1986 年 5 月第一版，第 5351 頁。

面問題；二是「富者田連阡陌，爲貧者無置錐之地」，也就是貧富差距或兼并問題。針對這兩大原因，王安石解決「天下財用困急」的措施也可分爲發展農業生產和抑兼并兩類。

下面我們具體討論這兩類理財措施。先來看發展生產。「嘗以謂方今之所以窮空，不獨費出之無節，又失所以生財之道故也。富其家者資之國，富其國者資之天下，欲富天下，則資之天地……蓋近世之言利雖善矣，皆有國者資天下之術耳，直相市於門之內而已。此其所以困與？」〔註 130〕「家可以資國，國可以資天下，天下必資天地。」〔註 131〕王安石認爲要解決「天下財用困急」問題，首先要解決生財之道問題。所謂「欲富天下，則資之天地」的生財之道，是指向天地索取財富，而向天地索取財富根本來說則是指發展農業生產。「農亦不可以爲在兵事之後，前代興王知不廢農事乃能并天下。」〔註 132〕王安石看得很清楚，在農耕時代，只有發展農業生產才能從根本上解決「天下財用困急」問題。「霸者擅一方，窘彼足自豐。四海皆吾家，奈何不知農。」〔註 133〕「是以國家之勢，苟修其法度，以使本盛而末衰，則天下之財不勝用。」〔註 134〕「本」指農業生產，王安石認爲只有「知農」，只有使「本盛」，才能使天下之財足用。

是什麼限制、阻礙了農業生產呢？王安石認爲主要有兩方面的原因：一是水利失修，二是差役妨礙農民進行農業生產。因此，王安石促進、發展農業生產的措施，相應也有兩類，一類是興修農田水利設施，二是推行免役法。早在鄞縣任上，王安石就表現得極爲重視興修農田水利設施，這在其《上杜學士言開河書》和《鄞縣經遊記》兩文中，都能得到很好的展現。主持變法後，在熙寧三年（1070 年）王安石頒行了「農田水利法」，大舉興修農田水利設施。「此所謂修廢官也。官修，則事舉；事舉，則雖煩何傷？財費，則利興；利興，則雖費何害……且今水土之利，患在置官不多，

〔註 130〕王安石：《臨川先生文集》卷七五，《與馬運判書》，1993 年上海古籍出版社影印四部精要刻本，第 208～209 頁。

〔註 131〕李燾：《續資治通鑑長編》，中華書局，1986 年 5 月第一版，第 6049 頁。

〔註 132〕李燾：《續資治通鑑長編》，中華書局，1986 年 5 月第一版，第 5172 頁。

〔註 133〕王安石：《王荊公詩注補箋》卷十五《寓言四》，李壁注，李之亮補箋，巴蜀書社，2002 年 1 月第一版，第 270 頁。

〔註 134〕王安石：《臨川先生文集》卷七十，《議茶法》，1993 年上海古籍出版社影印四部精要刻本，第 195 頁。

而不患其冗也。」〔註 135〕「患在置官不多」最清楚地表明王安石對於興修農田水利之重視。「荊湖、淮南固有地不闢，兼陂塘失修治，或修治不完固，或溝洫圩埠廢壞，州縣吏失提轄，此地利所以未盡也。養民在六府，六府以水土爲終始，治水土誠不可緩也。」〔註 136〕正因爲興修農田水利乃是「盡地利」，即向天地索取財富，是解決「天下財用困急」問題之根本措施，所以王安石說「治水土誠不可緩」。「治水土」自然是「養民」、「富民」之舉，但也勢必要增加政府財政支出，王安石積極推行農田水利建設也說明其理財非純爲政府斂財，純爲富國。

在《本朝百年無事劄子》中，王安石在談到北宋弊政時說道：「農民壞於繇役，而未嘗特見救恤，又不爲之設官，以修其水土之利。」〔註 137〕可見，王安石將宋代差役制度與水利失修並列，作爲妨礙農民發展農業生產之弊政，正因如此，王安石主持變法後大力推行「免役法」。「至於差役困苦農民，使之失職……故陛下即位，詔書丁寧，以務農理財免人役爲政事之急，誠知方今之憂爲在此也。今置提舉常平廣惠倉官，兼主管農田水利差役事者，凡以爲此而已」〔註 138〕「又論理財，以農事爲急，農以去其疾苦，抑兼并，便趣農爲急，此臣所以汲汲於差役之法也。」〔註 139〕「蓋免役之法……釋天下之農，歸於畎畝……故免役之法成，則農時不奪。」〔註 140〕「理財以農事爲急」，說明王安石理財意在發展農業生產根本解決國民經濟問題，而非僅僅意在爲政府斂財解決財政問題。「農時不奪」體現的是孟子「勿奪其時，數口之家可以無饑矣」〔註 141〕的王道政治理念，王安石推行免役法「釋天下之農，歸於畎畝」正是要貫徹孟子的這一理念。

我們再來看「抑兼并」。王安石認爲造成「天下財用困急」的根本原因，

〔註 135〕王安石：《臨川先生文集》卷六二，《看詳雜議》，1993 年上海古籍出版社影印四部精要刻本，第 172 頁。

〔註 136〕李燾：《續資治通鑑長編》，中華書局，1986 年 5 月第一版，第 5211 頁。

〔註 137〕王安石：《臨川先生文集》卷四一，《本朝百年無事劄子》，1993 年上海古籍出版社影印四部精要刻本，第 116 頁。

〔註 138〕王安石：《王荊公文集箋注》，李之亮箋注，巴蜀書社，2005 年 5 月第一版，第 2191～2194 頁。

〔註 139〕李燾：《續資治通鑑長編》，中華書局，1986 年 5 月第一版，第 5351 頁。

〔註 140〕王安石：《臨川先生文集》卷四一，《上五事劄子》，1993 年上海古籍出版社影印四部精要刻本，第 114 頁。

〔註 141〕焦循：《孟子正義》，中華書局，1987 年 10 月第一版，第 58 頁。

除了生產環節的問題，還有分配環節的問題，即貧富差距或兼并問題。王安石認爲是兼并使社會財富集中於少數兼并之家手中，從而導致人民大眾貧困，也導致政府財政困難。「然當闕乏之時，不免私家舉債，出息常至一倍，此所以貧者愈困也。」〔註 142〕「兼并積蓄富厚，皆蠶食細民所得。」〔註 143〕「陛下以爲稅斂甚重，以臣所見，今稅斂不爲重，但兼并侵牟爾，此荀悅所謂『公家之患，優於三代；豪強之暴，酷於亡秦。』」〔註 144〕在王安石看來，導致人民大眾貧困的根本原因不在於政府的稅賦過重，而在於兼并之家的侵奪。兼并之家對社會經濟命脈的掌控，不僅導致人民貧困，也導致了「國用不足」，所以王安石摧兼并便有使「國用可足」和「民財不匱」兩方面的目的。「稍收輕重斂散之權，歸之公上……庶幾國用可足，民財不匱矣。」〔註 145〕

王安石抑兼并的願望，在其《兼并》、《發廩》兩首詩中都有展現。「賦予皆自我，兼并乃姦回。姦回法有誅……俗儒不知變，兼并可無摧。」〔註 146〕「後世不復古，貧窮主兼并……我嘗不忍此，願見井地平。」〔註 147〕王安石主持變法後抑兼并的措施主要有兩項，一項是市易法，一項是青苗法。市易法是王安石抑兼并的最主要措施。「今修市易法，即兼并之家……又皆失職。」〔註 148〕「近京師大姓多止開質庫，市易摧兼并之效，似可見方。」〔註 149〕青苗法意在使貧民避免兼并之家的高利貸侵奪，因而不僅是一項救乏措施，也是一項抑兼并措施。「昔之貧者舉息之於豪民，今之貧者舉息之於官，官薄其息而民救其乏，則青苗之令已行矣。」〔註 150〕「今貸與常平本錢，乃濟其

〔註 142〕王安石：《王荊公文集箋注》，李之亮箋注，巴蜀書社，2005 年 5 月第一版，第 2192 頁。

〔註 143〕李燾：《續資治通鑑長編》，中華書局，1986 年 5 月第一版，第 5777 頁。

〔註 144〕李燾：《續資治通鑑長編》，中華書局，1986 年 5 月第一版，第 5433 頁。

〔註 145〕王安石：《臨川先生文集》卷七十，《乞制置三司條例》，1993 年上海古籍出版社影印四部精要刻本，第 195 頁。

〔註 146〕王安石：《臨川先生文集》卷四，《兼并》，1993 年上海古籍出版社影印四部精要刻本，第 35 頁。

〔註 147〕王安石：《臨川先生文集》卷十二，《發廩》，1993 年上海古籍出版社影印四部精要刻本，第 50 頁。

〔註 148〕李燾：《續資治通鑑長編》，中華書局，1986 年 5 月第一版，第 5738 頁。

〔註 149〕李燾：《續資治通鑑長編》，中華書局，1986 年 5 月第一版，第 5407 頁。

〔註 150〕王安石：《臨川先生文集》卷四一，《上五事劄子》，1993 年上海古籍出版社影印四部精要刻本，第 114 頁。

艱急……即是免於兼并之家舉一倍之息。」〔註 151〕政府以低於兼并之家的利息貸青苗錢給貧民，避免了貧民受兼并之家的高利盤剝，但王安石抑兼并之目標卻不僅僅在於讓貧民少受高利盤剝而已，他的最終目標在於「均天下之財，使百姓無貧」。「上曰：『如常平法，亦所以制兼并。』安石曰：『此於治道極爲毫末，豈能遽均天下之財，使百姓無貧？』」〔註 152〕

王安石抑兼并最値得注意的是「利出一孔」的主張。「安石對曰：『欲錢重，當修天下開闔斂散之法。』因言：『泉府一官，先王所以摧制兼并，均計貧弱，變通天下之財，而使利出於一孔者，以此也。』」〔註 153〕這裏王安石明確提出「利出一孔」的主張，而「利出一孔」乃《管子》和《商君書》中的思想，這就易讓人產生王安石在理財問題上深受法家思想影響的印象。因此，我們有必要對王安石「利出一孔」的主張做一些分析。

首先，王安石主張「利出一孔」是針對兼并之家對國民經濟的控制。「夫以義理天下之財……而輕重斂散之權，不可以無術……富商大賈，因時乘公私之急，以擅輕重斂散之權。」〔註 154〕

其次，王安石「利出一孔」是主張「國家統制經濟」，也就是主張政府完全控制國民經濟。「三代子百姓，公私無異財。人主擅操柄，如天持斗魁。賦予皆自我……後世始倒持，黔首遂難裁……利孔至百出，小人私闔開。」〔註 155〕「人主」是政府之代表，「人主擅操柄」表達的是要由政府操國民經濟之柄；「賦予皆自我」是「利出一孔」的另一種表達，指政府完全控制利源；「倒持」和「百出」，是指經濟之柄由兼并之家所持。王安石主張「國家統制經濟」，其目的正如梁任公所言——「荊公欲舉財權悉集於國家，然後由國家酌盈劑虛，以均諸全國之民，使各有所藉以從事於生產。」〔註 156〕王安石理財將「財權悉集於國家」，這就解釋了他爲什麼說「民不加賦而國用饒」。「安石曰：『國

〔註 151〕王安石：《王荊公文集箋注》，李之亮箋注，巴蜀書社，2005 年 5 月第一版，第 2192 頁。

〔註 152〕李燾：《續資治通鑑長編》，中華書局，1986 年 5 月第一版，第 5434 頁。

〔註 153〕黃以周等輯注，顧吉辰點校：《續資治通鑑長編拾補》，中華書局，2004 年 1 月第一版，第 156 頁。

〔註 154〕王安石：《臨川先生文集》卷七十，《乞制置三司條例》，1993 年上海古籍出版社影印四部精要刻本，第 195 頁。

〔註 155〕王安石：《臨川先生文集》卷四，《兼并》，1993 年上海古籍出版社影印四部精要刻本，第 35 頁。

〔註 156〕梁啓超：《王安石傳》，海南出版社，2001 年版，第 124 頁。

用不足，由未得善理財之人故也。』光曰：『善理財之人，不過頭會箕斂以盡民財，如此則百姓困窮，流離為盜，豈國家之利邪？』安石曰：『此非善理財者也。善理財者，民不加賦而國用饒。』光曰：『此乃桑弘羊欺漢武帝之言，司馬遷書之以譏武帝之不明耳。天地所生貨財百物，止有此數，不在民間則在公家。桑弘羊能致國用之饒，不取於民，將焉取之？』」〔註 157〕王安石「民不加賦而國用饒」基於兩點：一是發展農業生產創造財富，增加社會財富總量；二是政府控制利源催抑兼并，使本來流向兼并之家的財富轉而流入政府手中。

再次，王安石「利出一孔」是主張國家控制經濟進而控制人民。「有財而莫理，則阡陌閭巷之賤人，皆能私取予之勢，擅萬物之利，以與人主爭黔首，而放其無窮之欲，非必貴強桀大而後能。如是，而天子猶為不失其民者，蓋特號而已耳。」〔註 158〕「與人主爭黔首」和「黔首遂難裁」是指兼并之家與政府爭奪對人民的控制。從上述引文可以看出，王安石無法忍受兼并之家對國民經濟和人民的控制，主張完全由政府控制國民經濟和人民，其「公私無異財」的理想社會之專制性質極為明顯。

最後，王安石主張由政府完全控制利源的「利出一孔」與法家主張的「利出一孔」存在明顯不同，特別是在目的方面。「善為國者，其教民也，皆作一而得官爵……民見上利之從一空出也，則作一，作一則民不偷。」〔註 159〕「一空」即為「一孔」，商鞅所說的「一孔」是指耕戰，也就是利只從耕戰出。對商鞅來說，富國強兵是目的，實現這一目的途徑是耕戰，而致民耕戰的方法是使人民除了耕戰之外只有餓死一途。「故為國者，邊利盡歸於兵，市利盡歸於農。」〔註 160〕「則辟淫遊惰之民無所於食。民無所於食則必農。」〔註 161〕為了富國強兵，使人民除了耕戰之外「無所於食」，是法家「利出一孔」之本質，顯然王安石的「利出一孔」與此不同。商鞅的「利出一孔」是主張君主通過控制利源而扼住人民的喉嚨，進而迫使人民為其富國強兵的目的服務。

〔註 157〕黃以周等輯注，顧吉辰點校：《續資治通鑒長編拾補》，中華書局，2004 年 1 月第一版，第 126 頁。

〔註 158〕王安石：《臨川先生文集》卷八二，《度支副使廳壁題名記》，1993 年上海古籍出版社影印四部精要刻本，第 225 頁。

〔註 159〕蔣禮鴻：《商君書錐指》，中華書局，1986 年 4 月第一版，第 20 頁。

〔註 160〕蔣禮鴻：《商君書錐指》，中華書局，1986 年 4 月第一版，第 129 頁。

〔註 161〕蔣禮鴻：《商君書錐指》，中華書局，1986 年 4 月第一版，第 8 頁。

《管子》的「利出一孔」與商鞅基本相同。「國有十年之蓄，而民不足於食，皆以其技能望君之祿也。君有山海之金，而民不足於用，是皆以其事業交接於君上也。故人君挾其食，守其用，據有餘而制不足，故民無不累於上也。五穀食米，民之司命也；黃金刀幣，民之通施也；故善者執其通施，以御其司命，故民力可得而盡也……利出於一孔者，其國無敵。出二孔者，其兵不詘，出三孔者，不可以舉兵。出四孔者，其國必亡；先王知其然，故塞民之養，隘其利途；故予之在君，奪之在君，貧之在君，富之在君。故民之戴上如日月，親君若父母。」〔註 162〕「民不足於食」、「人君挾其食」、「御其司命」、「民力可得而盡」是《管子》「利出一孔」之目的和本質的清楚展現。與法家主張「利出一孔」有所不同，王安石主張「利出一孔」首先是爲了摧兼并，進而「均天下之財」使「國用可足，民財不匱」，也就是意在將集中於兼并之家的財富轉移到政府和人民手中。王安石雖然主張加強政府對人民的控制，卻絕未主張政府扼住人民的喉嚨，使人民「無所於食」，逼人民就範以達到富國強兵之目的。

此外，王安石本欲抑兼并，最終卻導致「國家自爲兼并」和「盜臣之因緣以自肥」〔註 163〕，這特別値得我們深思。也許任何意欲以政府掌控國民經濟的方式而達至「均天下之財」的良好願望，其結果必然如梁任公所言：「蓋其初意本欲以裁抑兼并者，而其結果，勢必至以國家而自爲兼并者也。」〔註 164〕不僅如此，王安石雖絕無意奴役人民，但誠如英國思想家哈耶克所指出的，「國家統制經濟」是一條危險的「通往奴役之路」。當然，本文只限於討論王安石的「初意」，至於新法導致的非其本意之結果，則不在本文的討論範圍之內。

第五節　強兵

變法反對派范純仁在《上神宗論新法乞責降第二狀》中指責王安石道：「安石乃以五霸富國強兵之術……甚異孔子不言軍旅，孟軻恥道桓文之意也。」〔註 165〕

〔註 162〕黎翔鳳：《管子校注》，中華書局，2004 年 6 月第一版，第 1259～1263 頁。
〔註 163〕梁啓超：《王安石傳》，海南出版社，2001 年版，第 125 頁。
〔註 164〕梁啓超：《王安石傳》，海南出版社，2001 年版，第 140 頁。
〔註 165〕趙汝愚編：《宋朝諸臣奏議》卷一百九，上海古籍出版社，1999 年 12 月版，第 1187 頁。

165〕毋庸諱言，王安石確實主張強兵，但問題是主張強兵，特別是在北宋政權、廣大人民生命以至華夏文明面臨西夏、契丹極大威脅的背景下主張強兵，是否違背了孔、孟儒家精神？或者說強兵是否專爲法家所主張，而爲儒家所根本排斥？答案是否定的，王安石主張強兵並不違背傳統儒家精神，甚至可以說其主張強兵根本來說是受儒家思想指導的，而非受法家思想指導。

《論語・衛靈公》中有一段衛靈公向孔子請教戰陣之事的記載。「衛靈公問陳於孔子。孔子對曰：『俎豆之事，則嘗聞之矣；軍旅之事，未之學也。』明日遂行。」〔註 166〕這段記載應該就是范純仁所說「孔子不言軍旅」的來源，實際上孔子並非未學軍旅，「射」與「御」均爲儒家六藝之一，孔子豈能未學軍旅。孔子有此言行只是因衛靈公不問禮樂，而問戰陣，在孔子看來甚爲無道，不願與其言而已。朱熹《論語集注》對孔子的此種言行的解釋是「尹氏曰：『衛靈公，無道之君也，復有志於戰伐之事，故答以未學而去之。』」〔註 167〕孔子也並非「不言軍旅」，這在《論語・顏淵》「子貢問政」一章中表現得最爲突出。「子貢問政。子曰：『足食，足兵，民信之矣。』」〔註 168〕「足兵」是孔子不排斥強兵的明證。不僅孔子不排斥強兵，朱熹也不排斥強兵。朱熹在注釋《詩經・小雅・六月》中「文武吉甫，萬邦爲憲」時說道：「非文無以附眾，非武無以威敵。能文能武，則萬邦以之爲法矣。」〔註 169〕朱熹主張能文能武，顯然不排斥強兵。儒者不排斥強兵，其原因也許在張載《賀蔡密學啓》中得到了最好的說明。「今戎毒日深而邊兵日弛，後患可懼而國力既殫，將臣之重，豈特司命王卒！惟是三秦生齒存亡舒慘之本，莫不繫之。」〔註 170〕強兵事關人民「存亡舒慘之本」，這樣的道理應該不難理解，特別是在北宋時時面臨西夏、契丹極大現實威脅的背景下。儒家主張強兵關注的是人民「存亡舒慘之本」，這與法家主張強兵有本質的不同，法家強兵純以君主和國家的利益爲出發點和歸宿，而以人民爲達至其目的之工具。既然儒家並不排斥強兵，那麼王安石主張強兵是否違背孔孟儒家精神，就需具體分析。下面我們就來具體考察王安石的強兵主張。

〔註 166〕劉寶楠：《論語正義》，中華書局，1990 年 3 月第一版，第 609 頁。
〔註 167〕朱熹：《四書章句集注》，中華書局，1983 年 10 月第一版，第 161 頁。
〔註 168〕劉寶楠：《論語正義》，中華書局，1990 年 3 月第一版，第 491 頁。
〔註 169〕朱熹：《朱子全書》第 1 冊，上海古籍出版社、安徽教育出版社，2002 年 12 月版，第 567 頁。
〔註 170〕張載：《張載集》，中華書局，1978 年 8 月第一版，第 352 頁。

首先，王安石主張強兵但不專務強兵，與法家不同。「且勝夷狄，只在閒暇時修吾政刑，使將吏稱職，財穀富，兵彊而已。虛辭僞事，不足爲也。」〔註171〕「此□起所以務在富國彊兵，破馳說之言縱橫者。」〔註172〕從上引言論看，王安石不僅明確主張強兵，甚至還引法家人物吳起的事例來主張強兵。不過，我們需要注意的是，王安石引吳起的事例，只是意在說明在國防問題上應該強兵務實，反對「馳說」、「虛辭」，並不表明他完全贊成法家人物吳起的行事和主張。「馮京曰：『吳起以刻暴殺身。』上曰：『如此等事，恐雖先王亦當爲之。』安石曰：『陛下之言是也。然吳起所爲，自非君子之道，故亡其軀爾。』」〔註173〕王安石不僅認爲吳起所爲「非君子之道」，而且對法家專以富國強兵爲事也是持否定態度。「然先王既修政事，足以強其國，又美風俗……若不務以忠、信、廉、恥厚風俗，專以強國爲事，則秦是也。不務修其政事以強國，而專獎節義廉退之人，則後漢是也，是皆得一偏而已。」〔註174〕「則秦是也」是對法家專以富國強兵爲事的斷然否定。如果說「厚風俗」是能文，強國是能武的話，王安石與朱熹一樣主張能文能武，文武不可偏廢。「非文無以附眾，非武無以勝敵。能文能武，則萬邦以爲法矣。」〔註175〕對《詩經・小雅・六月》中的「文武吉甫，萬邦爲憲」，朱熹的解釋幾乎與王安石完全一樣。正因爲王安石主張能文能武，所以其強兵非「專務強兵」，而是以文爲基礎的強兵。「文彥博曰：『以道佐人主者，不以兵強天下。』安石曰：『以兵強天下，非有道也。然有道者，固能柔能剛，能弱能強，方其能強則兵必不弱。張皇六師，固先王之所務也，但不當專務強兵爾。』」〔註176〕在王安石看來，強兵是儒家王道政治必然包含的內容之一，所以他說「兵必不弱」、「固先王之所務」。當然，如果說王道政治能文能武的話，王安石不僅反對「專務強兵」，而且在其看來武與文相比，顯然處於末的地位。「天錫陛下聖質高遠，與堯、舜、湯、武固無以異，論兵誠爲高遠，然先王雖曰『張皇六師』，『克詰戎兵』，其坐而論道，則未嘗及戰陣之事。蓋以爲三軍五兵之運，德之末不足道也。

〔註171〕李燾：《續資治通鑑長編》，中華書局，1986年5月第一版，第5351頁。
〔註172〕李燾：《續資治通鑑長編》，中華書局，1986年5月第一版，第6093頁。
〔註173〕李燾：《續資治通鑑長編》，中華書局，1986年5月第一版，第6093頁。
〔註174〕李燾：《續資治通鑑長編》，中華書局，1986年5月第一版，第6093～6094頁。
〔註175〕程元敏：《三經新義輯考彙評——詩經》，國立編譯館，1986年9月第一版，第145頁。
〔註176〕李燾：《續資治通鑑長編》，中華書局，1986年5月第一版，第5744頁。

孔子亦曰：『俎豆之事，則嘗聞之矣；軍旅之事，未之學也。』以爲苟知本矣，末不足治也。」〔註 177〕王安石將「三軍五兵之運」看著不足道的「德之末」，其強兵主張顯然不同於法家的專務強兵。

其次，王安石主張強兵以儒家經典爲依據。「故古者教士以射御爲急，其它技能則視其人才之所宜而後教之，其才之所不能，則不強也。至於射，則爲男子之事。人之生有疾則已，苟無疾，未有去射而不學者也。在庠序之間，固當從事於射也。有賓客之事則以射，有祭祀之事則以射，別士之行同能偶則以射，於禮樂之事，未嘗不寓以射，而射亦未嘗不在於禮樂祭祀之間也。《易》曰：『弧矢之利，以威天下。』先王豈以射爲可以習揖讓之儀而已乎？固以爲射者武事之尤大，而威天下、守國家之具也。」〔註 178〕在這段文字中，王安石以《禮記・射義》和《易傳・繫辭下》爲據，主張全體男子皆應學習軍事技能。另外，上面王安石提到的「張皇六師」，「克詰戎兵」，均出自《尚書》，一出自《尚書・周書・康王之誥》，一出自《尚書・周書・立政》。孔安國對「張皇六師」的解釋是「張大六師之眾」〔註 179〕，對「克詰戎兵」的解釋是「當能治汝戎服兵器，威懷並設」〔註 180〕。顯然，要從儒家五經之中找強兵之依據，絕非什麼難事，這一方面說明儒家並不排斥強兵，另一方面也說明王安石主張強兵自有儒家經典作爲依據，其強兵主張是以儒家思想爲指導。

再次，王安石主張強兵，意圖恢復漢、唐舊境，符合傳統儒家精神。傳統儒家歷來有「外攘夷狄」保護華夏文化的觀念，《詩經》對周宣王「覆文武之境土」的讚美，孔子「微管仲，吾其被髮左衽矣」〔註 181〕的感歎，都是這種觀念的展現。王安石秉承了儒家「外攘夷狄」保護華夏文化的觀念，意圖恢復漢、唐舊境。「他時兼制夏國，恢復漢、唐舊境……」〔註 182〕「陛下富有天下，若以道御之，即何患吞服契丹不得？若陛下處心自以爲契丹不可吞服，

〔註 177〕李燾：《續資治通鑒長編》，中華書局，1986 年 5 月第一版，第 6057 頁。

〔註 178〕王安石：《臨川先生文集》卷三九，《上仁宗皇帝言事書》，1993 年上海古籍出版社影印四部精要刻本，第 107 頁。

〔註 179〕《漢魏古注十三經》，中華書局 1998 年 11 月影印四部備要本，《尚書孔安國傳》第 75 頁。

〔註 180〕《漢魏古注十三經》，中華書局 1998 年 11 月影印四部備要本，《尚書孔安國傳》第 69 頁。

〔註 181〕劉寶楠：《論語正義》，中華書局，1990 年 3 月第一版，第 579 頁。

〔註 182〕李燾：《續資治通鑒長編》，中華書局，1986 年 5 月第一版，第 5605 頁。

西夏又不可呑服……」〔註 183〕從這兩段話不難看出王安石在軍事上的宏圖大志，不過王安石雖有此大志，卻絕不窮兵黷武，荼毒天下生靈而不顧。王安石的武功顯然以洮河之役爲最著，以致神宗皇帝「解所服玉帶賜安石」以旌其功〔註 184〕。正是這次軍事上的極大成功，卻彰顯了王安石作爲儒者的一顆仁愛之心。蔡上翔在其《王荊公年譜考略》卷十八中說道：「觀安石與子醇四書，皆仁義之言，王者之師……而議者以開邊啓釁，至今猶嘵嘵不已。」〔註 185〕蔡上翔「仁義之言，王者之師」的評論，有王安石《與王子醇書三》和李燾《續資治通鑒長編》爲證。「方今熙河所急，在修守備，嚴戒諸將，勿輕舉動。武人多欲以討殺取功爲事，誠如此而不禁，則一方憂未艾也。竊謂公厚以恩信撫屬羌，察其材者，收之爲用……自古以好坑殺人致畔，以能撫養收其用，皆公所覽見。且王師以仁義爲本，豈宜以多殺斂怨耶……又聞屬羌經討者，既亡蓄積，又廢耕作，後無以自存，安得不屯聚爲寇，以梗商旅往來？如募之力役及伐材之類，因以活之，宜有可爲，幸留意念恤。」〔註 186〕王韶（字子醇）是這次洮河之役的直接指揮者，從王安石給他的這封書信來看，可以說滿紙皆爲「仁義之言」，滿腔子皆爲儒者仁愛之心。王安石信中表達的意思，李燾《續資治通鑒長編》也有相關記載。「王安石白上：『將帥利以多殺爲功，熙河諸羌但能存恤，結以恩德，全惜兵力專事董氈，即諸羌自爲我用；若專務多殺，乃驅之使附董氈，令敵愈強而自生患，不惟非計，亦非所謂仁義之師也。』上以爲然，令速諭王韶。」〔註 187〕不過，王安石雖然一再提到「王師」、「仁義之師」，其一手策劃的洮河之役也非孟子所說的「爭地以戰，殺人盈野；爭城以戰，殺人盈城」〔註 188〕，但王安石對「王者之兵無敵於天下」的理解，顯然與孟子「仁者無敵」〔註 189〕、「不嗜殺人者能一之」、「仁人無敵於天下」〔註 190〕、「國君好仁，天下無敵焉」〔註 191〕這些觀念有明顯

〔註 183〕李燾：《續資治通鑒長編》，中華書局，1986 年 5 月第一版，第 5701 頁。
〔註 184〕參見李燾：《續資治通鑒長編》，中華書局，1986 年 5 月第一版，第 6023 頁。
〔註 185〕詹大和等：《王安石年譜三種》，中華書局，1994 年 1 月第一版，第 487 頁。
〔註 186〕王安石：《臨川先生文集》卷七三，《與王子醇書三》，1993 年上海古籍出版社影印四部精要刻本，第 203 頁。
〔註 187〕李燾：《續資治通鑒長編》，中華書局，1986 年 5 月第一版，第 6109 頁。
〔註 188〕焦循：《孟子正義》，中華書局，1987 年 10 月第一版，第 516 頁。
〔註 189〕焦循：《孟子正義》，中華書局，1987 年 10 月第一版，第 68 頁。
〔註 190〕焦循：《孟子正義》，中華書局，1987 年 10 月第一版，第 959 頁。
〔註 191〕焦循：《孟子正義》，中華書局，1987 年 10 月第一版，第 962 頁。

的差距。孟子「仁者無敵」強調的是道德的力量，而王安石強調的卻是「兵之義理」。「然所謂王者之兵，則於兵之義理能全之，能盡之，故無敵於天下。」〔註 192〕王安石所說的「兵之義理」，應該來說與道德無涉，純指戰略、戰術等，也就是所謂的「兵法」。「古論兵無如孫武者，以其粗見道故也……」〔註 193〕強調「兵之義理」而非道德的力量，這是王安石作爲現實政治家所展現出的現實主義之一面，與孟子及程朱理學表現出來的道德理想主義存在明顯差距，這一點在第四章中會有詳細論述，此不贅言。

再次，王安石強兵最根本的措施是實行保甲制度，而保甲制度在王安石看來是「三代」理想社會本有的制度，因此實行保甲制度在其看來是在恢復「三代」舊制。恢復「三代」舊制在王安石本人看來，肯定是以儒家思想爲指導，也是符合他本人追求的「三代」理想的。「保甲之法，起於三代丘甲……而非今日之立異也。」〔註 194〕「先王以農爲兵，因鄉遂寓軍旅。」〔註 195〕「古者民居則爲比，比有比長，及用兵即五人爲伍，伍有伍司馬，二十五家爲閭，閭有閭胥，二十五人爲兩，兩有兩司馬，兩司馬即是閭胥，伍司馬即是比長，但隨事異名而已。今令二丁即爲義勇，與兩丁之家同籍爲保甲，居則爲大小保長，征戍則爲義勇節級、指揮使，此乃三代六卿六軍之遺法。此法見於《書》，自夏以來至於周不改……監於先王成憲，其永無愆。」〔註 196〕「古者兵隱於民，而馬則牧於野。」〔註 197〕「先王」、「古者」都是「三代」之別稱，無疑，在王安石看來其實行保甲制度乃是「監於先王成憲」，是在推行「三代」的「法度」，是在貫徹實行其「三代」理想。歷史上「三代」時是否果眞實行過保甲制度，就本文議題來說可以不論，不過，王安石認爲保甲制度乃是「三代」舊制卻並非出於粉飾的目的而牽強附會，與王安石同時的張載也認爲保甲制度是「三代」舊制，主張在邊境地區推行保甲制度。張載在其《邊議》中說道：「欲爲之計，莫如選吏行邊，爲講族閭鄰里之法……計民以守……然後括以保法，萃以什伯……平時使之知所守，識所向，習登降，

〔註 192〕李燾：《續資治通鑒長編》，中華書局，1986 年 5 月第一版，第 5946 頁。

〔註 193〕李燾：《續資治通鑒長編》，中華書局，1986 年 5 月第一版，第 6056 頁。

〔註 194〕王安石：《臨川先生文集》卷四一，《上五事箚子》，1993 年上海古籍出版社影印四部精要刻本，第 114 頁。

〔註 195〕李燾：《續資治通鑒長編》，中華書局，1986 年 5 月第一版，第 5300 頁。

〔註 196〕李燾：《續資治通鑒長編》，中華書局，1986 年 5 月第一版，第 5796 頁。

〔註 197〕程元敏：《三經新義輯考彙評——詩經》，國立編譯館，1986 年 9 月第一版，第 134 頁。

時繕完；賊至則授甲付兵，人各謹備……此三代法制，雖萬世可行，不止利今日之民。」〔註 198〕張載同王安石一樣，也認爲「保法」即保甲制度是「萬世可行」的「三代法制」。

需要說明的是，雖然王安石認爲其推行保甲制度是在恢復「三代」舊制，是以儒家思想爲指導，但其保甲制度卻是最具法家意味的一項制度。王安石的保甲制度具有兩項重要功能，一是對內維持社會治安的警察功能，二是對外的國防軍功能。「今所以爲保甲，足以除盜，然非特除盜也，固可漸習其爲兵。」〔註 199〕正因爲王安石的保甲制度具有這兩項不同功能，要分析其性質、評價其意義就不能一概而論，而要充分考慮到其複雜性。「陳留一縣因趙子幾往彼修保甲，發舉強劫不申官者十二次，以數十里之地而強劫不申官者如此其多，則人之被擾可知矣。條保甲乃所以除此等事。」〔註 200〕爲了保護人民的生命財產安全，使人民不「被擾」而推行保甲制度其本身本無可厚非，現有的人類社會群體無不需要一種維持社會治安，保一方平安的警察機構。不過，需要注意的是，王安石的保甲制度顯然不停留在「除盜」功能之內，其本質上是一種便於加強對人民控制的編戶齊民制度。「民所以多僻，以散故也。故曰：『上失其道，民散久矣。』保甲立，則亦所以使民不散，不散，則姦宄固宜少。」〔註 201〕「民散則多事，什伍之則無事，故曰：『上失其道，民散久矣』。」〔註 202〕「然而天下之人，鳧居雁聚，散而之四方而無禁也者，數千百年矣。今一旦變之，使行什伍相維，鄰里相屬。」〔註 203〕「自牧至於籔，皆有所兩，則民有所繫屬而不散，故多寡死生出入往來，皆可知也。夫然後可得而治矣。乃後世九兩費，人得自恣，莫相統一，而不知所以繫之……當是時，上徒欲知民數而不得，尙安能得其情而制之乎？民既散矣，則放辟邪侈無不爲也。」〔註 204〕「使民不散」，「使什伍相維，鄰里相屬」，以便於政府對每家每戶情況的掌握，進而便於政府對人民的控制，也就是所謂的「制之」，

〔註 198〕張載：《張載集》，中華書局，1978 年 8 月第一版，第 356～357 頁。

〔註 199〕李燾：《續資治通鑒長編》，中華書局，1986 年 5 月第一版，第 5391 頁。

〔註 200〕李燾：《續資治通鑒長編》，中華書局，1986 年 5 月第一版，第 5371 頁。

〔註 201〕李燾：《續資治通鑒長編》，中華書局，1986 年 5 月第一版，第 5991 頁。

〔註 202〕李燾：《續資治通鑒長編》，中華書局，1986 年 5 月第一版，第 5589 頁。

〔註 203〕王安石：《臨川先生文集》卷四一，《上五事劄子》，1993 年上海古籍出版社影印四部精要刻本，第 114 頁。

〔註 204〕程元敏：《三經新義輯考彙評——周禮》，國立編譯館，1987 年 12 月第一版，第 38 頁。

這就是王安石保甲制度的專制性質。當然，王安石不僅要控制人民的身體，作爲儒者，他還希望通過保甲制度改善人民的道德狀況，也就是消除社會上的「放辟邪侈」行爲。

再次，作爲強兵的一項重要內容，王安石希望以儒家士大夫爲將帥，這也是其精英治理思想之一部分。「臣以爲募兵與民兵無異，顧所用將帥如何爾……有將帥，則不患民兵不爲用矣！」〔註 205〕在王安石看來不管是募兵還是民兵，將帥的選用對於軍隊的戰鬥力都是根本性的，因此將帥的選用極爲關鍵。王安石認爲將帥必須在有德行和才能的士大夫階層中選拔，而不能任用無德行的「小人」，這是其精英政治理念在國防軍事方面的展現。「先王之時，士之所學者，文武之道也……至於武事，則隨其才之大小，未有不學者也。故其大者，居則爲六官之卿，出則爲六軍之將也，其次，則比閭、族黨之師，亦皆卒兩、師旅之帥也。故邊疆宿衛，皆得士大夫爲之，而小人不得奸其任……夫士嘗學先王之道，其行義嘗見推於鄉黨矣，然後因其才而託之以邊疆宿衛之事，此古之人君所以推干戈以屬之人，而無內外之虞也。」〔註 206〕

最後，從王安石強兵對宋朝家法的突破，可以看出其用心與趙宋皇帝有所不同，自然也就與法家一切以君主的利益爲出發點和歸宿的強兵不同。趙宋王朝開國便「事爲之防，曲爲之制」〔註 207〕，一心要維護其趙氏王朝的統治，宋朝的家法也由此而來。此處我們不討論宋朝所有的「防」與「制」，只談「分兵民爲二」和「強本弱末」這兩項。「太祖爲言：「可以利百代者，唯養兵也。方凶年饑歲，有叛民而無叛兵；不幸樂歲而生變，則有叛兵而無叛民。」〔註 208〕朱熹在談到「歷代承襲之弊」時說道：「本朝鑒五代藩鎮之弊，遂盡奪藩鎮之權，兵也收了，財也收了，賞罰刑政一切收了。州郡遂日就困弱。靖康之禍，虜騎所過，莫不潰敗。」〔註 209〕趙匡胤分兵民爲二的用心，一望而知，不必多言。朱熹提到的實際是中國自秦以來歷代專制帝國都在推

〔註 205〕李燾：《續資治通鑒長編》，中華書局，1986 年 5 月第一版，第 5300 頁。

〔註 206〕王安石：《臨川先生文集》卷三九，《上仁宗皇帝言事書》，1993 年上海古籍出版社影印四部精要刻本，第 107 頁。

〔註 207〕李燾：《續資治通鑒長編》，中華書局，1986 年 5 月第一版，第 382 頁。

〔註 208〕晁說之：《嵩山文集》卷一，《元符三年應詔封事》，四部叢刊本。

〔註 209〕朱熹：《朱子全書》第 18 冊，上海古籍出版社、安徽教育出版社，2002 年 12 月版，第 4001 頁；黎靖德：《朱子語類》卷一百二十八。

行的「強本弱末」政策，本即中央，末即地方。「強本弱末」是意在消除地方對中央政權的威脅，實際是意在消除地方官員對皇權的威脅和覬覦之心，這一點王安石看得非常清楚。在《周秦本末論》中王安石說道：「秦戒周之亡，郡而不國，削諸侯之城，銷天下之兵聚咸陽，使姦人雖有覦心，無所乘而起，自以爲善計也。」〔註 210〕對秦始皇之用心，王安石用「使姦人雖有覦心，無所乘而起」這樣簡潔的語言一語道破。正是皇權的這種私心，在中國歷史上導致了極爲嚴重的政治後果。「分兵民爲二」使得人民面對外族入侵時無力抵抗，「強本弱末」又使得地方政府面對外族入侵時也毫無抵抗之力。朱熹提到的是「靖康之禍」，滿族入關又何嘗不是如此，更進一步說歷史上的流寇，如李自成、洪秀全能夠橫行無阻，又何嘗不是如此。王安石的保甲制度是對宋太祖趙匡胤「分兵民爲二」之私心的一種挑戰。「然自生民以來，兵農爲一……蓋耒耜以養生，弓矢以免死，此凡民所宜。」〔註 211〕「若盡什伍其人，使隨處有以待敵，乃古中國之法也。」〔註 212〕王安石所說的「本末惟其稱」〔註 213〕、「隨處有以待敵」與「免死」，考慮的是張載所說的人民之「存亡舒慘」，是避免「元元肝腦塗地，幸而不轉死於溝壑者無幾」〔註 214〕這樣的慘劇發生，而非僅僅考慮趙氏一姓之萬世統治。值得指出的是，變法反對派之首的司馬光，其用心卻可謂與宋太祖甚爲切合。在《乞罷保甲狀》中，司馬光說道：「然則設保甲保馬本欲除盜者，乃更資盜……萬一遇數千里之蝗旱，而失業、飢寒、武藝成就之人，所在蜂起以應之，其爲國家之患可勝言哉……」〔註 215〕

第六節　餘論：儒法之異

儒、法兩家學說在出發點和歸宿方面存在根本的差異，下面我們對其做一簡單分析，以揭示儒、法兩家學說的性質，爲辨明王安石變法究竟以儒家思想爲指導還是以法家思想爲指提供參考。

法家學說以君主、國家的利益爲出發點和歸宿，以富國強兵及維護君主

〔註 210〕王安石：《王文公文集》，上海人民出版社，1974 年 7 月第一版，第 353 頁。
〔註 211〕李燾：《續資治通鑑長編》，中華書局，1986 年 5 月第一版，第 5741 頁。
〔註 212〕李燾：《續資治通鑑長編》，中華書局，1986 年 5 月第一版，第 6033 頁。
〔註 213〕王安石：《王文公文集》，上海人民出版社，1974 年 7 月第一版，第 353 頁。
〔註 214〕王安石：《臨川先生文集》卷三九，《上仁宗皇帝言事書》，1993 年上海古籍出版社影印四部精要刻本，第 108 頁。
〔註 215〕司馬光：《傳家集》卷四六，文淵閣四庫全書臺北故宮博物院藏本。

的統治和利益爲目的，將人民作爲達至君主和國家目的之工具和手段。儒家政治學說則以解決民生問題和培養民德爲出發點和歸宿，在解決民生問題之基礎上，儒家政治學說以建立理想人倫秩序，建立符合人性的社會，培養民德完善人性養成美好社會風俗爲目標，君主和政府則是達至這些目標的手段和工具，這一點董仲舒說得最清楚。「且天之生民，非爲王也，而天立王以爲民也。」〔註 216〕

商鞅和韓非是法家的代表人物，孔子和孟子是儒家的代表人物，下面我們從《商君書》、《韓非子》、《論語》和《孟子》中的論述出發，考察儒法兩家學說的出發點和歸宿。

一、商鞅學說的出發點和歸宿

商鞅學說關注的中心是如何富國強兵。對商鞅來說，富國強兵是目的，實現這一目的的基本方式是耕戰，個人只有從事耕戰有利於國家富強才能生存，才能存在。「國之所以興者，農戰也。」〔註 217〕「國待農戰而安，主待農戰而尊。」〔註 218〕

首先，通過耕戰而富國強兵是基本國策，而「利出一孔」和嚴刑峻法則是使得這一基本政策得以貫徹施行的保證。人民都有最基本的衣食之需，商鞅認爲國家正可利用此點宰制人民，使人民成爲爲國家所用之工具，國家只要卡住人民的喉嚨，使人民處於飢餓半飢餓狀態，人民就只有聽命於國家，服務於富國強兵的目的。「民見上利之從一孔出也，則作一；作一，則民不偷營。民不偷營則多力，多力則國強。」〔註 219〕「民之所欲萬，而利之所出一；民非一則無以致欲，故作一。作一則力摶，力摶則強。」〔註 220〕「故爲國者，邊利盡歸於兵，市利盡歸於農。邊利盡歸於兵者強，市利盡歸於農者富。」〔註 221〕「故吾教令民之欲利者非耕不得，避害者非戰不免，境內之民莫不先務耕戰而後得其所樂。」〔註 222〕「市利盡歸於農」、「邊利盡歸於兵」是「利出一

〔註 216〕蘇輿：《春秋繁露義證》，中華書局，1992 年 12 月第一版，第 220 頁。
〔註 217〕蔣禮鴻：《商君書錐指》，中華書局，1986 年 4 月第一版，第 20 頁。
〔註 218〕蔣禮鴻：《商君書錐指》，中華書局，1986 年 4 月第一版，第 22 頁。
〔註 219〕蔣禮鴻：《商君書錐指》，中華書局，1986 年 4 月第一版，第 20 頁。
〔註 220〕蔣禮鴻：《商君書錐指》，中華書局，1986 年 4 月第一版，第 39 頁。
〔註 221〕蔣禮鴻：《商君書錐指》，中華書局，1986 年 4 月第一版，第 129 頁。
〔註 222〕蔣禮鴻：《商君書錐指》，中華書局，1986 年 4 月第一版，第 139 頁。

孔」的具體說明，所謂「利出一孔」就是指人民的衣食所需（利）只有通過從事耕戰才能得到滿足，這也就意味著人民只有從事有益於富國強兵的耕戰才能得以生存，而國家、君主正可以通過控制人民求生存的手段，迫使人民從事耕戰，進而達到富國強兵的目的。

在農業社會，農耕是國富的基礎，商鞅迫使人民農耕的方法是使人民除了農耕之外只有餓死一途。「則辟淫遊惰之民無所於食。民無所於食則必農。」〔註223〕「民無所於食，是必農。」〔註224〕「逆旅之民無所於食，則必農。」〔註225〕「壹山澤，則惡農、慢惰、倍欲之民無所於食。無所於食則必農，農則草必墾矣。」〔註226〕「使民無得擅徙，則誅愚亂農農民無所於食而必農。」〔註227〕使人民除了農耕外「無所於食」可以說是法家「利出一孔」的最佳注解。迫使人民只有選擇農耕富國或飢餓而死，這最好地展現了商鞅學說以富國爲目的，以人民爲工具之性質。

「市利盡歸於農」、「邊利盡歸於兵」、「欲利者非耕不得」、「先務耕戰而後得其所樂」、「利之所出一」，好像耕戰之民眞能專擅一國之利似的，耕戰之民可謂富足了，然而實際情況卻絕非如此。「故曰：『王者國不蓄力，家不積粟。』國不蓄力，下用也；家不積粟，上藏也。」〔註228〕在「家不積粟」的思想指導下，耕戰之民豐衣足食不僅是決不可能的，也是國家利益所不允許的，因爲只有使人民處於飢餓、半飢餓狀態才能使人民聽命於國家，才有利於國家對人民的控制。「夫民之情，樸則生勞而易力，窮則生知而權利。易力則輕死而樂用，權利則畏罰而易苦。易苦則地力盡，樂用則兵力盡。夫治國者能盡地力而致民死者，名與利交至。」〔註229〕「民辱則貴爵，弱則尊官，貧則重賞。」〔註230〕「農有餘食，則薄燕於歲。」〔註231〕人民處於辱、弱、貧、窮狀態下才能爲國家所用，才易於被國家宰制，國家決不允許人民富足，不允許他們有餘食、積粟。

〔註223〕蔣禮鴻：《商君書錐指》，中華書局，1986年4月第一版，第8頁。
〔註224〕蔣禮鴻：《商君書錐指》，中華書局，1986年4月第一版，第11頁。
〔註225〕蔣禮鴻：《商君書錐指》，中華書局，1986年4月第一版，第11～12頁。
〔註226〕蔣禮鴻：《商君書錐指》，中華書局，1986年4月第一版，第12頁。
〔註227〕蔣禮鴻：《商君書錐指》，中華書局，1986年4月第一版，第13頁。
〔註228〕蔣禮鴻：《商君書錐指》，中華書局，1986年4月第一版，第39頁。
〔註229〕蔣禮鴻：《商君書錐指》，中華書局，1986年4月第一版，第44～45頁。
〔註230〕蔣禮鴻：《商君書錐指》，中華書局，1986年4月第一版，第124頁。
〔註231〕蔣禮鴻：《商君書錐指》，中華書局，1986年4月第一版，第125頁。

商鞅認爲爲了國家的富強，人民必須被宰制。人民不能爲國家所用，不受國家控制就是「民勝其政」，即「民強」。商鞅認爲「民勝其政」、「民強」的後果是國弱，所以他堅持弱民、去強，也就是堅持人民必須完全受國家控制。「八者有群，民勝其政；國無八者，政勝其民。民勝其政，國弱；政勝其民，兵強。」〔註 232〕「民勝法，國亂；法勝民，兵強。故曰：以良民治，必亂至削；以姦民治，必治至強。」〔註 233〕「昔之能制天下者，必先制其民者也；能勝強敵者，必先勝其民者也。故勝民之本在制民。」〔註 234〕「民弱，國強；國強，民弱。故有道之國務在弱民。」〔註 235〕商鞅認爲國家的富強與人民的獨立自由是相矛盾的，國家只有對內能宰制其人民，使人民完全爲其所用，對外才能有強大的力量，而國家控制人民的手段之一便是嚴刑峻法。「國以善民治姦民者，必亂至削；國以姦民治善民者，必治至強。」〔註 236〕「行刑重輕，刑去事成，國強；重重而輕輕，刑至事生，國削。」〔註 237〕所謂姦民就是違反國家法令意志，不能爲國家所用的人。商鞅認爲人民都是這樣的姦邪之徒，必須用嚴刑苛法來加以控制。

愚樸之民才易於控制，故而商鞅主張愚民。「無以外權爵任與官，則民不貴學問，又不賤農。民不貴學則愚，愚則無外交。無外交，則國勉農而不偷。」〔註 238〕「聲服無通於百縣，則民行作不顧，休居不聽。休居不聽，則氣不淫；行作不顧，則意必一。意一而氣不淫，則草必墾矣。」〔註 239〕「農民無所聞變見方，則知農無從離其故事，而愚農不知，不好學問。愚農不知，不好學問，則務疾農。知農不離其故事，則草必墾矣。」〔註 240〕「聖人知治國之要，故令民歸心於農。歸心於農，則民樸而可正也，紛紛則易使也，信可以守戰也。一則少詐而重居，一則可以賞罰進也，一則可以外用也。夫民之親上死制也，以其旦暮從事於農。」〔註 241〕將人民與外界隔絕開來（聲服無通於百

〔註 232〕蔣禮鴻：《商君書錐指》，中華書局，1986 年 4 月第一版，第 35～36 頁。
〔註 233〕蔣禮鴻：《商君書錐指》，中華書局，1986 年 4 月第一版，第 36 頁。
〔註 234〕蔣禮鴻：《商君書錐指》，中華書局，1986 年 4 月第一版，第 107 頁。
〔註 235〕蔣禮鴻：《商君書錐指》，中華書局，1986 年 4 月第一版，第 121 頁。
〔註 236〕蔣禮鴻：《商君書錐指》，中華書局，1986 年 4 月第一版，第 30 頁。
〔註 237〕蔣禮鴻：《商君書錐指》，中華書局，1986 年 4 月第一版，第 32 頁。
〔註 238〕蔣禮鴻：《商君書錐指》，中華書局，1986 年 4 月第一版，第 7 頁。
〔註 239〕蔣禮鴻：《商君書錐指》，中華書局，1986 年 4 月第一版，第 10 頁。
〔註 240〕蔣禮鴻：《商君書錐指》，中華書局，1986 年 4 月第一版，第 15 頁。
〔註 241〕蔣禮鴻：《商君書錐指》，中華書局，1986 年 4 月第一版，第 25 頁。

縣），使人民只知農耕，這樣的人民才最易於統治（夫民之親上死制也，以其旦暮從事於農），才最能爲國家所用。

怎樣的人民才是聽話的，能爲國家所用的人呢？「奚以知民之見用者也？民之見戰也，如餓狼之見肉，則民用矣。凡戰者，民之所惡也；能使民樂戰者王。強國之民，父遺其子，兄遺其弟，妻遺其夫，皆曰：『不得，無返。』又曰：『失法離令，若死我死。』鄉治之行間無所逃，遷徙無所入。入行間之治，連以五，辨之以章，束之以令；拙無所處，罷無所生。是以三軍之士從令如流，死而不旋踵。」〔註 242〕「民之外事莫難於戰，故輕法不可以使之……故欲戰其民者必以重法，賞則必多，威則必嚴……民見戰賞之多則忘死，見不戰之辱則苦生。賞使之忘死而威使之苦生，而淫道又塞……」〔註 243〕從令如流，死不旋踵的虎狼之師是建立在「失法離令，若死我死」的基礎之上的。士兵死戰本人及其家人尚還有一線生機，否則絕無生存的可能。國家對其人民的控制使不服從國家意志的人絕無生存的可能，因爲國家通過戶籍、保甲、告姦、連坐等制度對人民的控制嚴密、牢固得使人民逃無可逃。秦帝國的虎狼之師是一群被飢餓（見戰賞之多則忘死）和嚴刑（見不戰之辱則苦生）驅使，只知耕戰的愚樸之民，一群眞正的工具。

其次，因爲一切都要服務於富國強兵這一目的，所以除了有利於國富兵強的農民和軍人之外，其它人都沒有生存的權利，國家不允許對其無用的人生存，這就是所謂的「去無用」。「民之內事莫苦於農，故輕治不可以使之。」〔註 244〕「內事莫苦於農」、「外事莫難於戰」已道出了耕戰之民的生存狀態，但與商賈技藝之民，言談文學之士相比畢竟能夠生存，這些人因爲無益於國富兵強，並且會影響耕戰之民一心耕戰，所以國家是不能允許其生存的。「夫民之不可用也，見言談遊士事君之可以尊身也，商賈之可以富家也，技藝之足以餬口也。」〔註 245〕「民眾而不用者，與無民同。」〔註 246〕人民再多如果不能爲國家所用，對國家來說就「與無民同」。人民實在只是工具，工具無用則不成其爲工具，那麼這一工具也就失去了存在的必要和意義。「是以明君修政作一，去無用，止浮學事淫之民一之農，然後國家可富而民力可摶

〔註 242〕蔣禮鴻：《商君書錐指》，中華書局，1986 年 4 月第一版，第 108～109 頁。
〔註 243〕蔣禮鴻：《商君書錐指》，中華書局，1986 年 4 月第一版，第 127～128 頁。
〔註 244〕蔣禮鴻：《商君書錐指》，中華書局，1986 年 4 月第一版，第 128 頁。
〔註 245〕蔣禮鴻：《商君書錐指》，中華書局，1986 年 4 月第一版，第 25 頁。
〔註 246〕蔣禮鴻：《商君書錐指》，中華書局，1986 年 4 月第一版，第 44 頁。

也。」〔註247〕「五民者不生於境內，則草必墾矣。」〔註248〕除了耕戰之民外都是無用之民，所以要「去無用」，也就是不允許其它的人民存活（「五民者不生於境內」），其方法就是上面說的使他們「無所於食」和「重刑而連其罪」〔註249〕。

再次，商鞅認爲人性是趨利避害的，國家和君主正可利用這種人性來控制人民（御民之志），達到國富兵強之目的（立所欲）。刑賞是驅使人民耕戰的基本方式，而趣利避害的人性則是刑賞得以起作用的前提。「民之生，度而取長，稱而取重，權而索利。明君愼觀三者，則國治可立而民能可得。」〔註250〕「夫人情好爵祿而惡刑罰，人君設二者以御民之志而立所欲焉。」〔註251〕「怯民使以刑，必勇；勇民使以賞，則死。怯民勇，勇以死，國無敵者強，強必王。」〔註252〕「民之性，饑而求食，勞而求佚，苦則索樂，辱則求榮，此民之情也。」〔註253〕「民之於利也若水於下也。」〔註254〕「民之欲富貴也共闔棺而後止。」〔註255〕「民之生，度而取長，稱而取重，權而索利。」〔註256〕「夫農，民之所苦；而戰，民之所危也。犯其所苦，行其所危者，計也。故民生則計利，死則慮名，名利之所出，不可不審也。利出於地，則民盡力；名出於戰，則民致死。」〔註257〕趨利、計利不過是與人民的求食、求生存的要求相聯繫的人性之弱點和陰暗面，法家卻勸導君主和國家利用人性的這一弱點，達到宰制人民的目的，這與儒家意圖培養、擴充人性中善的一面（四端），可以說是根本對立的。

最後，因爲文化、道德無益於甚至妨礙富國強兵，所以商鞅對文化、道德也抱一種極端否定和敵視的態度。「雖有詩、書，鄉一束，家一員，獨無益於治也。」〔註258〕「六虱：曰禮樂，曰詩書，曰修善，曰孝悌，曰誠信，

〔註247〕蔣禮鴻：《商君書錐指》，中華書局，1986年4月第一版，第25頁。
〔註248〕蔣禮鴻：《商君書錐指》，中華書局，1986年4月第一版，第13頁。
〔註249〕蔣禮鴻：《商君書錐指》，中華書局，1986年4月第一版，第13頁。
〔註250〕蔣禮鴻：《商君書錐指》，中華書局，1986年4月第一版，第48頁。
〔註251〕蔣禮鴻：《商君書錐指》，中華書局，1986年4月第一版，第65頁。
〔註252〕蔣禮鴻：《商君書錐指》，中華書局，1986年4月第一版，第31頁。
〔註253〕蔣禮鴻：《商君書錐指》，中華書局，1986年4月第一版，第45頁。
〔註254〕蔣禮鴻：《商君書錐指》，中華書局，1986年4月第一版，第131頁。
〔註255〕蔣禮鴻：《商君書錐指》，中華書局，1986年4月第一版，第105頁。
〔註256〕蔣禮鴻：《商君書錐指》，中華書局，1986年4月第一版，第48頁。
〔註257〕蔣禮鴻：《商君書錐指》，中華書局，1986年4月第一版，第46頁。
〔註258〕蔣禮鴻：《商君書錐指》，中華書局，1986年4月第一版，第24頁。

曰貞廉，曰仁義，曰非兵，曰羞戰。國有十二者，上無使農戰，必貧至削。」〔註 259〕「六虱成群，則民不用。」〔註 260〕「是以知仁義之不足以治天下也。」〔註 261〕

二、韓非學說的出發點和歸宿

商鞅學說關注的中心是富國強兵，韓非學說則以維護君主個人的統治地位和利益爲出發點和歸宿。

首先，君主與周圍所有人利益都相衝突，法、術、勢是君主維護其利益和地位的工具。韓非持一種極端性惡論，認爲人都極端自私自利，從這種人性論出發，韓非認爲君主與周圍所有人利益都相衝突，君主必須明瞭這種人性和利益衝突，以便維護其自身的統治地位和利益。韓非的極端性惡論在下面這段話中表現得最爲突出。「且父母之於子也，產男則相賀，產女則殺之。此俱出父母之懷衽，然男子受賀，女子殺之者，慮其後便，計之長利也。故父母之於子也，猶用計算之心以相待也，而況無父子之澤乎？」〔註 262〕父母對子女都是以計利之心相待，君主周圍所有人自然也是以計利之心對待君主，故而君主不可相信任何人，包括自己的妻兒，要時刻提防自己身邊所有人，因爲即使自己的妻兒與自己利益都相衝突。「人主之患在於信人，信人則制於人……夫以妻之近與子之親而猶不可信，則其餘無可信者矣。」〔註 263〕「故后妃、夫人、太子之黨成而欲君之死也，君不死則勢不重。情非憎君也，利在君之死也。故人主不可以不加心於利己死者。」〔註 264〕

父子之間都是以計利之心相待，君臣之間不用說更是一種計利而合的關係。君臣之間具有根本不同甚至對立的利益，君主必須對此有清醒的認識，以維護自己的利益和統治地位。「故君臣異心。君以計畜臣，臣以計事君，君臣之交，計也。害身而利國，臣弗爲也；害國而利臣，君不行也。臣之情，害身無利；君之情，害國無親。君臣也者，以計合者也。」〔註 265〕「君臣之

〔註 259〕蔣禮鴻：《商君書錐指》，中華書局，1986 年 4 月第一版，第 80 頁。
〔註 260〕蔣禮鴻：《商君書錐指》，中華書局，1986 年 4 月第一版，第 81 頁。
〔註 261〕蔣禮鴻：《商君書錐指》，中華書局，1986 年 4 月第一版，第 113 頁。
〔註 262〕王先慎：《韓非子集解》，中華書局，1998 年 7 月第一版，第 417 頁。
〔註 263〕王先慎：《韓非子集解》，中華書局，1998 年 7 月第一版，第 115 頁。
〔註 264〕王先慎：《韓非子集解》，中華書局，1998 年 7 月第一版，第 116 頁。
〔註 265〕王先慎：《韓非子集解》，中華書局，1998 年 7 月第一版，第 128 頁。

利異，故人臣莫忠，故臣利立而主利滅。」〔註 266〕「知臣主之異利者王，以爲同者劫，與共事者殺。故明主審公私之分，審利害之地，姦乃無所乘。」〔註 267〕韓非這裏說的「公」是指君主的利益，「私」則是指不符合君主利益的他人利益和行爲（此點後文會有具體論述），因此所謂「明主審公私之分」就是指君主要清楚自己的利益與他人利益之間存在根本差異甚至對立。韓非認爲君主周圍的人特別是重臣時刻都在覬覦君主的地位。「愛臣太親，必危其身；人臣太貴，必易主位。」〔註 268〕「是故諸侯之博大，天子之害也；群臣之太富，君主之敗也。」〔註 269〕「故度量之立，主之寶也；黨與之具，臣之寶也。臣之所不弑其君者，黨與不具也。」〔註 270〕君主只有清楚自己的利益與他人利益不同甚至衝突（審公私之分），才能維護自己的地位和利益（姦乃無所乘）。

君主清楚自身利益與他人利益之間存在差異和衝突，是維護自身利益和地位的前提，而法、術則是君主用來維護其自身利益和地位的手段。「主用術則大臣不得擅斷，近習不敢賣重；官行法則浮萌趨於耕農，而遊士危於戰陣。則法術者乃群臣士民之所禍也。」〔註 271〕法、術是「群臣士民之所禍」，可見韓非所說的法、術完全是爲了君主之利益，是君主維護其自身利益與地位的手段和工具。「人主之大物，非法則術也。法者，編著之圖籍，設之於官府，而布之於百姓者也。術者，藏之於胸中，以偶眾端，而潛御群臣者也。故法莫如顯，而術不欲見。」〔註 272〕「術者，因任而授官，循名而責實，操殺生之柄，課群臣之能者也。此人主之所執也。法者，憲令著於官府，刑罰必於民心，賞存乎愼法，而罰加乎姦令者也。此臣之所師也。君無術則弊於上，臣無法則亂於下，此不可一無，皆帝王之具也。」〔註 273〕「人主之大物」也好，「帝王之具」也罷，都是說法、術是君主維護其地位和利益的工具。

其次，韓非有很多關於公與私的議論，對於這些議論，不可將其誤解爲韓非在討論公共利益和私人利益。韓非所說的「公」是指君主的利益而非公

〔註 266〕王先愼：《韓非子集解》，中華書局，1998 年 7 月第一版，第 241 頁。
〔註 267〕王先愼：《韓非子集解》，中華書局，1998 年 7 月第一版，第 433 頁。
〔註 268〕王先愼：《韓非子集解》，中華書局，1998 年 7 月第一版，第 24 頁。
〔註 269〕王先愼：《韓非子集解》，中華書局，1998 年 7 月第一版，第 24 頁。
〔註 270〕王先愼：《韓非子集解》，中華書局，1998 年 7 月第一版，第 51 頁。
〔註 271〕王先愼：《韓非子集解》，中華書局，1998 年 7 月第一版，第 96 頁。
〔註 272〕王先愼：《韓非子集解》，中華書局，1998 年 7 月第一版，第 380 頁。
〔註 273〕王先愼：《韓非子集解》，中華書局，1998 年 7 月第一版，第 397 頁。

共利益，即使「公」有時指國家利益，但在專制君主政體之下，其指向的仍是君主的利益，而不是公共利益。韓非所說的「私」與「公」相對，是指不符合君主利益的他人利益和行爲。「公」與「私」在韓非看來是根本對立的。「古者蒼頡之作書也，自環者謂之私，背私謂之公，公私之相背也，乃蒼頡固以知之矣。今以爲同利者，不察之患也。」〔註 274〕「不棄者，吏有姦也；仁人者，公財損也；君子者，民難使也；有行者，法制毀也；有俠者，官職曠也；高傲者，民不事也；剛愎者，令不行也；得民者，君上孤也。此八者，匹夫之私譽，人主之大敗也。反此八者，匹夫之私毀，人主之公利也。」〔註 275〕「匹夫有私便，人主有公利。」〔註 276〕從「人主之大敗」、「人主之公利」可以看出，韓非所說的「公」指向的完全是君主的利益。上文已述及「法」是君主維護其利益和地位的手段，因此「法」便與「私」相對立。「夫立法令者以廢私也，法令行而私道廢矣。私者，所以亂法也。」〔註 277〕「故《本言》曰：『所以治者，法也；所以亂者，私也。法立，則莫得爲私矣。』故曰：『道私者亂，道法者治。』」〔註 278〕

再次，賞罰二柄是君主用來維護其自身利益和地位的手段和工具。「明主之所導制其臣者，二柄而已矣。二柄者，刑、德也。何謂刑德？曰：殺戮之謂刑，慶賞之謂德。」〔註 279〕「人主者，以刑、德制臣者也，今君人者，釋其刑、德而使臣用之，則君反制於臣矣。」〔註 280〕「賞罰者，利器也。君操之以制臣，臣得之以擁主。」〔註 281〕從「導制其臣」、「制臣」、「君操之以制臣」不難看出，韓非關於賞罰二柄的論述，都是在討論君主如何利用賞罰控制臣下，維護其自身的地位和利益，其相關論述乃是以君主的利益爲出發點和歸宿自不待言。

再次，韓非繼承了商鞅的「去無用」思想而更進一層，商鞅所說的「無用」指無益於富國強兵，韓非所「去」則不僅指向無益於富國強兵，更指向無益於君主。「若此臣，不畏重誅，不利重賞，不可以罰禁也，不可以賞使也，

〔註 274〕王先愼：《韓非子集解》，中華書局，1998 年 7 月第一版，第 450 頁。
〔註 275〕王先愼：《韓非子集解》，中華書局，1998 年 7 月第一版，第 423 頁。
〔註 276〕王先愼：《韓非子集解》，中華書局，1998 年 7 月第一版，第 425 頁。
〔註 277〕王先愼：《韓非子集解》，中華書局，1998 年 7 月第一版，第 414 頁。
〔註 278〕王先愼：《韓非子集解》，中華書局，1998 年 7 月第一版，第 414 頁。
〔註 279〕王先愼：《韓非子集解》，中華書局，1998 年 7 月第一版，第 39 頁。
〔註 280〕王先愼：《韓非子集解》，中華書局，1998 年 7 月第一版，第 40 頁。
〔註 281〕王先愼：《韓非子集解》，中華書局，1998 年 7 月第一版，第 244 頁。

此之謂無益之臣也，吾所少而去也，而世主之所多而求也。」〔註 282〕韓非這裏所說的「無益之臣」是指不能爲君主控制和利用，無益於君主的人，君主應該將這種人剷除，即所謂的「去」。韓非有著名的「五蠹」之說，將無益於富國強兵和君主利益的人都視爲必須消滅的國家蠹蟲。「此五者，邦之蠹也。人主不除此五蠹之民，不養耿介之士，則海內雖有破亡之國，削滅之朝，亦勿怪矣。」〔註 283〕除「五蠹」在韓非看來關係到國家存亡之根本，因此以韓非思想指導的國家，絕不會允許無益於富國強兵和君主利益的人生存。另外，需要清楚的是，韓非所言富國強兵，其出發點和歸宿不在於公共利益意義上的國家利益，而在於君主利益。在君主專制政體下，所謂國家利益指向的乃是君主個人利益。「博習辯智如孔、墨，孔、墨不耕耨，則國何得焉？修孝寡欲如曾、史，曾、史不戰攻，則國何利焉？匹夫有私便，人主有公利。」〔註 284〕「官治則國富，國富則兵強，而霸王之業成矣。霸王者，人主之大利也。」〔註 285〕「國何利」、「國何得」說的雖是富國強兵，是國家利益，但前文已敘，韓非所說的「公」指向的完全是君主的利益，之所以要富國強兵，乃是因爲富國強兵是「人主之大利」。

最後，韓非從君主的利益出發，主張與孔子「德治」相對的「法治」（非現代憲政意義上的法治），即以嚴刑峻法治理國家，其「法治」主張也是以君主利益爲出發點和歸宿。「夫施與貧困者，此世之所謂仁義；哀憐百姓，不忍誅罰者，此世之所謂惠愛也。夫有施與貧困，則無功者得賞；不忍誅罰，則暴亂者不止。國有無功得賞者，則民不外務當敵斬首，內不急力田疾作，皆欲行貨財，事富貴，爲私善，立名譽，以取尊官厚俸。故姦私之臣愈眾，而暴亂之徒愈勝，不亡何待？夫嚴刑者，民之所畏也；重罰者，民之所惡也。故聖人陳其所畏以禁其邪，設其所惡以防其姦，是以國安而暴亂不起。吾以是明仁義愛惠之不足用，而嚴刑重罰之可以治國也。」〔註 286〕「嚴刑重罰之可以治國」就是法家所說的「法治」。韓非主張「法治」其出發點不在於「法治」可以使得「國安而暴亂不起」，而在於「法治」最符合君主的利益。「故設柙，非所以備鼠也，所以使怯弱能服虎也；立法非所以避曾、史也，所以

〔註 282〕王先愼：《韓非子集解》，中華書局，1998 年 7 月第一版，第 106 頁。
〔註 283〕王先愼：《韓非子集解》，中華書局，1998 年 7 月第一版，第 456 頁。
〔註 284〕王先愼：《韓非子集解》，中華書局，1998 年 7 月第一版，第 425 頁。
〔註 285〕王先愼：《韓非子集解》，中華書局，1998 年 7 月第一版，第 417 頁。
〔註 286〕王先愼：《韓非子集解》，中華書局，1998 年 7 月第一版，第 104～105 頁。

使庸主能止盜跖也；爲符非所以豫尾生也，所以使眾人不相謾也。不恃比干之死節，不幸亂臣之無詐也；恃怯之所能服，握庸主之所易守。當今之世，爲人主忠計，爲天下結德者，利莫長於如此。」〔註287〕「爲人主忠計」，顯然韓非認爲「法治」乃是最符合君主利益的統治方式。如果要用幾個字來概括韓非學說的精神，也許沒有比「爲人主忠計」這五個字更恰當的了，可以說《韓非子》整本書都是些「爲人主忠計」的言論。

三、孔孟政治學說的出發點和歸宿

欲考察孔孟儒家政治學說的出發點和歸宿，從孔子對「政」的看法切入，應該來說是一條比較便捷的途徑。「政者，正也」〔註288〕是儒家對「政」或「政治」最經典的界說。「苟正其身矣，於從政乎何有？不能正其身，如正人何？」〔註289〕「正」是正人，也就是說「政」是正人，正人是政治的目的和作用，所以朱熹說「政之爲言正也，所以正人之不正也。」〔註290〕所謂「正人」、「正其不正以歸於正」指的又是什麼呢？「齊景公問政於孔子。孔子對曰：『君君，臣臣，父父，子子。』」〔註291〕所謂「君君，臣臣，父父，子子」就是各人按照自己名分（即身份、地位）的要求而行動。人不能按照自己身份、地位的要求而行動就是「不正」，政治的目的和作用就在於使不正（即「君不君，臣不臣，父不父，子不子」）變爲正（即君君，臣臣，父父，子子），這便是孔子「政者，正也」的意思。正因孔子這樣理解「政」，子路問「衛君待子而爲政，子將奚先」時，他才會答道：「必也正名乎！」〔註292〕孔子所說的「正名」，就是指「君君，臣臣，父父，子子」，在孔子看來，君、臣、父、子各按其名份的要求而行動就是一種理想的人倫秩序，此種秩序的建立是政治的目的，爲政者所要努力實現的就是這種人倫秩序。

「君君，臣臣，父父，子子」不僅意味著一種理想的人倫秩序，還意味著人性的完善和實現。在孔孟儒家看來，人是人倫關係中的人，人倫是人之所以異於禽獸，也就是人之所以爲人的東西。「人之有道也，飽食煖衣、逸居

〔註287〕王先慎：《韓非子集解》，中華書局，1998年7月第一版，第203～204頁。
〔註288〕劉寶楠：《論語正義》，中華書局，1990年3月第一版，第505頁。
〔註289〕劉寶楠：《論語正義》，中華書局，1990年3月第一版，第532頁。
〔註290〕朱熹：《四書章句集注》，中華書局，1983年10月第一版，第53頁。
〔註291〕劉寶楠：《論語正義》，中華書局，1990年3月第一版，第499頁。
〔註292〕劉寶楠：《論語正義》，中華書局，1990年3月第一版，第517頁。

而無教，則近於禽獸。聖人有憂之，使契為司徒，教以人倫：父子有親，君臣有義，夫婦有別，長幼有敘，朋友有信。」〔註 293〕「人之所以異於禽獸者幾希，庶民去之，君子存之。舜明於庶物，察於人倫，由仁義行，非行仁義也。」〔註 294〕在孟子看來，人與禽獸的差別只有一點點（幾希），而這一點點就是人倫關係和在人倫關係中表現出來的仁、義等德性，因此在孟子看來人脫離了人倫關係則是禽獸。「無父無君，是禽獸也。」〔註 295〕人是人倫關係中的人，個人人性的完善和實現離不開人倫秩序的實現，只有在「君君，臣臣，父父，子子」的人倫秩序中，才會有人性的眞正完善與實現，因此孔孟儒家以建立「君君，臣臣，父父，子子」的人倫秩序為政治的根本目的和作用，實際便是以人性的完善和實現、人民德性養成為政治的根本目的和作用。人是人倫關係中的人，人倫關係及在人倫關係中表現出來的仁、義等德性是人之所以為人的人性，因此「君君，臣臣，父父，子子」的社會秩序便是符合人性的社會秩序，政治以建立「君君，臣臣，父父，子子」的人倫秩序為目標，便是以建立符合人性的社會秩序完善人性為目標。

儒家政治以人倫秩序的建立、人性的完善、人民德性的培養為目標，其基本方式是教化。「設為庠序學校以教之。庠者，養也。校者，教也。序者，射也。夏曰校，殷曰序，周曰庠，學則三代共之，皆所以明人倫也。人倫明於上，小民親於下，有王者起，必來取法，是為王者師也。」〔註 296〕「政者，正也。子帥以正，孰敢不正？」〔註 297〕「子欲善而民善矣。君子之德風，小人之德草。草上之風，必偃。」〔註 298〕儒家教育的內容和目的是「明人倫」，也就是使人清楚人之所以為人的是什麼，進而使人能夠過上符合人性的生活、善的生活。「化」是為政者先做到正己，也就是做到君君、臣臣、父父、子子，以自己的行動為人民樹立榜樣，則必有「草上之風，必偃」的效果，從而使人民也能過上符合人性的生活、善的生活。

人性的完善、民德的培養、人倫秩序的建立是儒家政治的根本目標，然而這一目標的實現須以民生問題的解決為前提條件。孟子認為民生問題的解

〔註 293〕焦循：《孟子正義》，中華書局，1987 年 10 月第一版，第 386 頁。
〔註 294〕焦循：《孟子正義》，中華書局，1987 年 10 月第一版，第 567～568 頁。
〔註 295〕焦循：《孟子正義》，中華書局，1987 年 10 月第一版，第 456 頁。
〔註 296〕焦循：《孟子正義》，中華書局，1987 年 10 月第一版，第 343～347 頁。
〔註 297〕劉寶楠：《論語正義》，中華書局，1990 年 3 月第一版，第 505 頁。
〔註 298〕劉寶楠：《論語正義》，中華書局，1990 年 3 月第一版，第 506 頁。

決，是教化得以實施的前提，在民生問題解決的基礎上才談得上教化和人性實現問題。「無恒產而有恒心者，惟士爲能；若民，則無恒產，因無恒心。苟無恒心，放辟邪侈，無不爲已。及陷於罪，然後從而刑之，是罔民也。焉有仁人在位，罔民而可爲也？是故明君制民之產，必使仰足以事父母，俯足以畜妻子，樂歲終身飽，凶年免於死亡，然後驅而之善，故民之從之也輕。」〔註299〕「驅而之善」是指通過教化培養人民的德性，而「驅而之善」的前提則是人民能夠「養生喪死無憾」，解決民生問題人民才易於接受教化（從之也輕），才能爲培養民德創造條件，所以孟子說「養生喪死無憾，王道之始也。」〔註300〕「民非水火不生活，昏暮叩人之門戶求水火，無弗與者，至足矣。聖人治天下，使有菽粟如水火。菽粟如水火而民焉有不仁者乎？」〔註301〕民無不仁是儒家政治追求的眞正目標，而民富足則是無不仁的前提。孔子也以民生問題的解決爲教化的前提，以民生問題爲當政者首先要解決的問題。「子適衛，冉有僕。子曰：『庶矣哉！』冉有曰：『既庶矣，又何加焉？』曰：『富之。』曰：『既富矣，又何加焉？』曰：『教之。』」〔註302〕富而後教體現的，正是孔子以民生問題的解決爲實施教化的前提，和以解決民生問題爲當政者的首要任務。

梁任公曾指出培養民德，提高國民人格乃是儒家政治學說的終極目標。「要而論之，儒家之言政治，其唯一目的與唯一手段，不外將國民人格提高。」〔註303〕「政治目的，在提高國民人格，此儒家之最上信條也。」〔註304〕以民德爲終極目標和以人民爲君主和國家的工具，這種根本的對立與不同，便是儒家政治學說與法家學說對立與不同的根本點之所在，儒家政治學說與法家學說的不同，可以說是手段與目的的根本顚倒。孟子所說的「民爲貴，社稷次之，君爲輕」〔註305〕體現的正是儒家政治學說不以君主、國家爲出發點和

〔註299〕焦循：《孟子正義》，中華書局，1987年10月第一版，第93～94頁。
〔註300〕焦循：《孟子正義》，中華書局，1987年10月第一版，第55頁。
〔註301〕焦循：《孟子正義》，中華書局，1987年10月第一版，第912頁。
〔註302〕劉寶楠：《論語正義》，中華書局，1990年3月第一版，第528頁。
〔註303〕梁啓超：《先秦政治思想史》，天津古籍出版社，2003年5月第一版，第101頁。
〔註304〕梁啓超：《先秦政治思想史》，天津古籍出版社，2003年5月第一版，第108頁。
〔註305〕梁啓超：《先秦政治思想史》，天津古籍出版社，2003年5月第一版，第108頁。

歸宿，而以「民」爲出發點和歸宿，不以「民」爲工具和手段，而以「民」爲目的。

正因爲儒家政治學說不以「民」爲君主、國家之工具和手段，而以「民」爲目的，所以孟子才會主張湯武革命；也正因爲韓非以君主的地位和利益爲出發點和歸宿，以人民爲工具和手段，他才會極力反對湯武革命。「賊仁者謂之賊，賊義者謂之殘，殘賊之人謂之一夫。聞誅一夫紂矣，未聞弒君也。」〔註306〕「皆以堯舜之道爲是而法之，是以有弒君，有曲於父。堯、舜、湯、武或反君臣之義，亂後世之教者也。堯爲人君而君其臣，舜爲人臣而臣其君，湯、武爲人臣而弒其主、刑其尸，而天下譽之，此天下所以至今不治者也。」〔註307〕「故人臣毋稱堯、舜之賢，毋譽湯、武之伐，毋言烈士之高，盡力守法，專心於事主者爲忠臣。」〔註308〕孟子、韓非在關於湯武革命問題上的對立，反映的正是他們在目的與手段，出發點與歸宿上的對立。

〔註306〕梁啓超：《先秦政治思想史》，天津古籍出版社，2003年5月第一版，第221頁。

〔註307〕王先愼：《韓非子集解》，中華書局，1998年7月第一版，第465～466頁。

〔註308〕王先愼：《韓非子集解》，中華書局，1998年7月第一版，第468頁。

第四章　王安石義利王霸之辨

《孟子》開篇便講義利之辨，程顥則說「天下之事，惟義利而已」〔註1〕，朱熹更是明確地指出「義利之說，乃儒者第一義」〔註2〕，由此可見義利之辨問題在儒學中的核心地位及儒者對義利之辨問題的重視。義利之辨不僅是儒學最核心、最基本的問題之一，也是道德哲學、政治哲學最核心、最基本的問題之一，因此一直以來都是學界討論的熱點。學界對義利之辨的討論不可謂不多，但對儒家義利之辨問題的把握，卻存在偏差，對王安石的義利之辨更是存在嚴重誤讀。

學界對義利之辨的考察，大致可以分爲五類。第一類，將考察義利之辨轉換成對歷史上義利觀的分類考察。如：王澤應《中國古代義利之辨的重新認識》一文，將歷史上的義利觀分爲重義輕利、義利並重、義利合一三種，並將王安石、李覯、陳亮、葉適歸爲義利合一類。〔註3〕第二類，將儒家義利之辨視爲對倫理道德與功利之間關係的思考。如：熊鳴琴《「義利之辨」與北宋新舊黨的對立》一文，認爲義利之辨是關於倫理道德與功利之間關係（輕重、先後等）問題的爭辯，並認爲王安石變法是以功利爲中心，而反對派則不以功利爲先而以義爲先〔註4〕；陳啓智《義利之辨——儒家的基本價值觀念》

〔註1〕程顥、程頤：《二程集》，中華書局，1981年7月第一版，第124頁。

〔註2〕朱熹：《朱子全書》第21冊，《朱文公文集》卷二十四《與延平李先生書》，上海古籍出版社、安徽教育出版社，2002年12月版，第1082頁。

〔註3〕參見王澤應：《中國古代義利之辨的重新認識》，《求索》，1997年第1期。

〔註4〕參見熊鳴琴：《「義利之辨」與北宋新舊黨的對立》，《中州學刊》，第2010年第3期。

一文，認為義利關係實際上就是社會正義與社會功利之間的關係，兩者誰先誰後，是任何社會結構都不可迴避的首要價值問題〔註 5〕；楊海文《略論孟子的義利之辨與德福一致》一文，認為孟子和時人的三次義利之辨，實質上是道義論與功利論之爭〔註 6〕；張奇偉《儒家「義利之辨」的實質和現實意義》一文，認為義利之辨所「辨」和「辯」的就是道義價值和功利價值何者第一，何者第二〔註 7〕。第三類，以主體價值選擇關係看待義利之辨。如：楊澤波《從義利之辨到理欲之爭》一文，認為在孔、孟看來義利並不是截然對立的關係，而屬於價值選擇關係，以價值選擇關係看待孔孟義利之辨，是正確理解義利之辨的關鍵，並進一步認為在孔孟價值選擇關係中，義與利只有層次的區別，沒有絕對的排他性〔註 8〕。第四類，以于民雄為代表，認為義利之辨眞正的問題是道德與利益的關係問題，即「義」、正當性優先還是「利」、個人利益優先問題〔註 9〕。第五類，以周桂鈿為代表，強調義利之辨蘊含的分配正義問題，認為義是指對物質產品的合理分配〔註 10〕。

至於具體到對王安石義利之辨的考察，與上述第一類相應，劉文波《王安石義利觀的時代特色》一文，將歷史上的義利觀分為義利統一、義利對立、以義制利、以義為利四種，並將王安石歸為義利統一一類〔註 11〕，關履權也將王安石的義利觀稱為義利統一〔註 12〕；與上述第二類相應，陳廷湘《宋代理學家高談義利之辨的歷史原因》一文，認為王安石與反對派對立的焦點是以功利強國和以道義平天下，何者為先〔註 13〕。

〔註 5〕參見陳啓智：《義利之辨——儒家的基本價值觀念》，《中國哲學史》，1994 年第 5 期。

〔註 6〕參見楊海文：《略論孟子的義利之辨與德福一致》，《中國哲學史》，1996 年 1～2 期。

〔註 7〕參見張奇偉：《儒家「義利之辨」的實質和現實意義》，《求索》，1996 年第 3 期。

〔註 8〕參見楊澤波：《從義利之辨到理欲之爭》，《復旦學報》，1993 年第 5 期。

〔註 9〕參見于民雄：《義利之辨——儒家正當性優先原理》，《紀念孔子誕辰 2560 週年國際學術研討會論文集》。

〔註 10〕參見周桂鈿：《義利之辨》，《福州大學學報》，2001 年第 1 期。

〔註 11〕參見劉文波：《王安石義利觀的時代特色》，《湖南師範大學社會科學學報》，2008 年第 2 期。

〔註 12〕參見關履權：《王安石的義利觀與儒家思想傳統》，《晉陽學刊》，1988 年第 4 期。

〔註 13〕參見陳廷湘：《宋代理學家高談義利之辨的歷史原因》，《中國史研究》，2001 年第 3 期。

儒家義利之辨包含三方面核心內容：首先，在人與人之間關係（人我關係）層面，義利之辨是主體行爲所依據的準則、原則之辨，即主體是以「義」或「應當」、「應該」爲行爲所依據的準則、原則，還是以「私利」爲行爲所依據的準則、原則；其次，在群體間、國家間（國際）層面，義利之辨是群體或國家行爲所依據的準則、原則之辨，即群體、國家是以「義」或「應當」、「應該」爲行爲所依據的準則、原則，還是以「群體利益」、「國家利益」爲行爲所依據的準則、原則；最後，在群體或國家內部，義利之辨涉及的則是分配正義問題，即社會基本益品的分配問題。因此，目前學界對義利之辨的考察，上述第一類可以說基本沒有觸及義利之辨問題的核心實質，所謂義利是「對立」還是「統一」這樣的問題，根本就不是義利之辨討論的實質問題；上述第二類代表學界比較普遍的看法，較第一類來說，第二類應該來說已趨近義利之辨問題的實質，但義利之辨畢竟並非權衡義與利的輕重、先後，而是以何作爲行爲準則的非此即彼的抉擇，不僅如此，用所謂的「功利」、「社會功利」這樣的概念來替代義利之辨中的「利」（即私利）也完全模糊了義利之辨問題的實質，義利之辨不是主體以「義」爲行爲準則還是以「功利」、「社會功利」爲行爲準則之辨，而是主體以「義」爲行爲準則還是以「私人利益」爲行爲準則之辨；上述第三類較前兩類來說，更爲接近義利之辨問題的實質，強調了行爲主體的選擇，但義利之辨畢竟不是在義與利兩種價值之間進行選擇的問題，特別不是在每一具體行動中進行權衡選擇的問題，而是行動主體以義還是私利作爲行動的唯一準則問題；上述第四類，應該來說已經極爲接近義利之辨問題的核心實質，但以何者爲優先畢竟與以何者爲唯一行動準則之間還存在極爲細小的差別；上述第五類，觸及了義利之辨問題實質的核心方面之一，即分配正義問題，值得肯定。

王安石作爲被時人比作孟子的一代大儒，自然也極爲關注作爲儒學核心問題之一的義利之辨問題，在王安石主持修訂的《三經新義——尚書》中有「道二，義、利而已」〔註 14〕這樣的語句，幾乎與程顥「天下之事，惟義利而已」如出一轍。從上文的分析來看，將王安石的義利之辨概括爲「義利統一」、「以功利強國爲先」、「以功利爲中心」等等，顯然都未能觸及王安石義利之辨問題的實質，無助於我們對王安石義利之辨的把握。

〔註 14〕程元敏：《三經新義輯考彙評——尚書》，國立編譯館，1986 年 7 月第一版，第 209 頁。

從義利之辨問題核心內容的第一方面來看，王安石主張以「義」而非「私利」作爲個人行爲的準則；從第二方面來看，王安石表現出了極強的政治現實主義，在處理國際關係問題時，考慮得更多的是國家利益而非正義。從第三方面來看，王安石極爲重視分配正義問題，強調孔子提出的「均」，這是王安石義利之辨相較二程洛學義利之辨來說的突出特色。

另外，王霸之辨與義利之辨對於儒家來說，實乃密切相關之問題，對王安石來說也不例外。王安石曾說「王者之道……以爲吾所當爲而已矣……是故霸者之心爲利……霸者之道，必主於利。」〔註 15〕顯然，從某種意義上可以說，王安石已經將王霸之辨問題歸結爲義利之辨問題，因此本章將王安石的義利之辨與王霸之辨放在一起考察。

第一節　儒家義利之辨

考察儒家義利之辨，我們可以從孟子入手。《孟子》開篇《梁惠王上》第一章便大談義利之辨。「孟子見梁惠王，王曰：『叟不遠千里而來，亦將有以利吾國乎？』孟子對曰:『王何必曰利？亦有仁義而已矣。王曰『何以利吾國』？大夫曰『何以利吾家』？士庶人曰『何以利吾身』？上下交征利，而國危矣！萬乘之國，弒其君者，必千乘之家。千乘之國，弒其君者，必百乘之家。萬取千焉，千取百焉，不爲不多矣。苟爲後義而先利，不奪不厭。未有仁而遺其親者也，未有義而後其君者也。王亦曰仁義而已矣，何必曰利？」〔註 16〕下面我們對這段話做一細緻考察，以揭示孟子義利之辨的實質。

首先，對於這段話，我們要注意的是「利」之所指，即孟子義利之辨的「利」之所指。梁惠王關心的是「利吾國」，他所說的「利」非泛指一般的利或利益，更不是一般的功利或社會功利，而是「吾國」即梁國的利。更進一步說，梁惠王作爲梁國的君主關心「利吾國」，實際是對自身利益的關注，因此梁惠王所說的「利」眞正指向的是其自身的私利。針對梁惠王的問話，孟子所說的「利吾國」、「利吾家」、「利吾身」其「利」字所指也都是私利。「吾國」、「吾家」、「吾身」分別是相對於「天下」、「國」、「家」來說的，在「天

〔註 15〕王安石：《臨川先生文集》卷六七，《王霸》，1993 年上海古籍出版社影印四部精要刻本，第 187 頁。

〔註 16〕焦循：《孟子正義》，中華書局，1987 年 10 月第一版，第 35～43 頁。

下」、「國」、「家」的對照下，「吾國」、「吾家」、「吾身」體現出來的利都是國君、大夫、士庶人的私利。此外「上下交征利」說的也是一國上上下下都追逐自身的私利。因此，可以說孟子義利之辨中的「利」是特指行爲主體的私利。

其次，我們要注意的是，孟子義利之辨不是義與利的對立，而是兩種行爲準則之間的對立，即依據義而行動的行爲準則和依據利而行動的行爲準則之間的對立；不是在具體行動中在義與利之間作選擇，而是在兩種行爲準則之間做決斷，即在依據義而行動的行爲準則和依據利而行動的行爲準則之間做決斷。因此，義利之辨事關主體選擇一生都將奉行的行爲準則，只有在這種意義上我們才能理解爲何朱熹說「義利之說，乃儒者第一義」。「何以利吾國」、「何以利吾家」、「何以利吾身」反映的正是「王」、「大夫」、「士庶人」追逐自身利益的趨向，也就是他們以「利」爲行爲準則而非以「義」爲行爲準則的趨向，「後義而先利」正是他們以「利」爲行爲準則的一種表達。孟子的義利之辨正是通過揭示以利爲行爲準則必將導致災難性後果，即「不奪不饜」，來試圖扭轉世人以利爲行爲準則的趨向。如果說孟子此處是否在談論主體行爲準則問題尙不夠清楚明確的話，那麼，《孟子・告子下》的一處討論義利之辨的文字，則非常清楚地揭示了他所談論的是主體行爲準則問題。「宋牼將之楚，孟子遇於石丘。曰：『先生將何之？』曰：『吾聞秦楚構兵，我將見楚王說而罷之；楚王不悅，我將見秦王說而罷之。二王我將有所遇焉。』曰：『軻也請無問其詳，願聞其指，說之將何如？』曰：『我將言其不利也。』曰：『先生之志則大矣，先生之號則不可。先生以利說秦楚之王，秦楚之王悅於利，以罷三軍之師，是三軍之士樂罷而悅於利也。爲人臣者懷利以事其君，爲人子者懷利以事其父，爲人弟者懷利以事其兄。是君臣父子兄弟終去仁義，懷利以相接，然而不亡者，未之有也。先生以仁義說秦楚之王，秦楚之王悅於仁義，而罷三軍之師，是三軍之士樂罷而悅於仁義也。爲人臣者懷仁義以事其君，爲人子者懷仁義以事其父，爲人弟者懷仁義以事其兄，是君臣父子兄弟去利、懷仁義以相接也，然而不王者，未之有也。何必曰利！』」〔註 17〕孟子此處所說的「懷利」是以利爲心，以利爲懷的意思，即時時刻刻考慮的都是自己之利。「懷利以相接」就是在與人交往過程中時刻計較自己的利害得

〔註 17〕焦循：《孟子正義》，中華書局，1987 年 10 月第一版，第 823～826 頁。

失，以私利指引自己的行爲。顯然，以利爲心、以利爲懷、「懷利以相接」可以說是以利爲行爲準則的最佳注腳。相反，「懷仁義」則是以仁義爲心，以仁義爲懷的意思，即時時刻刻考慮的都是自己的行爲是否仁義。「懷仁義以相接」就是在與人交往過程中時刻都考慮自己的行爲是否仁義，以仁義指導和約束自己的行爲。同樣不難看出，以仁義爲心、以仁義爲懷、「懷仁義以相接」可以說是以義爲行爲準則的最佳詮釋。

此外，《滕文公下》與《盡心上》中的兩段有關義利之辨的文字，也體現了孟子義利之辨的核心是行爲準則之辨。「陳代曰：『不見諸侯，宜若小然。今一見之，大則以王，小則以霸。且志曰：『枉尺而直尋』，宜若可爲也。』……『且夫枉尺而直尋者，以利言也。如以利，則枉尋直尺而利，亦可爲與？」〔註18〕「雞鳴而起，孳孳爲善者，舜之徒也。雞鳴而起，孳孳爲利者，跖之徒也。欲知舜與跖之分，無他，利與善之間也。」〔註19〕陳代關注的是行爲的功利結果，即所謂的「大則以王，小則以霸」。陳代認爲只要能取得大的功利結果，即使行爲對「義」有小小的違背，也是可以做的，所謂「枉尺而直尋」便是此意。孟子看重的並非行爲的功利結果，而是行爲所依據的準則。「以利言」、「以利」、「孳孳爲利」正是說以利爲行爲準則，以利爲行爲準則，便只要於己有利則無事不可爲，即使「枉尋直尺而利」也沒什麼不可以做，最終必將淪爲唯利是圖的「跖之徒」。因此，孟子不能接受「枉尺而直尋」，並非排斥其功利結果，而是拒斥其所蘊涵的行爲準則。

再次，上引與宋牼的對話，孟子關注的雖主要是人與人之間關係層面的義利之辨，即在處理人與人之間關係時是以利爲行爲準則還是以義爲行爲準則的問題，但畢竟宋牼試圖以「利」遊說的是秦、楚兩國，希望秦、楚兩國不要交兵，因此，孟子提出以義爲行爲準則就不僅涉及人與人之間的關係，也涉及到國與國之間的關係，即國際關係，故而可以說在處理國際關係問題時，孟子主張的是以義爲國家行爲準則。

最後，孟子與梁惠王的對話，還涉及到了分配正義問題。「萬取千焉，千取百焉，不爲不多矣。苟爲後義而先利，不奪不饜。」可以看出，在孟子看來，君主、大夫的利益佔有，須在各自合理的份額之內，超出各自合理的份額的佔有便是不義。當然，分配正義問題不是孟子此處關注的焦點。

〔註18〕焦循：《孟子正義》，中華書局，1987年10月第一版，第409～411頁。
〔註19〕焦循：《孟子正義》，中華書局，1987年10月第一版，第914頁。

考察了孟子的義利之辨，我們再回過頭來考察孔子的義利之辨。《論語・憲問》中孔子說「見利思義」〔註20〕，《論語・季氏》中孔子又說「見得思義」〔註21〕，孔子的這兩句話意思應該是相通的，甚至可以說是相同的。孔子這裏說的「利」，顯然是指個人能得到的私利，而非泛指一般的利，更不是社會功利。雖然孔子「罕言利」〔註22〕，但孔子並不排斥一般的利，還主張「因民之所利而利之」〔註23〕，因此孔子義利之辨所說的「利」特指行爲主體個人的私利。當然，孔子「見利思義」也不是將個人私利與義對立起來，而是將以利行爲準則與以義爲行爲準則對立起來。孔子說「放於利而行，多怨」〔註24〕，「放於利」就是按照利而行動，也就是以利爲行爲準則，孔子反對的正是以利爲行爲準則，而非反對利本身。孔子說「君子喻於義，小人喻於利」〔註25〕，是說君子以義爲行爲準則依義而行，而小人則以利爲行爲準則依利而行。程、朱理學對孔子這句話的解釋是：「君子之於義，猶小人之於利也。唯其深喻，是以篤好。」〔註26〕程、朱的解釋應該來說很到位，君子深深知曉義，所以「篤好」義，而這一「篤好」正反映在以義爲行爲準則之上。此外，孔子也討論了分配正義問題。「丘也聞有國有家者，不患寡而患不均」〔註27〕是孔子對分配正義的一種表達，當然孔子所說的「均」絕不是絕對平均主義，而是各人按照自身的身份等級而得到應得的利益，即朱熹所說的「各得其分」〔註28〕，有似於亞里士多德所說的按照比例的公正〔註29〕。

考察了孔、孟的義利之辨，我們再來對程、朱的義利之辨做一分析。首先，程、朱義利之辨所說的「利」也如孔、孟一樣是專指行爲主體的私利，不僅如此，程、朱還將孔、孟的義利之辨發展爲義利公私之辨。「義與利，只是個公與私也。」〔註30〕「義利云者，公與私之異也。」〔註31〕「善與利，

〔註20〕劉寶楠：《論語正義》，中華書局，1990年3月第一版，第568頁。
〔註21〕劉寶楠：《論語正義》，中華書局，1990年3月第一版，第664頁。
〔註22〕劉寶楠：《論語正義》，中華書局，1990年3月第一版，第319頁。
〔註23〕劉寶楠：《論語正義》，中華書局，1990年3月第一版，第766頁。
〔註24〕劉寶楠：《論語正義》，中華書局，1990年3月第一版，第149頁。
〔註25〕劉寶楠：《論語正義》，中華書局，1990年3月第一版，第154頁。
〔註26〕朱熹：《四書章句集注》，中華書局，1983年10月第一版，第73頁。
〔註27〕劉寶楠：《論語正義》，中華書局，1990年3月第一版，第649頁。
〔註28〕朱熹：《四書章句集注》，中華書局，1983年10月第一版，第170頁。
〔註29〕參見亞里士多德：《尼各馬可倫理學》，廖申白譯，商務印書館，2003年11月第一版，第135頁。
〔註30〕程顥、程頤：《二程集》，中華書局，1981年7月第一版，第176頁。

公私而已矣。」〔註 32〕二程以公私言義利，顯然他們的義利之辨所說的「利」專指行爲主體個人的私利，而非一般意義上的利，更不是社會功利。此處我們需要注意的是，二程所說公私之辨也不是將公共利益與私人利益相對立。二程所說的「公」不等同於我們現在一般所說的公共利益，更不等同於國家利益。二程所說的「公」是相對於「私」而言的，「私」不是指私人利益，而是指以追求私人利益爲行爲準則，因此不以追求私人利益爲行爲準則都可稱爲「公」，更準確地說是不做人我區分，視人如己便是「公」。二程經常以「公」言「仁」。「仁者公也」〔註 33〕。「孔子曰：『仁者己欲立而立人，己欲達而達人，能近取譬，可謂仁之方也已。』嘗謂孔子之語仁以教人者，唯此爲盡，要之不出於公也。」〔註 34〕反過來說，程顥對「仁」的描述也可用於「公」。程顥說「仁者，渾然與物同體。」〔註 35〕「渾然與物同體」也就是一種不做人我區分，至少在利益問題上沒有人我之別，視人如己的狀態，「公」正是這種狀態。因此公私之辨不是私利與公共利益之辨，而是「己利」與「他利」之辨，這裏的「他利」包涵公共利益和與自己相對的他人利益以及自己以外的群體利益。二程「己利」與「他利」之辨，就是要消除人我的區分，達至視人如己的大同狀態。

其次，程、朱的義利之辨不是將義與利相對立，他們不僅不排斥一般的利或社會功利，對合理的私利也不排斥。程頤說：「只爲後人趨著利便有弊，故孟子拔本塞源，不肯言利。其不信孟子者，卻道不合非利，李覯是也。其信者，又直道不得近利。人無利，直是生不得，安得無利？」〔註 36〕顯然，程頤認爲以「不得近利」來理解或詮釋孟子的義利之辨，顯然流於一偏，是對孟子義利之辨的誤解。程頤不僅不要求人「不得近利」，而且對「利」做了充分的肯定。「人無利，直是生不得，安得無利？」這是程頤對「利」最爲明確的肯定。與「人無利，直是生不得」相通，程頤還有一種表述，在《周易程氏傳》中他說「利者，萬物之遂」〔註 37〕。此外，朱熹在《周易本義》中

〔註 31〕程顥、程頤：《二程集》，中華書局，1981 年 7 月第一版，第 1172 頁。
〔註 32〕朱熹：《四書章句集注》，中華書局，1983 年 10 月第一版，第 356 頁。
〔註 33〕程顥、程頤：《二程集》，中華書局，1981 年 7 月第一版，第 105 頁。
〔註 34〕程顥、程頤：《二程集》，中華書局，1981 年 7 月第一版，第 105 頁。
〔註 35〕程顥、程頤：《二程集》，中華書局，1981 年 7 月第一版，第 16 頁。
〔註 36〕程顥、程頤：《二程集》，中華書局，1981 年 7 月第一版，第 215 頁。
〔註 37〕程顥、程頤：《二程集》，中華書局，1981 年 7 月第一版，第 695 頁。

也說「利者，生物之遂……使物各得其所利，則義無不和。」〔註 38〕「利」是萬物包括人絕對不可缺少的東西，利是「萬物之遂」也就是說萬物不能「各得其所利」，則不遂其生，無法生存下去，所以程頤在這種意義上說「利者，眾人所同欲也。」〔註 39〕程頤認爲各人應得的個人利益，即朱熹「各得其所利」所指的「利」，是與義相通的，是「善」。「陰爲小人，利爲不善，不可一概論……夫利和義者善也，其害義者不善也。」〔註 40〕既然合理的個人利益是「善」，那麼由此可見程頤並不否定合理的個人利益。值得注意的是，程頤「利者，眾人所同欲也」所說的眾人，不僅包括社會大眾，也包括君子，甚至「聖人」。「凡順理無害便是利，君子未嘗不欲利……不遺其親，不後其君，便是利。仁義未嘗不利。」〔註 41〕「聖人於利，不能全不較論，但不至妨義耳。」〔註 42〕既然程頤說「君子未嘗不欲利」，那麼至少我們可以肯定程頤不否定和排斥一般的「利」，也不否定和排斥個人合理、應得之利。程頤「仁義未嘗不利」是說依仁義而行，也就是以仁義爲行爲準則反而能比以利爲行爲準則更有利。「循天理，則不求利而自無不利；殉人欲，則求利未得而害已隨之。程子曰『君子未嘗不欲利，但專以利爲心則有害。惟仁義則不求利而未嘗不利也。』」〔註 43〕「自無不利」與「未嘗不利」都是在說以仁義爲行爲準則之利，這也表明不管怎麼說至少程、朱義利之辨並不排斥利。

再次，程、朱的義利之辨是將以義爲行爲準則與以利爲行爲準則相對立，他們的義利之辨是行爲準則之辨。「然孟子言『何必曰利』者，蓋只以利爲心則有害。」〔註 44〕顯然，程頤在詮釋孟子義利之辨時反對的是「只以利爲心」。所謂「只以利爲心」就是主體在行動時以利爲行爲準則。「故人君躬行仁義而無求利之心……程子曰『君子未嘗不欲利，但專以利爲心則有害。惟仁義則不求利而未嘗不利也。當是之時，天下之人惟利是求……』」〔註 45〕這裏所說的「專以利爲心」、「惟利是求」都是指求利之心主導主體的行爲，即主體以

〔註 38〕朱熹：《朱子全書》第一冊《周易本義》，上海古籍出版社、安徽教育出版社，2002 年版，第 146 頁。
〔註 39〕程顥、程頤：《二程集》，中華書局，1981 年 7 月第一版，第 917 頁。
〔註 40〕程顥、程頤：《二程集》，中華書局，1981 年 7 月第一版，第 249 頁。
〔註 41〕程顥、程頤：《二程集》，中華書局，1981 年 7 月第一版，第 249 頁。
〔註 42〕程顥、程頤：《二程集》，中華書局，1981 年 7 月第一版，第 396 頁。
〔註 43〕朱熹：《四書章句集注》，中華書局，1983 年 10 月第一版，第 202 頁。
〔註 44〕程顥、程頤：《二程集》，中華書局，1981 年 7 月第一版，第 249 頁。
〔註 45〕朱熹：《四書章句集注》，中華書局，1983 年 10 月第一版，第 202 頁。

利爲行爲的準則。在程、朱看來求利之心主導主體的行爲，主體以利爲行爲的準則，表現在主體凡事計較利害，即主體的「計利之心」上面。「孟子辨舜、跖之分，只在義利之間。言間者，謂相去不甚遠，所爭毫末爾。義與利，只是個公與私也。才出義，便以利言也。只那計較，便是爲有利害。若無利害，何用計較？利害者，天下之常情也。人皆知趨利而避害，聖人則更不論利害，惟看義當爲與不當爲，便是命在其中也。」〔註 46〕「義利之間」或者說義利之辨，在於「計較」利害與「不論」利害之辨，凡事「計較」利害便是以利爲行爲準則，而「不論」利害「惟看義當爲與不當爲」則是以義爲行爲準則，由此可見，程、朱義利之辨是以義爲行爲準則與以利爲行爲準則之辨。程頤說「才出義，便以利言也」，並不是將義與利作非此即彼的對立，而是將以義爲行爲準則與以利爲行爲準則作非此即彼的對立。主體的行爲要麼是計較利害的，要麼是不計較利害的，計較利害的便是「以利言」，不計較利害的則是「以義言」。正是在這種意義上程顥說：「大凡出義則入利，出利則入義。天下之事，惟義利而已。」〔註 47〕「出義則入利，出利則入義」是指行爲主體要麼是「以利存心」，要麼是「以義存心」，即主體要麼以利爲內心行爲準則，要麼以義爲內心行爲準則。以利爲行爲準則，反映在凡事計較利害上面，因此程、朱義利之辨眞正反對的是凡事以計利爲心。「計利則害義……皆夫子所罕言也。」〔註 48〕「夫所謂枉小而所伸者大則爲之者，計其利耳。一有計利之心，則雖枉多伸少而有利，亦將爲之邪？甚言其不可也。」〔註 49〕「義利云者，公與私之異也。較計之心一萌，斯爲利矣。」〔註 50〕「聖人於利，不能全不較論，但不至妨義耳。乃若惟利是辨，則忘義矣，故罕言。」〔註 51〕「計利」、「計其利」、「計利之心」、「較計之心」、「惟利是辨」就是以利爲心、以利存心、以利爲行爲準則，這種以利爲行爲準則才是程、朱進行義利之辨所要眞正反對的。有了對程、朱義利之辨的這番考察，也許我們能更好地理解董仲舒所說的「夫仁人者，正其誼不謀其利，明其道不計其功。」〔註 52〕

〔註 46〕程顥、程頤：《二程集》，中華書局，1981 年 7 月第一版，第 176 頁。
〔註 47〕程顥、程頤：《二程集》，中華書局，1981 年 7 月第一版，第 124 頁。
〔註 48〕朱熹：《四書章句集注》，中華書局，1983 年 10 月第一版，第 109 頁。
〔註 49〕朱熹：《四書章句集注》，中華書局，1983 年 10 月第一版，第 264 頁。
〔註 50〕程顥、程頤：《二程集》，中華書局，1981 年 7 月第一版，第 1172 頁。
〔註 51〕程顥、程頤：《二程集》，中華書局，1981 年 7 月第一版，第 396 頁。
〔註 52〕班固：《漢書》，中華書局，1962 年 6 月第一版，第 2524 頁。

董仲舒這句話的重點不是「誼」(即「義」)與「功利」對立，而是「不謀」與「不計」，這種「不謀」與「不計」正是說不以利爲行爲準則，而以義爲行爲準則。

最後，程朱的義利之辨對分配正義問題也有所涉及。「利者，眾人所同欲也。專欲益己，其害大矣……聖人戒人存心不可專利」〔註 53〕「利者眾人所同欲。苟公其心，不失其正理，則與眾同利，無侵於人，人亦欲與之。」〔註 54〕「專欲」、「存心不可專利」所說的「專」首先指的是以利爲行爲準則，因此程頤此處首先強調是不可以利爲行爲準則，不過程頤將「眾人所同欲」與「專利」一起說，顯然其「不可專利」還含有在眾人之間公平分配利益這一層意思，「與眾同利」則是這層意思的直接表達。

由上面的分析可見，儒家義利之辨的核心乃是行爲準則之辨。如果利成爲了一個人的行爲準則，甚至成了一個社會中人人奉行的行爲準則，其結果除了像當今社會毒大米、毒奶粉、地溝油層出不窮，整個社會陷入相互毒害而達至孟子所說的「人將相食」的境地，還能有什麼樣的結果呢？當然中國社會自孔孟以來，歷來不缺乏義利之辨，特別是到了程朱理學時期，對義利之辨的重視可謂到了無以復加的地步，然而義利之辨畢竟只是一種自我道德約束，其社會效果如何，我們從儒者對義利之辨的重視本身做反向思考就能得知一二，一般來說在道德上越強調的東西就是社會越缺乏的東西。程頤也說「利者，眾人所同欲也」〔註 55〕，可見對自身利益的追求深植於人性之中。儒者義利之辨只是對人追求自身利益的一種自我道德約束，將對自身利益的追求約束在合理的限度也就是「義」之內，但這種自我道德約束的社會效果卻很有限。誠如孔子所說「君子喻於義，小人喻於利」〔註 56〕，一個社會中眞正行己有恥、不欺暗室的愼獨君子並不會很多，正因爲眞正「喻於義」的君子極其有限，所以儒者義利之辨的社會效果也就相當有限，更何況儒者義利之辨只是向「君子」、士大夫階層提出的要求。現今社會唯利是圖、道德淪喪、喪失道德底線從某種意義上來說，當然可以說是捨棄義利之辨的惡果，因此嚴肅思考義利之辨、討論義利之辨肯定是當今之急務。然而，文革時期

〔註 53〕程顥、程頤：《二程集》，中華書局，1981 年 7 月第一版，第 917 頁。
〔註 54〕程顥、程頤：《二程集》，中華書局，1981 年 7 月第一版，第 917 頁。
〔註 55〕程顥、程頤：《二程集》，中華書局，1981 年 7 月第一版，第 917 頁。
〔註 56〕劉寶楠：《論語正義》，中華書局，1990 年 3 月第一版，第 154 頁。

雖然打倒了孔家店，卻將儒家義利公私之辨推向了極端，推向了要求全民「狠鬥私字一閃念」，現今社會的唯利是圖不能不說是對「狠鬥私字一閃念」壓抑人對自身利益之追求的一種惡性反彈。不過，放棄義利之辨的內在道德約束也好，惡性反彈也罷，都只是如今社會唯利是圖、道德底線喪失的部分原因，正眞的原因在於如今既沒有內在道德約束又缺乏外在制度、規範約束。既然對自身利益的追求深植於人性之中，那麼在承認人的逐利本性的同時，制定一種外在的制度和行爲規範，將人對自身利益的追求限制在合理的限度之內，即只能在一定外在制度規範限制的範圍內，依一定的外在行爲規則去追求自身的利益，才能從根本上解決現如今的問題，這也是當今西方社會的成功之處。

第二節　王安石的義利之辨

變法反對派經常從孔、孟義利之辨出發，指謫王安石「言利」，孔、孟義利之辨可以說成了變法反對派攻擊王安石的重要理論武器。范純仁在《上神宗論劉琦等責降》中說王安石「言財利則背孟軻」〔註 57〕；司馬光在《與王介甫書》中則說：「於是財利不以委三司而自治之，更立制置三司條例司，聚文章之士及曉財利之人，使之講利。孔子曰：『君子喻於義，小人喻於利。』……使彼誠君子邪，則固不能言利……於是言利之人皆攘臂圜視……孟子曰：『仁義而已矣，何必曰利？』……今介甫爲政，首建制置條例司，大講財利之事……此豈孟子之志乎？」〔註 58〕；在《與王介甫第二書》中司馬光還說：「光雖未甚曉孟子，至於義利之說，至爲明白。」〔註 59〕因有孔、孟義利之辨爲理論依據，變法反對派指謫王安石的所有事項中，對其「言利」的指謫無疑是最爲激烈，也最爲振振有辭。從范純仁「言財利」，司馬光「曉財利」、「講利」、「不能言利」、「大講財利」、「言利」等用語來看，司馬光、范純仁似乎認爲只要「言利」便違背了孔、孟儒家精神，儒者、君子是「不能言利」的。經

〔註 57〕趙汝愚編：《宋朝諸臣奏議》卷一百九，上海古籍出版社，1999 年 12 月版，第 1190 頁。

〔註 58〕司馬光：《傳家集》卷六十，《與王介甫書》，文淵閣四庫全書臺北故宮博物院藏本。

〔註 59〕司馬光：《傳家集》卷六十，《與王介甫第二書》，文淵閣四庫全書臺北故宮博物院藏本。

上一小節的分析，我們知道孔、孟義利之辨絕不是不許人「言利」，這一點程頤說得最清楚。「只爲後人趨著利便有弊，故孟子拔本塞源，不肯言利。其不信孟子者，卻道不合非利，李覯是也。其信者，又直道不得近利。人無利，直是生不得，安得無利？」〔註 60〕程頤對「其信者」未明指其誰，不過我們又何嘗不可將司馬光、范純仁等人包括在程頤所指之內呢？至少司馬光、范純仁在反對王安石「言利」時，表現出來的確實是程頤所說的「直道不得近利」，甚至是「直道不得言利」。

正如司馬光、范純仁所指出的那樣，王安石絕不憚於「言利」，這在王安石的言論中處處可見。「財費，則利興；利興，則雖費何害？……且今水土之利，患在置官不多，而不患其冗也。」〔註 61〕「今勞人費財於前，而利不遂於後，此某所以愧恨無窮也。」〔註 62〕「惟免役也、保甲也、市易也，此三者有大利害焉。得其人而行之，則爲大利，非其人而行之，則爲大害；緩而圖之，則爲大利，急而成之，則爲大害。」〔註 63〕「蓋得西戎之馬，牧之於西方，不失其土性，一利也。因未嘗耕墾之地，無傷於民，二利也。因向之材而就令經始，三利也……於地不足而馬所不宜之處，以肥饒之地賦民，而收其課租，以助戎馬之費。於地有餘而馬所宜之處，以未嘗耕墾之地牧馬，而無傷於民。此又利之大者也。」〔註 64〕「又言：『韶欲於古渭置市易，非特一利而已。』……安石曰：『……分秦州憂責，接引滔河一帶蕃部，極爲長利。』」〔註 65〕「荊湖、淮南固有地不闢，兼陂塘失修治，或修治不完固，或溝洫圩埠廢壞，州縣吏失提轄，此地利所以未盡也。養民在六府，六府以水土爲終始，治水土誠不可緩也。」〔註 66〕「絳曰：『其時誠是闕乏，然小人喻於利，不可用。』安石曰：『市易務若不喻於利，如何勾當？且今不喻於義，又不喻

〔註 60〕程顥、程頤：《二程集》，中華書局，1981 年 7 月第一版，第 215 頁。
〔註 61〕王安石：《臨川先生文集》卷六二，《看詳雜議》，1993 年上海古籍出版社影印四部精要刻本，第 172 頁。
〔註 62〕王安石：《臨川先生文集》卷七四，《與劉原父書》，1993 年上海古籍出版社影印四部精要刻本，第 206 頁。
〔註 63〕王安石：《臨川先生文集》卷四一，《上五事札子》，1993 年上海古籍出版社影印四部精要刻本，第 114 頁。
〔註 64〕王安石：《臨川先生文集》卷四二，《相度牧馬所舉薛向札子》，1993 年上海古籍出版社影印四部精要刻本，第 116 頁。
〔註 65〕李燾：《續資治通鑒長編》，中華書局，1986 年 5 月第一版，第 5205 頁。
〔註 66〕李燾：《續資治通鑒長編》，中華書局，1986 年 5 月第一版，第 5211 頁。

於利，然尚居位自如；況喻於利，如何可廢！』」〔註 67〕「夫以所增鹽課十分之一、二，足以多招廂軍，使私煎者絕，則無復犯刑，其利一也。沿海之地，有戍守之兵，可以待不虞，其利二也。鹽課大增，其利三也。且又不販鹽，自須反本，尤爲大利。」〔註 68〕從上面所引逐條可見，無論是在私人信件之中，還是在給皇帝的奏章之中，或是在朝堂奏答之時，也無論是大到事關變法成敗大局的免役、保甲、市易三法，還是小到牧馬等具體事項，王安石都不避諱「言利」。

從上一節對孔、孟義利之辨的分析來看，王安石「言利」是否違背孔、孟儒家精神，不可一概而論，需具體分析。

首先，我們需要弄清楚的是王安石「言利」是否是在計較私利，包括其自身的私利、帝王個人私利以及政府獨立於人民的特殊利益。王安石所言之「利」既不指向其個人的私利，也不指向帝王個人的私利或政府獨立於人民的特殊利益，而是指向天下人民之利、國家之利，從這一點來說，王安石「言利」絕不違背孔、孟儒家精神。「夫小人可與樂成，難與慮始，誠有大利，猶將強之，況其所願欲哉！」〔註 69〕「由是觀之，苟誠愛民而有以利之，雖創殘窮敝之餘，可勉而用也，況於力足者乎？」〔註 70〕「且今所校利害，止公家費省而已，民之利害，尚不備言。如馬之害稼，田之廢耕，此乃民之利害也。」〔註 71〕「詳觀周禮所載道路溝澮，一早木，一鳥獸，一昆蟲，小小利害，或興或除……凡所興利……凡所除害。」〔註 72〕上面所引逐條，王安石所言之「利」，無不是指百姓之利，人民之利。「其水土之利」、「誠有大利……其所願欲」與「有以利之」都是指興修農田水利對於百姓之利、人民之利。「民之利害」與「興利除害」無疑也是指向人民之利。「孟子所言利者，爲利吾國，利吾身耳。」〔註 73〕王安石對孟子義利之辨所指之「利」看得非常清楚，正

〔註 67〕李燾：《續資治通鑒長編》，中華書局，1986 年 5 月第一版，第 6468 頁。

〔註 68〕李燾：《續資治通鑒長編》，中華書局，1986 年 5 月第一版，第 6027 頁。

〔註 69〕王安石：《臨川先生文集》卷七五，《上杜學士言開河書》，1993 年上海古籍出版社影印四部精要刻本，第 208 頁。

〔註 70〕王安石：《臨川先生文集》卷八二，《通州海門興利記》，1993 年上海古籍出版社影印四部精要刻本，第 227 頁。

〔註 71〕李燾：《續資治通鑒長編》，中華書局，1986 年 5 月第一版，第 6413 頁。

〔註 72〕程元敏：《三經新義輯考彙評——周禮》，國立編譯館，1987 年 12 月第一版，第 539 頁。

〔註 73〕王安石：《臨川先生文集》卷七三，《答曾公立書》，1993 年上海古籍出版社影印四部精要刻本，第 203 頁。

因爲王安石清楚其「言利」非「利吾國、利吾身」之類，所以其不憚「言利」，因爲他自知其「言利」並不違背孔、孟精神。

「人主理財，當以公私爲一體，今惜厚祿不與吏人，而必令取賂，亦出於天下財物。既令資天下財物爲用，不如以法與之，則於官私皆利。」〔註 74〕王安石所說的「公私」與「官私」同意，「公」或「官」是指政府或國家，「私」是指老百姓私人。王安石說「以公私爲一體」，就是說帝王應將政府、國家的利益與百姓私人的利益視爲一體，帝王不應該只考慮政府、國家的利益而損害老百姓的利益。對帝王來說與其讓吏人向百姓索賄，不如增加政府財政支出提高吏人俸祿，王安石在百姓利益與政府獨立於人民的特殊利益之間，傾向於維護百姓利益，由此可見。「官私皆利」是指政府、國家與百姓私人都得利，顯然，王安石所說的「利」不是指向帝王個人的私利或政府獨立於人民的特殊利益，而是指向天下人民之利。在這一點上王安石與法家存在根本的差異，法家處處考慮的是君主個人和國家的利益，而王安石所說的「利」則絕非指向君主個人的私利。「公亮曰：『亦有利於公家不利百姓者，不可謂之義。』安石曰：『若然，亦非人主所謂利也。』」〔註 75〕顯然，在王安石看來，君主不應該有獨立於天下人民的私利，人民之利就是君主之利，王安石所言之利非君主之「私利」，也由此可見。

其次，儒家義利之辨的核心是行爲準則之辨，即是以義爲行爲準則還是以利爲行爲準則之辨。在選擇個人行爲準則方面，王安石無疑堅持的是以義爲行爲準則，而非以利爲行爲準則。程顥曾說：「大凡出義則入利，出利則入義。天下之事，惟義利而已。」〔註 76〕與程顥此言幾乎如出一轍，王安石在其主持修訂的《尚書新義》中也說：「道二，義、利而已。推賢讓能，所以爲義……蔽賢害能，所以爲利。」〔註 77〕「道二」可以理解爲人所由之路只有兩條，一條是依利而行，即以利爲行爲準則，一條是依義而行，即以義爲行爲準則，這與程顥所說的「天下之事，惟義利而已」意思完全相同。「推賢讓能，所以爲義」是說「推賢讓能」行爲是「爲義」，也就是說「推賢讓能」行爲是以義爲行爲準則的行爲；而「蔽賢害能，所以爲利」是說「蔽賢害能」

〔註 74〕李燾：《續資治通鑒長編》，中華書局，1986 年 5 月第一版，第 5223 頁。
〔註 75〕李燾：《續資治通鑒長編》，中華書局，1986 年 5 月第一版，第 5321 頁。
〔註 76〕程顥、程頤：《二程集》，中華書局，1981 年 7 月第一版，第 124 頁。
〔註 77〕程元敏：《三經新義輯考彙評——尚書》，國立編譯館，1986 年 7 月第一版，第 209 頁。

行爲是爲了自己的私利，也就是說「蔽賢害能」行爲是以利爲行爲準則的行爲。從王安石的此段論述來看，在「爲義」與「爲利」二者之間，無疑他選擇的是「爲義」而非「爲利」。同在《尚書新義》中，王安石還曾說「顯明其義，使天下不徇於利。」〔註78〕「徇於利」即「爲利」、依利而行。要「使天下不徇於利」，其自身不「徇於利」，自不待言。

王安石不僅不「徇於利」，而且對當時社會上、政府中的「爲利」風氣，表現出了極度的憂慮，進行了嚴厲地批評。「先王之俗壞，天下相率而爲利。」〔註79〕「天下之吏，不由先王之道而主於利。其所謂利者，又非所以爲利也。」〔註80〕王安石所說的「天下相率而爲利」是相對於「先王之俗」而言的，也就是相對其「三代」理想社會而言的，可見在王安石看來「爲利」之俗正是其「三代」理想之反面，其不以「爲利」爲是，於此可見。「主於利」是說官吏以其自身利益、政府利益、君主利益爲行爲準則，依利而行。「主於利」與「先王之道」相對而言，可見在王安石看來「主於利」是根本與「先王之道」相違背的。至於「非所以爲利」則是前文「非人主所謂利也」之意。天下人民之利就是君主之利，官吏「主於利」侵害天下百姓利益而爲政府、君主斂財，實非政府、君主之利，故而王安石說「非所以爲利」。王安石對於當時社會上的「爲利」之風的批評，在其詩《寓言十五首》之六中有清楚地展現。「小夫謹利害，不講義與仁。讀書疑夷齊，古豈有此人。其才一莛芒，所欲勢萬鈞。求多卒自困，餘禍及生民。」〔註81〕「小夫」無疑是貶稱，表達的是王安石對此等人的鄙視。王安石之所以鄙視此等人，則在於他們「謹利害」，即只知道計較利害得失、依利而行，而不知道世間還有「義與仁」，甚至懷疑史書上記載的像伯夷、叔齊這樣的人、這樣的事是否存在。王安石對只知爲利的「小夫」，所存不僅是鄙視而已，甚至有強烈地憤恨，因爲他們不僅「自困」，而且「禍及生民」。王安石在批評當時社會上、政府中的「爲利」之風時，還認爲通過神宗皇帝及其自身作爲宰輔身體力行「不爲利」，便可改變社會上的

〔註78〕程元敏：《三經新義輯考彙評——尚書》，國立編譯館，1986年7月第一版，第107頁。

〔註79〕王安石：《臨川先生文集》卷六四，《命解》，1993年上海古籍出版社影印四部精要刻本，第178頁。

〔註80〕王安石：《臨川先生文集》卷七六，《上運使孫司諫書》，1993年上海古籍出版社影印四部精要刻本，第212頁。

〔註81〕王安石：《王荊公詩注補箋》卷十五《寓言十五首之六》，李壁注，李之亮補箋，巴蜀書社，2002年1月第一版，第271頁。

「爲利」之風氣。「陛下不殖貨利，臣等不計有無，此足風化天下，使不爲利。」〔註82〕「不殖貨利」、「不計有無」即是不逐利，不計較利害，不依利而行，「使不爲利」就是使天下之人不以利爲行爲準則，不唯利是圖。

在君主的行爲準則方面，王安石明確要求君主要依義而行。「苟不以理分裁之，則是後義先利，不奪不厭。」〔註83〕「然湯之所以能成寬仁之德者，其本則自於清淨寡欲……故能利與人同……苟有利之之心，則將奪於物欲，見利而動……遂至以私害公，不能執其所有，以與天下共其利。」〔註84〕「後義先利不奪不厭」是孟子的話，王安石此處引孟子之語顯然是要求神宗皇帝依義而行，而對商湯之德的說明則是要求君主不得有「利之之心」，不得「見利而動」，而要「利與人同」、「與天下共其利」。不僅如此，王安石甚至說君主、統治階層要「遠利」，不得近利。「過市，非所以明遠利也……故爲上近利，則無以疪下矣。」〔註85〕

此外，王安石在社會功利與義之間，無疑選擇的是後者。「夫所謂憂君之憂、患民之患者，亦以義也。苟不義而能釋君之憂、除民之患，賢者亦不爲矣。」〔註86〕「釋君之憂、除民之患」顯然非個人私利，但即便如此，王安石也不主張因社會功利的原因而放棄「義」，而是主張即使是謀求社會功利也要「以義」。

再次，程、朱及董仲舒的義利之辨都極爲重視對「計利之心」、「較計之心」的辨析，而王安石則公然主張君主行事要「先校利害」、「但當論利害」、「熟計利害」等，對此我們應怎樣看？程、朱所言「計利之心」、「較計之心」，顯然是指對個人私利的較計，並以對個人私利的較計作爲行爲之指導原則。王安石主張君主行事要「先校利害」、「但當論利害」、「熟計利害」等，其「利害」一詞絕非指向君主個人自身的私利，而是指向天下、人民、國家之利害，因此，王安石並非主張君主以對自身利益的考量作爲行爲準繩，而是主張君主以對天下、人民、國家之利的考量作爲行爲準繩。

〔註82〕李燾：《續資治通鑒長編》，中華書局，1986年5月第一版，第5828頁。
〔註83〕李燾：《續資治通鑒長編》，中華書局，1986年5月第一版，第5813頁。
〔註84〕程元敏：《三經新義輯考彙評——尚書》，國立編譯館，1986年7月第一版，第76頁。
〔註85〕程元敏：《三經新義輯考彙評——周禮》，國立編譯館，1987年12月第一版，第207頁。
〔註86〕王安石：《臨川先生文集》卷六四，《子貢》，1993年上海古籍出版社影印四部精要刻本，第177頁。

這顯然不僅與以義為行為準則不相衝突，而且可以說恰恰正是君主之義。君主之義不在於凡事考量天下、人民、國家之利害，不在於以天下、人民、國家之利害為行為準繩，又能在於什麼呢？「若陛下誠能熟計利害而深見情偽」〔註 87〕；「臣又觀朝廷異時欲有所施為變革，其始計利害未嘗熟也」〔註 88〕。上引兩條，王安石要求神宗皇帝「熟計利害」、「計利害」，顯然都不是勸神宗計較其自身的利害，或政府的利害，而是計較天下利害、百姓利害，這一點前引王安石與曾公亮的對話提供了最好的佐證。「公亮曰：『亦有利於公家不利百姓者，不可謂之義。』安石曰：『若然，亦非人主所謂利也。』」〔註 89〕既然利政府而不利百姓則「非人主所謂利」，那麼王安石要求神宗皇帝「熟計利害」、「計利害」自然不是計較個人私利，也不是計較政府獨立於人民的特殊利益，而是計較天下百姓、天下人民的利益，就這一點來說，「足以利天下」一語也能提供了很好的佐證。正因為王安石要求君主「熟計利害」、「計利害」，而計利害顯然以「知利害」為前提，故而王安石也要求神宗皇帝「知天下利害」。「然世主誠能知天下利害，以其所謂害者制法，而加於兼并之人，則人自不敢保過限之田；以其所謂利者制法，而加於力耕之人，則人自勸於力耕，而授田不能過限……夫人主誠能知利害之權……然利害之情難識，非學問不足以盡之。」〔註 90〕

再次，值得注意的是，在處理國際關係問題時，王安石要求神宗皇帝「計利害」便表現出了極為不同的另一面。「安石曰：『陛下但當論利害，不當探人未必然之私意。臣固嘗論留得此輩無所利，但恐為患。臣近見張守約言古渭一帶屬戶多餓死者，今邊障極虛，中國久來熟戶尚不暇救恤，乃更欲招夏國老弱收養，豈為得計？』上曰：『中國人固多，誠不賴夏人。然言者謂收納夏國人，使彼人少，即於彼有害。』安石曰：『陛下欲弱彼，則先須強此；欲害彼，即先須利此……今熟戶餓死，將帥不能救恤，陛下尚不得聞知，如何乃能困夏國！……則如秉常者雖欲埽除，極不為難。若未能如此，即無困夏國之理。人主計事，當先校利害。若利害果合如此，恐不須妄疑。』」〔註 91〕

〔註 87〕李燾：《續資治通鑒長編》，中華書局，1986 年 5 月第一版，第 5427 頁。

〔註 88〕王安石：《臨川先生文集》卷三九，《上仁宗皇帝言事書》，1993 年上海古籍出版社影印四部精要刻本，第 109 頁。

〔註 89〕李燾：《續資治通鑒長編》，中華書局，1986 年 5 月第一版，第 5321 頁。

〔註 90〕李燾：《續資治通鑒長編》，中華書局，1986 年 5 月第一版，第 6000 頁。

〔註 91〕李燾：《續資治通鑒長編》，中華書局，1986 年 5 月第一版，第 5566 頁。

此處王安石要求神宗皇帝「但當論利害」、「當先校利害」，便是主張在處理國際關係問題時，完全以國家利益為指導行為的準則，這是王安石作為政治家的政治現實主義之一面，對於王安石的這一面，在下一小節中還會有更為具體的論述。當然，在處理國際關係問題時，王安石也非完全以利作為國家行為的準則。「藉使有憂患為謀之義，則豈可以變詐之說亡人之國，而求自存哉？」〔註 92〕存亡對一個國家來說，自然是最大之利害，王安石主張不能亡人之國而求自存，顯然其在處理國際關係問題時並非完全以利為國家行為準則。不過，還需注意的是，王安石此處說的更多的是個人行為，而非國家行為，不僅如此，在中國儒者心中，宋代中原王朝與西夏、遼國之間的關係顯然與春秋時期諸侯國之間的關係不同。因此，即使王安石此處說不能亡人之國而求自存，其在處理國際關係問題時，考慮更多的仍是國家利益而非正義問題。

最後，王安石義利之辨最為突出的特色，是對分配正義問題的重視。王安石對義利關係的論述，有兩條最為人所熟知，一是「義固所為利也」，一是「理財乃所謂義也」。對於這兩條，學界多從所謂的「義利統一」角度進行考察和論述，卻忽視了這兩條真正關注的乃是分配正義問題。

我們先來看第一條。「安石曰：『利者義之和，義固所為利也。』公亮曰：『亦有利於公家不利百姓者，不可謂之義。』安石曰：『若然，亦非人主所謂利也。』」〔註 93〕對王安石此處所說的「義固所為利也」應該怎麼理解？「義固所為利也」是承「利者義之和」而來，因此要理解王安石的「義固所為利也」需先分析「利者義之和」。「利者義之和」語出《周易・乾・文言》，其原文如下：「元者善之長也，亨者嘉之會也，利者義之和也，貞者事之幹也。君子體仁足以長人，嘉會足以和禮，利物足以和義，貞固足以幹事。」〔註 94〕對「利者義之和也」及《易傳》中的這段話，歷史上的解釋可謂仁者見仁，智者見智。蘇洵《嘉祐集》卷九中的《利者義之和論》是論述「利者義之和」的專文。「義者，所以宜天下，而亦所以拂天下之心……《乾・文言》曰：『利者義之和。』又曰：『利物足以和義。』嗚呼！盡之矣……聖人聚天下之剛以

〔註 92〕王安石：《臨川先生文集》卷六四，《子貢》，1993 年上海古籍出版社影印四部精要刻本，第 177 頁。

〔註 93〕李燾：《續資治通鑑長編》，中華書局，1986 年 5 月第一版，第 5321 頁。

〔註 94〕朱熹：《朱子全書》第一冊《周易本義》，上海古籍出版社、安徽教育出版社，2002 年 12 月版，第 146 頁。

爲義……故君子欲行之，必即於利……義利、利義相爲用，而天下運諸掌矣。五色必有丹而色和，五味必有甘而味和，義必有利而義和。」〔註 95〕從蘇洵的這段文字來看，蘇洵認爲義有「拂天下之心」的性質，正因這一性質，義便有所「不和」（即有違人心），因此義需要「即於利」才能「和」（即不違背人心）。所謂的「義利」、「利義」就是合義之利與有利之義。行義同時能帶來利，這種行義便不會違背人心，即不會不和，此即蘇洵「義必有利而義和」的意思。朱熹《周易本義》對《易傳》中這段話的解釋與蘇洵不同。「利者，生物之遂。物各得宜，不相妨害，故於時爲秋，於人則爲義，而得其分之和……使物各得其所利，則義無不和。」〔註 96〕顯然，朱熹對「和」的理解就與蘇洵極爲不同，在朱熹看來「和」是指萬物各得其所、各得其宜、各得其分的狀態，簡單點說就是萬物都得到其應得的利益而遂其生的狀態。使萬物各得其所、各得其宜、各得其分，就是使萬物按照其身份、地位得到其應得的利益，這正是分配正義之所在，因此朱熹是從分配正義的角度闡釋「利者義之和」的。王安石所說的「義固所爲利也」，與蘇洵「利者義之和」的解釋不同，而與朱熹對「利者義之和」的解釋近似，也是在闡述分配正義問題。從《易傳》「利物足以和義」出發，王安石「義固所爲利也」所說的「爲利」，顯然不是指爲自己的私利，而是指使他人、萬物得到其應得的利益。使他人、萬物得到其應得的利益正是分配正義之所在，正是在這種意義上王安石才說「義固所爲利也」。

我們再來看「理財乃所謂義也」。「政事所以理財，理財乃所謂義也。一部《周禮》，理財居其半，周公豈爲利哉？」〔註 97〕關於王安石「理財」問題，第三章第四節已有詳細論述，此處我們需要著重強調的是王安石「理財」所涉及到的分配正義問題。王安石「理財乃所謂義」這句話該怎麼理解？「任民以其職，然後民富；民富，然後財賄可得而斂；斂則得民財；得而不能理，則非所以爲（義）；均節財用，則所以爲義也。」〔註 98〕「蓋聚天下之人，不

〔註 95〕蘇洵著，曾棗莊、金成禮箋注：《嘉祐集箋注》，上海古籍出版社，1993 年 3 月第一版，第 277～278 頁。

〔註 96〕朱熹：《朱子全書》第一冊《周易本義》，上海古籍出版社、安徽教育出版社，2002 年版，第 146 頁。

〔註 97〕王安石：《臨川先生文集》卷七三，《答曾公立書》，1993 年上海古籍出版社影印四部精要刻本，第 203 頁。

〔註 98〕程元敏：《三經新義輯考彙評——周禮》，國立編譯館，1987 年 12 月第一版，第 49 頁。

可以無財；理天下之財，不可以無義。夫以義理天下之財，則轉輸之勞逸，不可以不均，用度之多寡，不可以不通，貨賄之有無，不可以不制，而輕重斂散之權，不可以無術。」〔註 99〕顯然，「得而不能理，則非所以爲義」與「理財乃所謂義也」是同一意思的正反兩種不同表達而已。從「均節財用，則所以爲義也」來看，「理財」之所以是「義」，乃在於「理財」是以「均節財用」爲主要內容，而所謂的「均節財用」，即「轉輸之勞逸，不可以不均」等。此處，我們暫且將其它方面存而不論，單就「不可以不均」來考察「理財」何以就是「義」的問題。上一小節討論了孔子「均」的思想，「均」是孔子對分配正義的一種表達，儒家所謂「均」是各人按照自身身份等級而得到應得的利益，即朱熹所說的「各得其分」。在「各得其分」的意義上，儒家所說的「均」就是分配正義，因此王安石才說「均節財用，則所以爲義也」，「以義理天下之財，則轉輸之勞逸，不可以不均」這樣的話。當政前後，王安石都極爲重視分配正義問題，即「均」的問題。「獨當征求任，尚恐難措手。孔稱均無貧，此語今可取。譬欲輕萬鈞，當令眾人負。」〔註 100〕「然而九州之民，貧富不均……今一旦變之，則使之家至戶到，均平如一，舉天下之役，人人用募……苟不得其人而行，則五等必不平，而募役必不均矣。」〔註 101〕「故免役之法成，則農時不奪，而民力均矣。」〔註 102〕「今之稅，亦非重於先王之時，但不均，又兼并爲患耳。」〔註 103〕王安石所說的「均」包含兩方面，一方面是財富分配與再分配方面的「均」，即權利方面的「均」，一是承擔國家稅賦及勞役方面的「均」，即義務方面的「均」，當然這兩方面實爲一體。上引三條所言均爲承擔國家稅賦及勞役方面的「均」。王安石財富分配與再分配方面「均」的思想，與其「摧兼并」思想實爲一體，而「摧兼并」正是王安石「理財」的重要方面。「損有餘以補不足，天之道也。」〔註 104〕「有財而莫理，則

〔註 99〕王安石：《臨川先生文集》卷七十，《乞制置三司條例》，1993 年上海古籍出版社影印四部精要刻本，第 195 頁。

〔註 100〕王安石：《臨川先生文集》卷五，《酬王詹叔奉使江南訪茶利害》，1993 年上海古籍出版社影印四部精要刻本，第 36 頁。

〔註 101〕王安石：《臨川先生文集》卷四一，《上五事箚子》，1993 年上海古籍出版社影印四部精要刻本，第 114 頁。

〔註 102〕王安石：《臨川先生文集》卷四一，《上五事箚子》，1993 年上海古籍出版社影印四部精要刻本，第 114 頁。

〔註 103〕李燾：《續資治通鑒長編》，中華書局，1986 年 5 月第一版，第 6129 頁。

〔註 104〕王安石：《臨川先生文集》卷七八，《與孟逸秘校手書四》，1993 年上海古籍出版社影印四部精要刻本，第 216 頁。

阡陌閭巷之賤人，皆能私取予之勢，擅萬物之利。」〔註 105〕「至於爲國之體，摧兼并，收其贏餘，以興功利，以捄艱阨。」〔註 106〕「泉府一官，先王所以摧制兼并，均計貧弱。」〔註 107〕「如此，雖多取於兼并豪強以□濟貧弱，又何所傷也！」〔註 108〕「不知爲天下立法，要均天下之利，立朝廷政事；要使兼并遊惰姦人、侵牟食力之人以自利如故？若均天下之利，立朝廷政事，即凡因新法失職者皆不足恤也。」〔註 109〕「多取於兼并豪強以濟貧弱」顯然是一種「劫富濟貧」的經濟政策，而天道損有餘以補不足，則是王安石此種經濟政策，此種分配、再分配思想的理論依據。在社會財富分配已然極爲不均，即有人「擅萬物之利」的情況下，要做到「均」而實現分配正義，不實行「劫富濟貧」、「摧制兼并」的經濟政策，還能實行怎樣的經濟政策以達至分配正義呢？

第三節　王安石的王霸之辨

第三章第一節已論及，王安石在取法唐太宗還是取法堯、舜方面，做出了明確的選擇，或者說在傳統上所說的王道與霸道之間做出了明確的選擇。王安石的這種選擇不僅體現在「陛下每事當以堯、舜爲法。唐太宗所知不遠」上面，還體現在「魏鄭公、諸葛亮皆有道者所羞，何足道哉」一語上面。「上曰：『唐太宗必得魏鄭公，劉備必得諸葛亮，然後可以有爲。魏鄭公、諸葛亮誠不世出之人也。』安石對曰：『陛下誠能爲堯、舜，則必有皐、夔、稷、契；陛下誠能爲高宗，則必有傅說。魏鄭公、諸葛亮皆有道者所羞，何足道哉！』」〔註 110〕王安石答宋神宗之語，其用意與孟子答齊宣王之語正相同。「齊宣王問曰：『齊桓普文之事，可得聞乎』孟子對曰：『仲尼之徒，無道桓文之事者，是以後世無傳焉。臣未之聞也。無以，則王乎？』」〔註 111〕孟子的答語體現的

〔註 105〕王安石：《臨川先生文集》卷八二，《度支副使廳壁題名記》，1993 年上海古籍出版社影印四部精要刻本，第 225 頁。

〔註 106〕李燾：《續資治通鑒長編》，中華書局，1986 年 5 月第一版，第 5828 頁。

〔註 107〕黃以周等輯注，顧吉辰點校：《續資治通鑒長編拾補》，中華書局，2004 年 1 月第一版，第 156 頁。

〔註 108〕李燾：《續資治通鑒長編》，中華書局，1986 年 5 月第一版，第 5427 頁。

〔註 109〕李燾：《續資治通鑒長編》，中華書局，1986 年 5 月第一版，第 5738 頁。

〔註 110〕黃以周等輯注，顧吉辰點校：《續資治通鑒長編拾補》，中華書局，2004 年 1 月第一版，第 134 頁。

〔註 111〕焦循：《孟子正義》，中華書局，1987 年 10 月第一版，第 77～78 頁。

是尊王賤霸之意，其不願道齊桓晉文之事，是希望齊宣王能行王道。同樣，王安石答神宗之語體現的也是尊王賤霸之意，王安石也是希望神宗皇帝行堯、舜王道，而非行劉備、諸葛亮、李世民、魏徵那樣的霸道。王安石尊王賤霸，欲行王道而非霸道，應該來說沒有疑問，需要具體分析的是王安石對王霸之道的理解。

一、孟子、程、朱王霸之辨

考察王安石的王霸之辨，需將其納入儒家王霸之辨的思想傳統之中。儒者之中最先明確標舉王霸之辨的是孟子，因此我們考察儒家王霸之辨也從孟子入手。《孟子・公孫丑上》和《孟子・盡心上》中有兩段論述王霸之辨的文字。「以力假仁者霸，霸必有大國。以德行仁者王，王不待大，湯以七十里，文王以百里。以力服人者，非心服也，力不贍也。以德服人者，中心悅而誠服也。如七十子之服孔子也。」〔註 112〕「堯舜，性之也。湯武，身之也。五霸，假之也。」〔註 113〕從這兩段文字看，孟子的王霸之辨涉及兩個方面：一是「以力」與「以德」之辨，一是「性之」、「身之」與「假之」之辨。

所謂「以力」就是強權政治原則或現實政治世界中的「叢林法則」，即弱肉強食法則。按照這一法則，強者就應該統治，弱者只能接受被統治的命運。「以力」的強權政治原則，柏拉圖借色拉敘馬霍斯之口將其表述爲「正義不是別的，就是強者的利益。」〔註 114〕「不管在什麼地方，正義就是強者的利益。」〔註 115〕《理想國》中蘇格拉底全力應對和駁斥的，正是色拉敘馬霍斯的這一觀點。蘇格拉底之所以要全力應對和駁斥「正義就是強者的利益」這一觀點，在於它並非一理論觀點而已，而是實實在在通行於現實政治世界之中的法則。修昔底德《伯羅奔尼撒戰爭史》中記載的雅典人在彌羅斯的言論，是強權政治原則最爲赤裸裸地展現，而修昔底德描述的正是蘇格拉底、柏拉圖生活的現實世界。「因爲你們和我們一樣，大家都知道，經歷豐富的人談起這些問題來，都知道正義的標準是以同等的強迫力量爲基礎的；同時也知道，

〔註 112〕焦循：《孟子正義》，中華書局，1987 年 10 月第一版，第 221～222 頁。

〔註 113〕焦循：《孟子正義》，中華書局，1987 年 10 月第一版，第 924 頁。

〔註 114〕柏拉圖：《理想國》，郭斌和、張竹明譯，商務印書館，1986 年 8 月第一版，第 18 頁。

〔註 115〕柏拉圖：《理想國》，郭斌和、張竹明譯，商務印書館，1986 年 8 月第一版，第 19 頁。

強者能夠做他們有權力做的一切，弱者必須接受他們必須接受的一切。」〔註116〕可以說，西方自從修昔底德、蘇格拉底、柏拉圖以來，正義與強權之間的關係問題，就始終是理論家思考政治生活的主題。中國歷史上公然宣揚「以力」的強權政治原則的是法家人物韓非，他在《五蠹》中說道：「上古競於道德，中世逐於智謀，當今爭於氣力。」〔註117〕在韓非看來，「爭於氣力」就是他那個時代應該遵循、實際正在遵循的行爲法則。

「以力」是以強力迫使別人或別的群體、國家屈從於自己的統治，與此相反，「以德」則是因自身道德的力量、道德的感召力使得別人或別的群體、國家自願接受自己的領導和統治。正是因爲「以力」與「以德」有此不同，孟子才說一者是「非心服」，一者則是「心悅誠服」。當然霸者也並非赤裸裸地宣揚「以力」，並非如韓非那樣宣揚「當今爭於氣力」，而是假借仁義之名以粉飾其「以力」之實。這裏就涉及到了「性之」、「身之」與「假之」之辨的問題。所謂「性之」是指堯、舜的仁義之行，乃是出於天性，自然如此，不待勉強。所謂「身之」，朱熹的解釋是「湯武修身體道，以復其性」〔註118〕，其意思是說仁義乃人所以爲人之人性，湯、武力行仁義，是在力求實現、成就自己人之爲人的人性，而非追求其它外在目的。「性之」、「身之」都可用孟子所說的「由仁義行」，也就是由人的仁義本性而行來概括。所謂「假之」是指五霸的仁義之行，並非眞心實意追求仁義，而是假借仁義之名而去追求其它自私目的。朱熹對「假之」的解釋是「五霸則假借仁義之名，以求濟其貪欲之私耳」〔註119〕。與「由仁義行」相對，「假之」是孟子所說的「行仁義」。

正因霸者所謂仁義乃是假借其名而已，所以別人或別的群體、國家只是因「力不贍」才屈服於其統治，並非心服，也正因此，霸者的霸業必須以強力爲後盾，而建立在強力基礎上的只能是霸業而非王業。與霸者不同，王者能使人心悅誠服，使人心悅誠服自然就能「無敵於天下」，也就能建立王業。「國君好仁，天下無敵焉。南面而征北夷怨；東面而征西夷怨。曰『奚爲後我？』」〔註120〕「《書》曰：『湯一征，自葛始。』天下信之，東面而征西夷怨，

〔註116〕修昔底德：《伯羅奔尼撒戰爭史》，謝德風譯，商務印書館，1960年4月第一版，第466頁。
〔註117〕王先愼：《韓非子集解》，中華書局，1998年7月第一版，第445頁。
〔註118〕朱熹：《四書章句集注》，中華書局，1983年10月第一版，第358頁。
〔註119〕朱熹：《四書章句集注》，中華書局，1983年10月第一版，第358頁。
〔註120〕焦循：《孟子正義》，中華書局，1987年10月第一版，第962頁。

南面而征北狄怨，曰『奚爲後我？』民望之，若大旱之望雲霓也。歸市者不止，耕者不變，誅其君而弔其民，若時雨降，民大悅。《書》曰：『徯我后，后來其蘇。』」〔註 121〕孟子的「仁者無敵」實際是說「仁者」乃是要救民於水深火熱，因此人民都會自願接受「仁者」的領導和統治。孟子的這一思想，是其王霸之辨的重要方面，如果沒有對「仁者無敵於天下」的論述和說明，「王不待大」就失去了其說服力。因此，孟子對「仁者無敵於天下」的論述，在其王霸之辨中，可作爲「中心悅而誠服」的具體說明和注腳來看。

我們再來看程、朱王霸之辨。程、朱王霸之辨承孟子而來，程顥在《論王霸劄子》中說道：「得天理之正，極人倫之至者，堯、舜之道也。用其私心，依仁義之偏者，霸者之事也……故誠心而王則王矣，假之而霸則霸矣，二者其道不同，在審其初而已……故治天下者，必先立其志……苟以霸者之心而求王道之成，是衒石以爲玉也。」〔註 122〕程顥所說「得天理之正，極人倫之至」、「誠心而王」與孟子所說的「性之」，在內涵上沒有什麼差別，都是孟子所說的「由仁義行」之意，因此程顥的王霸之辨也包含「性之」、「身之」與「假之」之辨，用程顥的語言就是「誠心」與「假之」之辨。程顥王霸之辨基本是承繼孟子而來，不能說對孟子有什麼實質性發展或突破，但程顥對孟子未明言之處，即「心術」問題給予了著重強調。孟子所說「假之」自然暗含「心術」問題，只是其未明言或強調心術而已。程顥「審其初」即審其初心之意。「審其初」、「先立其志」和「霸者之心」都是強調「心術」問題，因此王霸之辨在程顥看來在於帝王「初心」之辨、「心術」之辨。與程顥相同，朱熹王霸之辨強調的也是心術之辨、誠僞之辨。「假仁者，本無是心，而借其事以爲功者也……王霸之心，誠僞不同。故人所以應之者，其不同亦如此。」〔註 123〕顯然，朱熹將王霸之辨歸結爲心術誠僞之辨，完全是承繼程顥「誠心」與「假之」之辨而來。

前已敘及，孟子王霸之辨除了「性之」、「身之」與「假之」之辨外，還有「以德」與「以力」之辨。孟子「以德」與「以力」之辨也爲二程所承繼。「先王之世，以道治天下，後世只是以法把持天下。」〔註 124〕「三代之治，

〔註 121〕焦循：《孟子正義》，中華書局，1987 年 10 月第一版，第 152 頁。
〔註 122〕程顥、程頤：《二程集》，中華書局，1981 年 7 月第一版，第 450～451 頁。
〔註 123〕朱熹：《四書章句集注》，中華書局，1983 年 10 月第一版，第 235 頁。
〔註 124〕程顥、程頤：《二程集》，中華書局，1981 年 7 月第一版，第 4 頁。

順理者也。兩漢以下，皆把持天下者也。」〔註 125〕「後世以智力把持天下者，霸道也。」〔註 126〕程頤在《春秋傳》中所說的「以智力把持天下」，就是孟子所說的「以力」而非「以德」之意。既然是「以智力把持」，天下之人對其統治就只是屈服於「力不贍」而已，絕非心悅誠服，而屈服於「力不贍」與心悅誠服的不同，其結果便是霸業與王業的不同。

二、王安石王霸之辨與孟子、程、朱之同

《王霸》是一篇專門論述王霸之辨的文字，該文對王霸之辨的論述，與程、朱相似，也基本上是承繼孟子的思想。「仁義禮信，天下之達道，而王霸之所同也。夫王之與霸，其所以用者則同，而其所以名者則異，何也？蓋其心異而已矣。其心異則其事異，其事異則其功異，其功異則其名不得不異也。王者之道，其心非有求於天下也，所以爲仁、義、禮、信者，以爲吾所當爲而已矣。以仁、義、禮、信修其身而移之政，則天下莫不化之也。是故王者之治，知爲之於此，不知求之於彼，而彼固已化矣。霸者之道則不然：其心未嘗仁也，而患天下惡其不仁，於是示之以仁；其心未嘗義也，而患天下惡其不義，於是示之以義。其於禮、信，亦若是而已矣。是故霸者之心爲利，而假王者之道以示其所欲；其有爲也，唯恐民之不見而天下之不聞也。故曰其心異也……故曰其事異也。王者之大，若天地然，天地無所勞於萬物，而萬物各得其性，萬物雖得其性，而莫知其爲天地之功也。王者無所勞於天下，而天下各得其治，雖得其治，然而莫知其爲王者之德也。霸者之道則不然，若世之惠人耳，寒而與之衣，饑而與之食，民雖知吾之惠，而吾之惠亦不能及夫廣也。故曰其功異也。夫王霸之道則異矣，其用至誠，以求其利，而天下與之。故王者之道，雖不求，利之所歸。霸者之道，必主於利，然不假王者之事以接天下，則天下孰與之哉？」〔註 127〕

首先，與程朱相同，王安石王霸之辨也在於心術之辨，也就是在於「心異」，王霸之「事異」、「功異」、「名異」只是「心異」的自然結果。王安石說王者「其心非有求於天下……爲吾所當爲而已……知爲之於此，不知求之於

〔註 125〕程顥、程頤：《二程集》，中華書局，1981 年 7 月第一版，第 127 頁。
〔註 126〕程顥、程頤：《二程集》，中華書局，1981 年 7 月第一版，第 1087～1088 頁。
〔註 127〕王安石：《臨川先生文集》卷六七，《王霸》，1993 年上海古籍出版社影印四部精要刻本，第 187 頁。

彼」，與孟子所說的「性之」、「身之」，程顥所說的「誠心」基本相同。王安石說霸者「其心未嘗仁也……示之以仁；其心未嘗義也……示之以義」也是對孟子「假仁」、「假之」的闡釋，完全承孟子之意而來。朱熹在《孟子集注》中引鄒氏之語道：「以力服人者，有意於服人，而人不敢不服；以德服人者，無意於服人，而人不能不服。」〔註128〕王安石王霸「非有求於天下」與「有求於天下」，「無所勞於天下」與「有所勞於天下」之辨，與朱熹「有意於服人」與「無意於服人」之辨，應該來說也是基本相同的。

其次，王安石將王霸心術之辨歸結爲義利之辨，這也與程、朱相同。王者「爲吾所當爲」是以義爲行爲準則，而「霸者之心爲利」、「霸者之道，必主於利」則是以利爲行爲準則，由此可見，王安石實際已將王霸之辨歸結爲義利之辨。朱熹對孟子「假之」的解釋是「五霸則假借仁義之名，以求濟其貪欲之私耳」〔註129〕，程顥則說霸者是「用其私心」。前已敘及，程、朱將義利之辨歸結爲公私之辨，並以「公」言「仁」。如果說霸者「用其私心」假借仁義之名「求濟其貪欲之私」是「私」的話，那麼王者誠心「行仁」便是「公」，因此程、朱王霸之辨最後可歸結爲公私之辨，而公私之辨就是義利之辨。

再次，王安石在強調王霸之異時不忘王霸外在行爲表現之同，明確指出「仁義禮信」是「王霸之所同」，這雖與孟子有所不同，但卻只是道出了孟子所未明言之語。孟子、程、朱強調的都是王霸之異，但是既然他們說霸者「假仁」、「假之」、「假仁義之名」，那麼就已承認王霸在仁義的外在行爲表現上相同，雖一出於眞心，一出於假意，心術不同。王安石強調的當然也是王霸之異，不過他卻將孟子未明言的王霸之同，明確地表達了出來。

三、王安石王霸之辨與孟子、程、朱之異

《王霸》之中始終找不到孟子「以力」與「以德」之辨的任何痕跡，這是王安石王霸之辨與孟子、程、朱王霸之辨的最大不同之處。

前文已論及，王安石在處理國際關係問題時，傾向於「以利」而非「以義」爲國家行爲準則。在「以德」還是「以力」的問題上，王安石也傾向於「以力」而非「以德」的強權行爲法則。「上曰：『兵須有名，如何？』僉以爲無名則不可用兵。上曰：『恐但顧力如何，不計有名無名。』安石曰：『苟

〔註128〕朱熹：《四書章句集注》，中華書局，1983年10月第一版，第235頁。
〔註129〕朱熹：《四書章句集注》，中華書局，1983年10月第一版，第358頁。

可以用兵，不患無名。兵非兼弱攻昧，則取亂侮亡。欲加兵於弱昧亂亡之國，豈患無名？但患德與力不足爾！』或以爲不尚力。安石曰：『武王稱同力度德，同德度義，力同然後度德，德同然後度義。苟力不足雖有德如文王尚不免事昆夷。但有德者，終能強大勝夷狄，文王是也。先王於夷狄，力不足則事之，力同則交之，力有餘則制之。』」〔註 130〕「苟非無力，便取幽燕，不爲無名。陛下以堯、舜、文、武有天下，肯終令契丹據有幽燕否？」〔註 131〕從上引兩段王安石的言論來看，在處理國際關係問題時，王安石雖未完全否定「德」的意義，但「力同然後度德」、「力不足則事之，力同則交之，力有餘則制之」、「苟非無力」這些用語顯然表明，在處理國際關係問題時，「以力」是王安石心中更爲根本的法則。文王、武王所行在王安石看來自然是王道，而非霸道，既然行王道的文王、武王，甚至堯、舜在處理國際關係問題時，遵循的都是「以力」的法則，那麼在王安石看來「以力」的法則便與王道不相衝突。孟子、程、朱王霸之辨，首先辨的便是「以德」還是「以力」。王道是「以德」，霸道是「以力」，這一點在孟子、程、朱那裏絕不容混淆，而王安石卻將「以力」的強權政治法則納入其王道之中，可見在王霸之辨問題上王安石與孟子、程、朱之間的確存在根本的差異，甚至對立。

王安石將「以力」的強權政治法則納入其王道之中，也是其政治現實主義的一種表現。與孟子、程、朱相較，王安石的政治現實主義極爲明顯。孟子、程、朱都用一種道德理想主義的眼光看待文王、武王等古代聖王，與之相較，王安石看待文王、武王等的眼光則現實得多，甚至是在用一種政治現實主義的眼光看待文王、武王等。「苟力不足雖有德如文王尚不免事昆夷」。「先王惟知時，故文王事昆夷。方夷狄未可以兼之時，尚或事之，此乃所以爲文王也，豈害其爲聖乎！」〔註 132〕「既不能強，又不能弱，非所以保天下。文王事昆夷者，能弱也。」〔註 133〕「文王事昆夷不以爲辱，以爲昆夷強，非由我不素修政刑以致如此故也，要之吾終有以勝昆夷而已。」〔註 134〕顯然，在王安石看來，文王之所以「事昆夷」，完全是在考慮力量、形勢、時機等現實

〔註 130〕李燾：《續資治通鑑長編》，中華書局，1986 年 5 月第一版，第 5378 頁。
〔註 131〕李燾：《續資治通鑑長編》，中華書局，1986 年 5 月第一版，第 5792 頁。
〔註 132〕李燾：《續資治通鑑長編》，中華書局，1986 年 5 月第一版，第 5385 頁。
〔註 133〕李燾：《續資治通鑑長編》，中華書局，1986 年 5 月第一版，第 5735 頁。
〔註 134〕李燾：《續資治通鑑長編》，中華書局，1986 年 5 月第一版，第 5791 頁。

因素，是政治現實主義的考量，而非出於文王天生之德。如果說王安石對文王「事昆夷」只是作了一種政治現實主義的解讀，那麼，其所說的「先王於夷狄，力不足則事之，力同則交之，力有餘則制之」，表達的則是一種赤裸裸的政治現實主義和強權政治原則。與王安石不同，孟子、朱熹對文王「事昆夷」，都做了一種完全道德理想主義的詮釋。「惟仁者爲能以大事小，是故湯事葛，文王事混夷。惟智者爲能以小事大，故大王事獯鬻，句踐事吳。以大事小者，樂天者也。以小事大者，畏天者也。樂天者保天下，畏天者保其國。」〔註 135〕朱熹對孟子這段話的解釋是：「仁人之心，寬洪惻怛，而無較計大小強弱之私。故小國雖或不恭，而吾所以字之之心自不能已。智者明義理，識時勢。故大國雖見侵陵，而吾所以事之之禮尤不敢廢。」〔註 136〕「仁者爲能以大事小」和「無較計大小強弱」顯然是一種對文王的道德理想主義詮釋，孟子、朱熹之所以這樣詮釋文王「事昆夷」的行爲，正因爲他們認爲王者、王道就應該是如此，這也是他們政治上道德理想主義表現得最爲突出的地方。王安石對文王「事昆夷」行爲作政治現實主義解讀，反映的正是其自身的政治現實主義，而孟子、朱熹對文王道德理想主義的詮釋，反映的也正是他們自身政治上的道德理想主義。王安石的政治現實主義，在其處理國際關係的言論中還有很多展現。「今所以未舉事者，凡以財不足」〔註 137〕「臣竊觀方今四夷，南方事不足計議，惟西方宜悉意經略，方其國弱主幼，又無紀律，時不可失。」〔註 138〕「陛下必欲經略夏國，及秉常幼稚之時，正宜汲汲」〔註 139〕上引逐條，無不是對力量、時機等作政治現實主義的考量，而道德與正義的考量則完全付諸闕如。

王安石對武王現實主義的解讀，體現在對「武王觀兵於孟津」的看法上。「紂爲君，至暴矣，武王觀兵於孟津，諸侯請伐紂，武王曰：『未可。』及聞其殺王子比干，然後知其將亡也，一舉而勝焉。」〔註 140〕無論王安石對「未可」是做時機未成熟的現實主義理解，還是做道德上的理解，其對武王觀兵

〔註 135〕焦循：《孟子正義》，中華書局，1987 年 10 月第一版，第 111～112 頁。

〔註 136〕朱熹：《四書章句集注》，中華書局，1983 年 10 月第一版，第 215 頁。

〔註 137〕李燾：《續資治通鑑長編》，中華書局，1986 年 5 月第一版，第 5351 頁。

〔註 138〕李燾：《續資治通鑑長編》，中華書局，1986 年 5 月第一版，第 5752 頁。

〔註 139〕李燾：《續資治通鑑長編》，中華書局，1986 年 5 月第一版，第 5769 頁。

〔註 140〕王安石：《臨川先生文集》卷七一，《讀江南錄》，1993 年上海古籍出版社影印四部精要刻本，第 198 頁。

確有其事是不懷疑的。武王觀兵一事，張載、程頤都從道德理想主義出發，寧願懷疑史書的記載，而不願相信實有其事。「先儒稱武王觀兵於孟津，後二年伐商，如此則是武王兩畔也。」〔註 141〕「介甫以武王觀兵爲九四，大無義理，兼觀兵之說亦自無此事……爲人臣子，豈可以兵脅其君？……先王無觀兵之事。」〔註 142〕程頤說「介甫以武王觀兵爲九四」，應該是根據王安石《易解》。《易解》佚文中有「知九五之位可至而至之，舜、禹、湯、武是也，非常義也」〔註 143〕。「九五之位」是帝王之位，說武王知帝王之位「可至而至之」，即是說武王知道能取代商紂王便取代了商紂王。武王觀兵在伐紂之前，伐紂是「九五」，觀兵自然就是「九四」，因此程頤說「介甫以武王觀兵爲九四」，與《易解》中的這段佚文暗合。既然，王安石「以武王觀兵爲九四」，那麼他不懷疑觀兵之事，對武王觀兵也不持否定態度，自不待言，而這顯然與程頤、張載的道德理想主義有所不同。

王安石不僅將「以力」的強權政治法則，運用於處理國際關係問題，甚至還用於處理國內問題。「自古作事，未有不以大勢驅率眾人而能令上下如一者。今連十數萬人爲保甲，又使之上番，乃人人取狀，召其情願，此乃以陛下每事過謹，故須如此。陛下誠思前代創府兵，乃令討高麗、党項，豈是所願，但以勢驅之，人不得已，久之自聽服，習以爲常爾。天下之事，皆成於勢……若止欲任情願，即何必立君而爲之張官置吏也。且湯、武革命，名爲應天順人，然湯眾皆以謂湯不□我眾，而湯告以必往，誓之以孥戮。湯其所以爲順人者，亦不須待人人情願然後使之也。」〔註 144〕王安石「豈是所願，但以勢驅之，人不得已，久之自聽服」這樣的言論和主張，無論如何都與孟子所說的「中心悅而誠服」有著天壤之別，不能不讓人想到「以智力把持天下」。根本的問題還在於，王安石認爲「以勢驅之」乃是湯、武等聖王所行之王道，而非霸道。王安石將「以勢驅之」納入其王道之中，這是其政治現實主義在處理國內政治問題時的表現。

孟子在論述伯夷、伊尹、孔子之時曾說：「得百里之地而君之，皆能以朝

〔註 141〕張載：《張載集》，中華書局，1978 年 8 月第一版，第 257 頁。

〔註 142〕程顥、程頤：《二程集》，中華書局，1981 年 7 月第一版，第 250 頁。

〔註 143〕劉成國：《荊公新學研究》附錄《王安石〈易解〉輯佚》，上海古籍出版社，2006 年 1 月第一版，第 278 頁。

〔註 144〕李燾：《續資治通鑒長編》，中華書局，1986 年 5 月第一版，第 5716～5717 頁。

諸侯、有天下；行一不義，殺一不辜，而得天下，皆不為也。是則同。」〔註145〕孟子此處雖非論述帝王，但孟子顯然認為「行一不義，殺一不辜，而得天下」不為乃是王道政治應有之意。朱熹解釋孟子這段話時說道：「行一不義、殺一不辜而得天下有所不為，心之正也。聖人之所以為聖人，其本根節目之大者，惟在於此。」〔註146〕在現實政治之中，特別是在涉及到戰爭問題時，要做到不「殺一不辜」，顯然不可能。王安石的政治現實主義在戰爭問題方面也表現得甚為明顯。「武勝攻討殺傷，在人心誠不能無惻怛。然觀其每歲遞相讎殺，一為屬戶，便無此事，則一時攻討殺傷，有不得已也。」〔註147〕王安石絕非窮兵黷武，嗜殺成性，然而其上述議論，畢竟與孟子、朱熹的道德理想主義還存在一定距離。

不過，值得注意的是，上面分析的大多都是王安石作為執政大臣在朝堂之上的言論，作為學者的王安石在闡述儒家經典時，其表現與在朝堂之上尚有所不同。「明文武之興，以德不以力也。」〔註148〕「先儒以謂先王不欲諸侯名譽出境，是乃力征經營天下惴惴恐天下軋己之私意，何足以語先王也？」〔註149〕王安石在闡述《詩經》時所說「以德不以力」，是筆者僅見的一處王安石將「以力」與「以德」相對舉，並且認為文、武所行王道是「以德」而非「以力」的文字。王安石說的「力征經營天下」正是程頤所言「以智力把持天下」之意。王安石認為實行王道的先王非「力征經營天下」，便是將「以智力把持天下」從其王道之中排除。

第四節　餘論

宋王朝是一積貧積弱的政權，從其建立之初便始終處於守勢，在這樣的背景下，王安石在朝堂之上公然主張「以力」，更多的是一種圖存的意味，而非強權政治的意味，畢竟西夏、契丹也絕非「以德」的政權。儘管王安石主張「以力」，從現實的角度和其執政大臣的地位看是可以理解的，但作為一位

〔註145〕焦循：《孟子正義》，中華書局，1987年10月第一版，第216～217頁。
〔註146〕朱熹：《四書章句集注》，中華書局，1983年10月第一版，第234頁。
〔註147〕李燾：《續資治通鑑長編》，中華書局，1986年5月第一版，第5769頁。
〔註148〕程元敏：《三經新義輯考彙評——詩經》，國立編譯館，1986年9月第一版，第226頁。
〔註149〕程元敏：《三經新義輯考彙評——詩經》，國立編譯館，1986年9月第一版，第278頁。

政治思想家，對應「以力」還是「以德」作爲政治行動的法則，則不得不辨。

修昔底德《伯羅奔尼撒戰爭史》討論的主題是正義問題，或正義與強權的關係問題。〔註 150〕修昔底德說，他對伯羅奔尼撒戰爭的研究將不僅有助於人們瞭解一場戰爭，而且有助於人們更一般地瞭解過去，甚至未來，因爲未來同他所闡明的過去還會有相似之處。他敢於稱自己的著作是「一切時代的財富」，是「千秋萬世的瑰寶」，由於他認爲他對一特定事變的研究，提示了至少是有關人類事物的普遍和永恒的眞理。〔註 151〕修昔底德之所以有此自信，乃在於他自認爲把握住了永恒的人性。「如果那些想要清楚地瞭解過去所發生的事件，和將來也會發生的類似事件（因爲人性總是人性）的人，認爲我的著作還有一點益處的話，那麼，我就心滿意足了。我的著作不是只想迎合群眾一時的嗜好，而是想垂諸永遠的。」〔註 152〕修昔底德所說的人性是什麼呢？就是在希臘人中表現出來的「以力」與「以利」的行動準則。修昔底德詳細描述了這場戰爭給希臘人帶來的空前苦難。「而伯羅奔尼撒戰爭不僅繼續了一個很長的時間；並且在整個過程中，給希臘帶來了空前的痛苦。」〔註 153〕「戰爭爆發後，所有這一切的災難都一齊降到希臘來了。」〔註 154〕「色雷斯人衝入密卡利蘇斯城內，對城中的屋宇和神殿大肆劫掠，屠殺居民，無論年幼的或年老的都沒有得到幸免；凡是他們所遇著的，婦女和兒童也是一樣，甚至於連他們在田間所看見的牲口和一切動物也都殺掉……特別是他們衝入一個兒童學校……兒童們剛剛跑進學校裏去，他們把這些兒童都殺死了……它的居民所遭受的災難，其悲慘的程度可以和這次戰爭中任何一次災難相比。」〔註 155〕這些苦難究竟來自何方呢？來自人性，來自「以力」與「以利」的行動準則。只要人性不變，只要「以力」與「以利」的行動準則不變，

〔註 150〕參見列奧・施特勞斯：《政治哲學史》，李天然譯，河北人民出版社，1993 年 11 第一版，第 4 頁。

〔註 151〕參見列奧・施特勞斯：《政治哲學史》，李天然譯，河北人民出版社，1993 年 11 第一版，第 1 頁。

〔註 152〕修昔底德：《伯羅奔尼撒戰爭史》，謝德風譯，商務印書館，1960 年 4 月第一版，第 20 頁。

〔註 153〕修昔底德：《伯羅奔尼撒戰爭史》，謝德風譯，商務印書館，1960 年 4 月第一版，第 20 頁。

〔註 154〕修昔底德：《伯羅奔尼撒戰爭史》，謝德風譯，商務印書館，1960 年 4 月第一版，第 21 頁。

〔註 155〕修昔底德：《伯羅奔尼撒戰爭史》，謝德風譯，商務印書館，1960 年 4 月第一版，第 582～583 頁。

人類的苦難就不會終結，修昔底德揭示了這一點，要人類引以為戒，因此他說他的作品是要「垂諸永遠的」，是「千秋萬世的瑰寶」。有修氏描述的苦難作參照，我們才能更好地理解孟子、程、朱的道德理想主義之意義。

第五章　王安石的君權思想

自從秦漢大一統專制帝國建立以來，在法家思想的指導下，君權實際處於不受限制的狀態。秦漢專制帝國君權不受限制，實導源於春秋時期王權衰落導致禮崩樂壞的混亂局面。面對禮崩樂壞的混亂局面，儒家、墨家、法家均主張「尊君」。《論語・季氏》中孔子說道：「天下有道，則禮樂征伐自天子出；天下無道，則禮樂征伐自諸侯出；自諸侯出，蓋十世希不失矣；自大夫出，五世希不失矣；陪臣執國命，三世希不失矣。天下有道，則政不在大夫。天下有道，則庶人不議。」〔註 1〕孔子雖然主張「尊君」，但在傳統儒家思想體系中，天無疑具有最高權威，君權作爲人間政治權威之代表，其合理性、合法性的最終依據來自於天或天道。與孔子相同，墨子也面對「陪臣執國命」的現實政治狀況，爲了結束這種混亂局面，墨子提出了「尙同」的政治主張。「天子唯能一同天下之義，是以天下治也。」〔註 2〕墨子雖然主張「天下之百姓皆上同於天子」〔註 3〕，但天子的權威仍在「天」之下，「上同」並非到天子而止，天子還需「尙同於天」。「天子又總天下之義，以尙同於天。」〔註 4〕儒、墨在「陪臣執國命」的現實政治背景下主張「尊君」，法家主張「尊君卑臣」自不待言。儒、法、墨在春秋戰國時期均爲一時顯學，代表了思想界的主流意識，在其一致「尊君」的推動下，君權逐漸得到了強化，最終在法家思想的主導下，達到了不受限制和約束的絕對皇權地步。

〔註 1〕劉寶楠：《論語正義》，中華書局，1990 年 3 月第一版，第 651～654 頁。
〔註 2〕孫詒讓：《墨子閒詁》，中華書局，2001 年 4 月第一版，第 76 頁。
〔註 3〕孫詒讓：《墨子閒詁》，中華書局，2001 年 4 月第一版，第 77 頁。
〔註 4〕孫詒讓：《墨子閒詁》，中華書局，2001 年 4 月第一版，第 95 頁。

與儒、墨用天的權威限制君權不同的是，法家思想體系中的君權是不受限制和約束的，然而不幸的是，兼并六國統一天下，建立中國歷史上第一個專制帝國的秦始皇，其治國指導思想正是法家思想。「漢承秦制」，秦、漢以來面對不受限制和約束的絕對皇權，如何限制和約束它便成了現實政治和思想界面臨的一大課題。正是爲了解決這一課題，董仲舒才構建了龐大的「天」的哲學體系。可以說，自董仲舒以來，儒者強調天的最高權威均有限制絕對皇權的意義和目的，故而不能脫離其「天」的觀念孤立地考察他們的君權思想，對王安石來說，也不例外。

所謂的「三不足」傳言及「每贊上以獨斷」，是變法反對派指責王安石的兩條重要「罪狀」，因均與其君權思想密切相關，在此有必要對它們做一些辨析。另外，君臣之間的相對地位，是君權的重要反映，要考察王安石的君權思想，探討其關於君臣關係的論述自是題中應有之意。

第一節　天與君權

一、關於「三不足」口號問題

自從鄧廣銘將「三不足」精神，即「天變不足畏、祖宗不足法、流俗之言不足恤」，作爲王安石變法的精神支柱以來〔註 5〕，學界論及王安石變法者，大多認同鄧的觀點，將「三不足」之語認作王安石所言，並將其作爲王安石勇於變革之精神的體現。其實，鄧廣銘認定「三不足」之語爲王安石所言，並沒有提出令人信服的文獻材料佐證，只是基於「他自己倘若不曾說，司馬光是撰造不出如此富有開創和革新意義的話語的」〔註 6〕這樣牽強且缺乏力度的理由，鄧便做出了「儘管王安石從來不曾向宋神宗提出過這樣的『三不足』語句，但這三句話之爲王安石親口所說，卻是決無可疑的」〔註 7〕這樣肯定的結論。學界雖大多認同鄧廣銘的觀點，但也不乏質疑的聲音。在質

〔註 5〕參見鄧廣銘：《北宋政治改革家王安石》，河北教育出版社，2000 年 12 月第一版，第 115 頁。

〔註 6〕鄧廣銘：《北宋政治改革家王安石》，河北教育出版社，2000 年 12 月第一版，第 117 頁。

〔註 7〕鄧廣銘：《北宋政治改革家王安石》，河北教育出版社，2000 年 12 月第一版，第 117 頁。

疑者中，既有大陸學者，也有臺灣地區學者。大陸質疑者以顧吉辰、王榮科爲代表。顧吉辰《王安石「三不足」說質疑》一文，提出四點理由論證「所謂『三不足』之說，很有可能不是出於王安石之口，而是來自變法反對派對王安石的憑空捏造」〔註 8〕。王榮科《王安石提出「三不足」之說質疑》一文，則從「王安石所處的政治文化環境」等三方面來論證「可以肯定王安石並沒有提出過『三不足』之說。」〔註 9〕臺灣質疑者以林天尉和黃復山爲代表。林天尉《考「三不足」說之僞，析楊升庵之偏》一文認爲「所謂『三不足』說，其初意是泛論神宗與王安石對新法推行時之堅決意志，司馬光主持策試時，用作命題，目的是在試探民意，亦可能是擬製造反對的輿論。」〔註 10〕在所有質疑者中，黃復山《王安石三不足說考辨》一文用 3 萬字左右的篇幅詳考「三不足」說的形成與流衍，所引史料最爲詳實，論證也最爲有力。黃復山認爲「指稱安石倡言『三不足』者，有可疑之事五」〔註 11〕，其中第四條「李燾《續長編》之『三不足說』，成稿於司馬光卒後百年之久，而於情事之追述，乃有安石並不知情之說，且爲後世史家廣泛採用。以其史家之筆法，或有所見，則以『三不足』歸諸安石，實待商榷」〔註 12〕最値得注意。基於他提出的五點理由，黃復山認爲「以此而論，『三不足』僅爲黨同伐異之傳言……故安石雖無『三不足』之口號，後人仍雷同一擊，謂其進此三說於神宗。」〔註 13〕

經黃復山的辨析，王安石沒有提出過「三不足」這樣的口號，當可成爲定案。不過，値得注意的是，學界即使對王安石是否提出過「三不足」之說表示懷疑的人，也都幾乎眾口一詞地說王安石具有「三不足」之精神。漆俠認爲「在反動的頑固派對王安石個人進行的種種誣衊和打擊中，有所謂的『三不足』之說，即：『天命不足畏，祖宗不足法，流俗不足恤。』但是，沒有比這個捏造再

〔註 8〕顧吉辰：《王安石「三不足」說質疑》，《青海社會科學》，1986 年第 2 期。

〔註 9〕王榮科：《王安石提出「三不足」之說質疑》，《復旦學報》，2000 年第 1 期。

〔註 10〕參見《紀念司馬光與王安石逝世九百週年學術研討會論文集》，文史哲出版社，1986 年 10 月版，第 201～211 頁。

〔註 11〕黃復山：《王安石三不足說考辨》，《漢學研究》第 11 卷第 1 期，第 209～252 頁，1993 年 6 月。

〔註 12〕黃復山：《王安石三不足說考辨》，《漢學研究》第 11 卷第 1 期，第 209～252 頁，1993 年 6 月。

〔註 13〕黃復山：《王安石三不足說考辨》，《漢學研究》第 11 卷第 1 期，第 209～252 頁，1993 年 6 月。

能說明王安石的個性和爲人了。」〔註 14〕顧吉辰也說「至於王安石雖然沒有提出過『三不足』的話，可是他在變法時卻用「三不足」的精神去實踐了自己的理想和政治主張，那就是另外一個問題了」。〔註 15〕王榮科則說：「當然也不可否定，王安石身上確實是表現了相當的『三不足』精神與變革勇氣的。」〔註 16〕甚至黃復山也說：「若以客觀態度言之，則不畏天變，更革不合時宜之成法，不顧忌利害相犯者之流言，實爲從政、處事應有之體認，不必因屬之安石，乃深詆其非是也。」〔註 17〕顯然，黃復山認爲王安石是具有他所說的「體認」的。

二、「天變不足畏」之政治意涵

從上述情況來看，學界似乎一致認爲王安石具有「三不足」精神。王安石是否具有「祖宗不足法、流俗之言不足恤」精神因與本論題無關，這裏暫不作討論。這裏需要考察的是王安石是否眞的認爲「天變不足畏」？要回答這一問題，我們需清楚「天變不足畏」有著怎樣的政治意涵，在政治上到底意味著什麼？目前，學界已經從很多方面論述了「天變不足畏」非王安石所言，不過卻少有人從「天變不足畏」的政治意涵出發，考察王安石是否具有「天變不足畏」之精神，也就是說學界在一致肯定王安石具有「天變不足畏」之精神時，實際並未考察這一精神到底意味著什麼。學界有此認識，究其原因，不過是一種時代倒錯罷了，是將從現代眼光看來值得讚賞的所謂樸素唯物主義與無神論精神加到了「天變不足畏」之上，而沒有考察「天變不足畏」在北宋年間到底意味著什麼。

「天變不足畏」的政治意涵，王安石變法反對者之一的富弼說得最爲明確、清楚。「有於上前言災異皆天數，非人事得失所致者。弼聞之，歎曰：『人君所畏惟天，若不畏天，何事不可爲者！去亂亡無幾矣。此必姦臣欲進邪說，故先導上以無所畏，使輔拂諫爭之臣無所復施。吾不可以不速救。』即上疏數千言，雜引《春秋》、《洪範》及古今傳記、人情物理，以明其決不然者。」〔註 18〕此

〔註 14〕漆俠：《王安石變法》，上海人民出版社，1959 年 3 月第一版，第 230 頁。

〔註 15〕顧吉辰：《王安石「三不足」說質疑》，《青海社會科學》，1986 年第 2 期。

〔註 16〕王榮科：《王安石提出「三不足」之説質疑》，《復旦學報》，2000 年第 1 期。

〔註 17〕黃復山：《王安石三不足說考辨》，《漢學研究》第 11 卷第 1 期，第 209～252 頁，1993 年 6 月。

〔註 18〕李之亮校點：《宋史全文》，黑龍江人民出版社，2004 年 8 月第一版，第 558 頁。

處提到的富弼給宋神宗所上奏章是《上神宗論災變非時數》一文。富弼上書數千言無非駁斥「災變皆繫時數，不由人事者」〔註 19〕，而闡明災異「盡由朝政而致」〔註 20〕。不過促使富弼上書的眞正原因不在於駁斥一種觀點本身，而在於他對「天變不足畏」政治後果的擔憂——「人君所畏惟天，若不畏天，何事不可爲者」。富弼作爲宰輔看得非常清楚，在秦、漢以來的政治體制下，唯有用「天」的權威才能限制、約束君權，限制約束君主的行爲，「天變不足畏」的直接後果就是導致不受限制與約束的絕對君權，君主一旦「無所畏」，儒臣們想限制約束君主的行爲便會「無所復施」。由此可見，秦、漢以下，導使君主「畏天」乃是儒者限制約束君權唯一可憑藉者，也是儒者抵禦絕對皇權的最後防線。因此，「天變不足畏」在北宋年間意味著主張絕對皇權，說王安石具有所謂「天變不足畏」之精神，意味著王安石主張不受限制的絕對皇權。故而，欲考察王安石的君權思想，對所謂的「天變不足畏」之精神，不得不做一些辨析。

三、董仲舒的災異譴告說

天變足不足畏問題，在董仲舒之後，可以說就是承不承認災異譴告說問題。歷史上，通過建構龐大的天的哲學體系，用天的權威，用災異譴告說限制絕對皇權的第一人，當非董仲舒莫屬。面對現實的絕對皇權，董仲舒爲了限制它，採取了以退爲進的策略，首先論證君權神授，爲現實皇權的合理性、合法性、正當性做論證，以取得皇權的認可，在此過程中自然也就把天的權威加到了皇權之上，畢竟如果皇權由天授予，天的權威就自然高於皇權。董仲舒的君權神授說在秦漢大一統專制帝國絕對皇權背景下，與其說是在擡高皇權，不如說是在高揚天的權威而壓制皇權。下面我們就來具體分析一下董仲舒的災異譴告說及其政治意圖。

首先來看董仲舒對君權神授的論證。「天若不予是家，是家者安得立爲天子，立爲天子者，天予是家，天予是家者，天使是家，天使是家者，是家天之所予也，天之所使也。」〔註 21〕「故德侔天地者，皇天右而子之，號稱天

〔註 19〕參見趙汝愚編：《宋朝諸臣奏議》卷四十二，上海古籍出版社，1999 年 12 月版，第 432 頁。

〔註 20〕參見趙汝愚編：《宋朝諸臣奏議》卷四十二，上海古籍出版社，1999 年 12 月版，第 432 頁。

〔註 21〕蘇輿：《春秋繁露義證》，中華書局，1992 年 12 月第一版，第 409 頁。

子。」〔註22〕「天子受命於天」〔註23〕，是天之所立，這就爲皇權的合理性、合法性、正當性作了論證，無疑這一點將爲現實皇權所極力認可和支持，從而也就爲以董仲舒思想爲代表的「儒術」取得獨尊地位打下了基礎。當然，論證皇權的合理性、合法性、正當性絕不是董仲舒的最終目的，而是其爲了取得實際不受限制之絕對皇權的認可與支持，所採取的一種以退爲進的策略。君權神授對於絕對皇權是一把雙刃劍，一方面論證了皇權的合理性、合法性與正當性，另一方面也意味著皇權不再是絕對的、不受限制與約束的，皇權由天的權威所授予、所認可，也就意味著天的權威遠高於它，它要受到天的權威的限制和約束。董仲舒的君權神授說可以說是不動聲色、隱而不露地將這把雙刃劍放到了專制帝王手中。「《春秋》之法，以人隨君，以君隨天。」〔註24〕「故屈民而伸君，屈君而伸天，《春秋》之大義也。」〔註25〕爲了限制絕對皇權，董仲舒首先尊君，也就是所謂的「以人隨君」、「屈民而伸君」，以取得皇權的認可。然而，董仲舒的時代已不是孔子、墨子的「陪臣執國命」時代，尊君顯然不是他的目的，在絕對皇權的背景下，「以君隨天」、「屈君而伸天」才是他的眞正目的。皇權承認君權神授，也就承認了天的權威遠高於它，自己要受到天的約束和限制，不僅如此，承認君權神授還意味著承認皇權只不過是天貫徹其意志的工具。君既然是天所立，當然要服從天的意志，要「隨天」。

其次，我們來看董仲舒眼中的天是怎樣的性格。「仁之美者在於天，天仁也……察於天之意，無窮極之仁也。」〔註26〕「陽，天之德，陰，天之刑也。」〔註27〕「此皆天之近陽而遠陰，大德而小刑也。」〔註28〕「是故天數右陽而不右陰，務德而不務刑。」〔註29〕「天之任陽不任陰，好德不好刑如是。」〔註30〕「夫王者不可以不知天」〔註31〕，以便能上承天意。天是「務德而不務刑」、「好德不好刑」的，因此君主也要「任德不任刑」。「春者，天之所爲也；正

〔註22〕蘇輿：《春秋繁露義證》，中華書局，1992年12月第一版，第410頁。
〔註23〕蘇輿：《春秋繁露義證》，中華書局，1992年12月第一版，第412頁
〔註24〕蘇輿：《春秋繁露義證》，中華書局，1992年12月第一版，第31頁。
〔註25〕蘇輿：《春秋繁露義證》，中華書局，1992年12月第一版，第32頁。
〔註26〕蘇輿：《春秋繁露義證》，中華書局，1992年12月第一版，第329頁。
〔註27〕蘇輿：《春秋繁露義證》，中華書局，1992年12月第一版，第327頁。
〔註28〕蘇輿：《春秋繁露義證》，中華書局，1992年12月第一版，第327頁。
〔註29〕蘇輿：《春秋繁露義證》，中華書局，1992年12月第一版，第328頁。
〔註30〕蘇輿：《春秋繁露義證》，中華書局，1992年12月第一版，第345頁。
〔註31〕蘇輿：《春秋繁露義證》，中華書局，1992年12月第一版，第467頁。

者，王之所爲也。其意曰，上承天之所爲，而下以正其所爲，正王道之端云爾。然則王者欲有所爲，宜求其端於天。天道之大者在陰陽。陽爲德，陰爲刑；刑主殺而德主生。是故陽常居大夏，而以生育養長爲事；陰常居大冬，而積於空虛不用之處。以此見天之任德不任刑也……王者承天意以從事，故任德教而不任刑。」〔註 32〕王者「欲有所爲，宜求其端於天」,「要上承天之所爲，而下以正其所爲」。顯然，帝王的一舉一動都要受到來自天的約束和限制，要效法天之所爲，要貫徹天的意志，這樣的皇權自然不具有絕對性。

在《春秋繁露》和《天人三策》中董仲舒都花了大量筆墨來論述任德不任刑，可以說是不厭其繁，反覆申之，他之所以建立龐大的天的哲學體系一個重要的原因就在於以之作爲「任德不任刑」的理論基礎，來支持「任德不任刑」的政治主張。「任德教而不任刑」是順天之意，任刑則「不順於天」。顯然「任德不任刑」才是合理的政治大方向，但現實政治又是怎樣呢？「爲政而任刑，不順於天，故先王莫之肯爲也。今廢先王德教之官，而獨任執法之吏治民，毋乃任刑之意與！」〔註 33〕漢承秦制，實際上繼承了暴秦嚴刑峻法的法家政治方向。從「高祖初入關，約法三章」到「三章之法不足以禦姦」蕭何「作律九章」，直到漢武帝，法網愈演愈密。漢武帝任刑的法家政治方向，秦始皇再版的政治在《史記・酷吏列傳》、《漢書・酷吏列傳》和《漢書・刑法志》中記述的得非常清楚，一望而知。只要看看裏面所列屠戮的數字就能知道漢武帝統治的殘酷、暴虐。《史記・酷吏列傳》中酷吏大多都是漢武帝一手提拔任用的，都是在「上以爲能」、「天子以爲能」、「天子以爲盡力無私」的情形下得到重用的。所以董仲舒說當時是「獨任執法之吏治民」絕非虛語，「任德不任刑」的政治主張因此有著很強的現實針對性，意在改變當時「任刑」的法家政治方向。董氏天的哲學體系，天的「任德不任刑」性格都要在這樣的背景下才能得到恰當理解，也可以說，天的哲學體系是爲「任德不任刑」政治主張服務的。「今臨政而願治七十餘歲矣」〔註 34〕,「而至今不可善治者，失之於當更化而不更化也。」〔註 35〕因而董仲舒極力主張改變漢代承秦而來的「任刑」政治方向，希望漢武帝能改弦更張，任德不任刑。

〔註 32〕班固：《漢書》，中華書局，1962 年 6 月第一版，第 2502 頁。
〔註 33〕班固：《漢書》，中華書局 1962 年 6 月第一版，第 2502 頁。
〔註 34〕班固：《漢書》，中華書局 1962 年 6 月第一版，第 2505 頁。
〔註 35〕班固：《漢書》，中華書局 1962 年 6 月第一版，第 2505 頁。

最後，我們再來看災異譴告說。天是「任德不任刑」的，君主應該承天意，如果君主不承天意，天就會用災異來「譴告」君主。「臣謹案《春秋》之中，視前世已行之事，以觀天人相與之際，甚可畏也。國家將有失道之敗，而天乃先出災害以譴告之，不知自省，又出怪異以警懼之，尚不知變，而傷敗乃至。以此見天心之仁愛人君而欲止其亂也。」〔註 36〕「王正，則元氣和順，風雨時，景星見，黃龍下；王不正，則上變天，賊氣並見。」〔註 37〕災異是由君主行為招致的，天譴告的對象也是君主，譴告的目的則在於讓君主「正其所為」。所謂「正其所為」就是限制、約束君主的行為，使其符合「任德不任刑」的天意。顯然，董仲舒災異譴告說是為其限制絕對皇權的目的服務的，是為其「任德不任刑」的政治主張服務的。

四、關於「天變」之所指

明確了災異譴告說意在限制絕對皇權，我們便可著手討論王安石是否具有「天變不足畏」之精神。王宇《王安石「天變不足畏」新論》一文，從傳統上「災」與「變」的區分出發，考察「天變不足畏」，認為「王安石的『天變不足畏』沒有否定天人感應理論……在哲學層面，王安石的災異思想與反對派並無根本分歧……反對派與王安石的災害觀基本上也是一致的……王安石具有兩面性的災害觀，決不是『天地與人不相關』式的樸素唯物主義。」〔註 38〕王宇認為王安石與其反對派的災害觀基本一致，都具有兩面性，即都區分了「災」與「變」，「災」是由政治行為導致的，是天的譴告，「變」則是由自然原因引起的，「災」是可畏的，「變」則不足畏。正是基於此，王宇認為「『天變不足畏』儘管不是王安石本人的措辭，但用以形容他的思想是恰當的……說王安石不可能提出『天變不足畏』的觀點也是不對的。」〔註 39〕很明顯，王宇所說可以用來形容王安石思想的「天變不足畏」之「天變」，特指與「災」相區別的「變」。

王宇區分「災」與「變」，《春秋繁露》與《白虎通》都能提供依據。「禹水湯旱，非常經也，適遭世氣之變而陰陽失平……皆適遭之變，非禹湯之過，

〔註 36〕班固：《漢書》，中華書局 1962 年 6 月第一版，第 2498 頁。
〔註 37〕蘇輿：《春秋繁露義證》，中華書局，1992 年 12 月第一版，第 101 頁。
〔註 38〕王宇：《王安石「天變不足畏」新論》，《浙江社會科學》，2002 年第 5 期。
〔註 39〕王宇：《王安石「天變不足畏」新論》，《浙江社會科學》，2002 年第 5 期。

毋以適遭之變，疑平生之常。」〔註 40〕「災異者，何謂也？《春秋潛潭巴》曰：『災之言傷也，隨事而誅；異之言怪也，先發感動之也。』……變者何謂也？變者，非常也……所以或災變或異何？各隨其行，因其事也。」〔註 41〕不過，王宇的論證似乎忽略了一個根本點——歷史上王安石反對派在提到「天變不足畏」時，都是在指責王安石誘導君主無所畏忌，因此他們在談到「天變不足畏」時，顯然不是指王宇所說的「變」，而是王宇所說的「災」。以蘇軾爲例，確如王宇所言，王安石變法的反對派有「災」與「變」的區分。據黃復山考證，蘇軾的《擬進士對御試策》是最早提及「三不足」之說的。「其施設之方，各隨其時而不可知。其所可知者，必畏天，必從眾，必法祖宗……《詩》、《書》所稱，大略如此。未嘗言天命不足畏，眾言不足從，祖宗之法不足用也。」〔註 42〕顯然，蘇軾主張畏天、畏天命。然而，在《御試制科策一道》中，針對策問中所說的日食、淫雨大水，蘇軾卻做了自然的解釋，並勸皇帝不需畏懼。「此陛下畏天恐懼求端之過，而流入於迂儒之說。」〔註 43〕王宇也認爲反對派與王安石的災害觀基本上是一致的，既然王安石反對派也做了「災」與「變」的區分，在指責王安石「天變不足畏」時，所指當然不會是「變」而是「災」。

王宇還忽略了一點，「天變不足畏」在不同的文獻中記載是不同的。司馬光《傳家集》中《學士院試李清臣等策問一首》注文的記載是：「熙寧三年三月二十八日，王介甫言於上，以爲『天命不足畏，祖宗不足法，流俗不足恤。』」〔註 44〕李燾《續資治通鑒長編》的記載是：「陳薦言：『外人云今朝廷爲天變不足懼，人言不足恤，祖宗之法不足守。』」〔註 45〕此外，據黃復山考證，《聞見後錄》、《琬琰集》中的記載均是「天不足畏」。就王宇的論述來說，用「災」與「變」的區分來分析「天變不足懼」似乎還能說得過去，用來分析「天命不足畏」、「天不足畏」則顯然行不通，「天命」不可能指自然災害意義上的

〔註 40〕蘇輿：《春秋繁露義證》，中華書局，1992 年 12 月第一版，第 349 頁。

〔註 41〕陳立：《白虎通疏證》，中華書局，1994 年 8 月第一版，第 268～271 頁。

〔註 42〕蘇軾：《蘇軾文集》卷九，孔凡禮點校，中華書局，1986 年 3 月第一版，第 307 頁。

〔註 43〕蘇軾：《蘇軾文集》卷九，孔凡禮點校，中華書局，1986 年 3 月第一版，第 296 頁。

〔註 44〕司馬光：《傳家集》卷七五，文淵閣四庫全書臺北故宮博物院藏本。

〔註 45〕黃以周等輯注，顧吉辰點校：《續資治通鑒長編拾補》，中華書局，2004 年 1 月第一版，第 346 頁。

「變」，而只能是指天的譴告之「災」。另外，從司馬光的策目「今之論者或曰：『天地與人，了不相關，薄食、震搖，皆有常數，不足畏忌』」〔註 46〕來看，其指責的顯然是將災異譴告當作「天地與人，了不相關」的自然災害來看待。從司馬光的策目中精鍊、概括出來的「天變不足畏」，其所指自然不可能是王宇所說的「變」，而只能是「災」。

五、君權與「天變不足畏」

明確了「天變不足畏」中「天變」之所指，我們便可開始討論王安石對待「天變」之態度。既然災異譴告說意在限制絕對皇權，那麼王安石是否認爲「天變不足畏」，是否向宋神宗進「天變不足畏」之言，便與他的君權思想密切相關。下面，我們從天與君權之間關係的角度，著手討論所謂的「天變不足畏」。

在具體討論之前，我們需要清楚的是，既然譴告的對象是帝王，天變是針對帝王，畏不畏「天變」便是帝王的事，因此所謂王安石「天變不足畏」之精神便有些無從談起，最多也只能在向神宗皇帝進「天變不足畏」之言的意義上，談所謂他的「天變不足畏」之精神。

先來看君權。首先，我們來看君權在王安石看來具有怎樣的性質？「湯之受命，天與之，人立之。」〔註 47〕「天意其以我爲天子而治民。」〔註 48〕「使周有天下者，天之休也。」〔註 49〕「天命陛下爲四海神民主。」〔註 50〕「天之所以立君。」〔註 51〕顯然，與董仲舒相似，王安石也主張君權神授。前已論及，君權神授意味著皇權不再是絕對的、不受限制與約束的，皇權由天的權威所授予、所認可，也就意味著天的權威遠高於它，它要受到天的權威的限制與約束。在此，我們需要具體考察的是，在王安石看來具有神授性

〔註 46〕司馬光：《傳家集》卷七五，文淵閣四庫全書臺北故宮博物院藏本。

〔註 47〕程元敏：《三經新義輯考彙評——尚書》，國立編譯館，1986 年 7 月第一版，第 80 頁。

〔註 48〕程元敏：《三經新義輯考彙評——尚書》，國立編譯館，1986 年 7 月第一版，第 103 頁。

〔註 49〕程元敏：《三經新義輯考彙評——尚書》，國立編譯館，1986 年 7 月第一版，第 183 頁。

〔註 50〕李燾：《續資治通鑒長編》，中華書局，1986 年 5 月第一版，第 5762 頁。

〔註 51〕程元敏：《三經新義輯考彙評——尚書》，國立編譯館，1986 年 7 月第一版，第 210 頁。

質的皇權，其地位到底如何？「臣聞人君代天而理物」〔註52〕，「人君固輔相天地以理萬物者也。」〔註53〕可以看出，皇權只是天在人間的代理者，只是天的輔助者角色，其在天的權威面前地位若何，由此可知。既然皇權只是天的代理者與輔助者，那麼君主在行使皇權時就必須貫徹天的意志，而不能有任何自己的意志。「人君承天以從事。」〔註54〕「人君所以奉天者。」〔註55〕「其說以爲人君以中道布言，是以爲彝、是以爲訓者，於天其訓而已……蓋君能順天而傚之……皇極於帝其訓者，所以繼天而順之，故稱天子。」〔註56〕「承天」、「奉天」、「於天其訓」、「繼天而順之」，從這些用語來看，皇權只不過是天貫徹其意志的工具，在其行使過程中不能摻雜任何君主個人的私人意志。「命有德，討有罪，皆天也，則好惡者豈可以人爲哉？」〔註57〕「天討有罪，天敘有德。陛下非有私心，奉承天之所爲而已。」〔註58〕君主行使君權，進行賞罰等政治活動，都必須是在貫徹天的意志，不能有個人的私心及好惡摻雜期間。「夫天之爲物也，可謂無作好，無作惡。」〔註59〕天沒有好惡偏私，君主作爲天的代理者、輔助者，在行使君權時當然也應該沒有好惡偏私。「此乃能爲天之所爲，任理而無情故也。」〔註60〕無情就是指君主在行使君權時沒有個人的好惡偏私。如果君主行使君權時夾雜了個人的好惡偏私，其結果便是政治的混亂。「臣聞敘有典，秩有禮，命有德，討有罪，皆天命也。人君能敕正則治，不能敕正則亂。」〔註61〕「敕正」就是「飭正」，意思是整飭而

〔註52〕王安石：《臨川先生文集》卷五七，《除平章事監修國史謝表》，1993年上海古籍出版社影印四部精要刻本，第160頁。

〔註53〕王安石：《臨川先生文集》卷六五，《洪範傳》，1993年上海古籍出版社影印四部精要刻本，第181頁。

〔註54〕王安石：《臨川先生文集》卷七十，《策問十一》，1993年上海古籍出版社影印四部精要刻本，第196頁。

〔註55〕程元敏：《三經新義輯考彙評——詩經》，國立編譯館，1986年9月第一版，第272頁。

〔註56〕王安石：《臨川先生文集》卷六五，《洪範傳》，1993年上海古籍出版社影印四部精要刻本，第180～181頁。

〔註57〕王安石：《臨川先生文集》卷六五，《洪範傳》，1993年上海古籍出版社影印四部精要刻本，第180頁。

〔註58〕李燾：《續資治通鑑長編》，中華書局，1986年5月第一版，第6433頁。

〔註59〕王安石：《臨川先生文集》卷六五，《洪範傳》，1993年上海古籍出版社影印四部精要刻本，第180頁。

〔註60〕李燾：《續資治通鑑長編》，中華書局，1986年5月第一版，第5742頁。

〔註61〕王安石：《臨川先生文集》卷六二，《答聖問賡歌事》，1993年上海古籍出版社影印四部精要刻本，第172頁。

使端正，具體說就是君主整飭其行爲使符合天命、天的意志。君主如果能使自己的賞罰等政治行爲都體現天命，則天下治，否則天下亂。「古之言道德所自出而不屬之天者，未之有也……至後世則不然，仰而視之曰：『彼蒼蒼而大者何也？其去吾不知其幾千萬里，是豈能如我何哉？吾爲吾之所爲而已，安取彼？』於是遂棄道德，離仁義，略分守，慢形名，忽因任，而忘原省，直信吾之是非，而加人以其賞罰。於是天下始大亂，而寡弱者號無告。」〔註 62〕否定天的權威，君主便不受限制與約束，完全依照自己的意志行使其君權，以自己的好惡是非標準進行賞罰等政治活動，其結果必是天下大亂。由上述可見，君主的任何政治行爲都必須受到天的限制與約束，這就是王安石眼中之君權應有的性質，這種君權絕無專制與絕對性可言，只是天貫徹其意志的工具而已。

君主作爲天之代理人與輔助者，必須效法天之所爲。「陛下正當爲天之所爲。」〔註 63〕「況天者固人君之所當法象也。」〔註 64〕既然君主的行爲要效法天，那麼天作爲君主的行爲榜樣和行爲標準，必然對君主的行爲起著限制與約束作用。歷史上儒家要求君主「法天」，實際是對君權及君主行爲的一種限制與約束。

其次，我們來看在王安石看來君主作爲天的代理人與輔助者，有著怎樣的責任？「天之所以立君，君之所以設官分職，凡以安民而已。」〔註 65〕這句話至爲關鍵，體現了王安石對建立政府之目的的思考，即一種國家觀。「凡以安民」是說建立政府的目的在於「安民」。「夫天之所愛育者民也，民之所繫仰者君也。聖人上承天之意，下爲民之主，其要在安利之。」〔註 66〕「天之所愛育者民也」這句話不僅表達了王安石思想中的天之性格、天之意志，而且將「民」的利益上升爲天的意志，與「凡以安民」一起反映了王安石以「民」的利益爲出發點的民本位思想。王安石的這種思想，在性質上完全不

〔註 62〕王安石：《臨川先生文集》卷六七，《九變而賞罰可言》，1993 年上海古籍出版社影印四部精要刻本，第 186 頁。

〔註 63〕李燾：《續資治通鑒長編》，中華書局，1986 年 5 月第一版，第 5742 頁。

〔註 64〕王安石：《臨川先生文集》卷六五，《洪範傳》，1993 年上海古籍出版社影印四部精要刻本，第 181 頁。

〔註 65〕程元敏：《三經新義輯考彙評——尚書》，國立編譯館，1986 年 7 月第一版，第 210 頁。

〔註 66〕王安石：《臨川先生文集》卷六九，《風俗》，1993 年上海古籍出版社影印四部精要刻本，第 193 頁。

同於法家以君主利益爲出發點和歸宿的君主本位思想。天立君的目的在於安民，顯然君主只是天「愛育民」的一種工具和手段，承擔著「安民」、「安利民」的責任。

最後，討論了君主與天的關係，我們再來看君與民的關係。「湯之受命，天與之，人立之……觀民之所立，則知天之所與矣。」〔註 67〕君權神授，不過天的意志與民的意志是一致的，神授實際是「民授」，神授是通過「民授」推定的。民意就是天意的顯現，天意是虛，民意是實，君主必須貫徹天的意志實際是必須貫徹民的意志。「天自民視聽者也，所謂得天，得民而已矣。」〔註 68〕君主「得天」的垂愛當然是「受命」的前提，而得民意的認可和支持便是「得天」的明證，因爲「天自民視聽」。「天自民視聽」當然不是王安石的發明，而是儒家的基本觀念，源於《尚書・皐陶謨》中的「天聰明，自我民聰明。天明畏，自我民明威」〔註 69〕及《尚書・泰誓》中的「天視自我民視，天聽自我民聽」〔註 70〕。正是因爲民意代表天意，君權由「民授」，君主爲民的利益而立，所以「有民然後有事，有事然後立君……民勝君」〔註 71〕，「夫民也，天之所不能違也，而況於王乎。」〔註 72〕君權「民授」，「民勝君」，君主不能違背民意，這樣的君權當然不具有不受限制的絕對性。

對王安石思想中的君主權責有了清楚的認識，我們便可著手考察所謂的「天變不足畏」之精神。

首先，王安石認同的是董仲舒天人感應論，不是荀子天人相分論。天人感應論與災異譴告說乃是一體之兩面，既然王安石持天人感應之論，他就不會否定災異譴告說，也就不會認爲「天變不足畏」。荀子在《天論》中闡述了

〔註 67〕程元敏：《三經新義輯考彙評——尚書》，國立編譯館，1986 年 7 月第一版，第 80 頁。

〔註 68〕王安石：《臨川先生文集》卷六二，《郊宗議》，1993 年上海古籍出版社影印四部精要刻本，第 172 頁。

〔註 69〕《漢魏古注十三經》，中華書局，1998 年 11 月第一版。《尚書・孔安國傳》，第 12 頁。

〔註 70〕《漢魏古注十三經》，中華書局，1998 年 11 月第一版。《尚書・孔安國傳》，第 36 頁。

〔註 71〕張宗祥輯：《王安石〈字說〉輯》，福建人民出版社，2005 年 1 月第一版，第 4 頁。

〔註 72〕王安石：《臨川先生文集》卷六五，《洪範傳》，1993 年上海古籍出版社影印四部精要刻本，第 182 頁。

他的天人相分思想。「故明於天人之分，則可謂至人矣。」〔註 73〕「星隊、木鳴，國人皆恐。曰：是何也？曰：無何也，是天地之變，陰陽之化，物之罕至者也。怪之可也；而畏之非也。夫日月之有蝕，風雨之不時，怪星之黨見，是無世而不常有之。上明而政平，則是雖並世起，無傷也；上闇而政險，則是雖無一至者，無益也。」〔註 74〕鄧廣銘認爲「王安石『天變不足畏』思想，是和荀況《天論》中的這一思想一脈相承的。」〔註 75〕學界談到所謂的王安石「天變不足畏」之精神時，一般指的是王安石具有荀子的天人相分思想。王安石變法反對派指責王安石「天變不足畏」時，指的也是「天地與人，了不相關」〔註 76〕。可見，「天變不足畏」的實質是天人相分論。王安石果眞持天人相分之論嗎？「古之言道德所自出而不屬之天者，未之有也……至後世則不然，仰而視之曰：『彼蒼蒼而大者何也？其去吾不知其幾千萬里，是豈能如我何哉？吾爲吾之所爲而已，安取彼？』於是遂棄道德，離仁義，略分守，慢形名，忽因任，而忘原省，直信吾之是非，而加人以其賞罰。於是天下始大亂，而寡弱者號無告。」〔註 77〕從這段論述來看，王安石認爲天人相分論的政治後果是天下大亂，顯然，王安石不會持天人相分之論，這一點絕無可疑。如果說這只是從反面推斷王安石不持天人相分之論的話，王安石還在不同場合多次直接談到了天人感應。「安石曰：『誠然。先王所以澤及鳥獸草木，非特政事而已，其德義之至，乃能至天地協應……及其衰也，飢饉笱瘥，應其政事，變雅所刺是也。蓋人和則天地之和應，人不和則天地之和不應，自然之理也。』」〔註 78〕這是王安石向宋神宗論述天人感應的一段話。「四章言致災由於小人……則天變生於人妖也」〔註 79〕「淺陋之人，不知天人之際，至誠可以感通如此。」〔註 80〕「蓋吉凶之變，雖出乎天，而其所感召之者，

〔註 73〕王先謙：《荀子集解》，中華書局，1988 年 9 月第一版，第 308 頁。

〔註 74〕王先謙：《荀子集解》，中華書局，1988 年 9 月第一版，第 313 頁。

〔註 75〕鄧廣銘：《北宋政治改革家王安石》，河北教育出版社，2000 年 12 月第一版，第 119 頁。

〔註 76〕司馬光：《傳家集》卷七五，文淵閣四庫全書臺北故宮博物院藏本。

〔註 77〕王安石：《臨川先生文集》卷六七，《九變而賞罰可言》，1993 年上海古籍出版社影印四部精要刻本，第 186 頁。

〔註 78〕李燾：《續資治通鑒長編》，中華書局，1986 年 5 月第一版，第 5657 頁。

〔註 79〕程元敏：《三經新義輯考彙評——詩經》，國立編譯館，1986 年 9 月第一版，第 172 頁。

〔註 80〕程元敏：《三經新義輯考彙評——尚書》，國立編譯館，1986 年 7 月第一版，第 93 頁。

實自乎人，知凶而修政以救之，則可以轉禍而爲福矣。」〔註 81〕「日月告凶，不用其行，則以四國無政、不用其良故也。」〔註 82〕上引四處，均出自王安石主持修訂的《三經新義》，是王安石持天人感應之論的明證。

與所持天人感應論相一致，王安石也肯定了災異譴告說。「眚災變異，以戒人君。」〔註 83〕「日有變，王爲之懼者，謹天戒也。」〔註 84〕很顯然，這兩條都是對災異譴告說的直接肯定，而「懼」、「謹」則是畏天變的直接表達。不僅如此，王安石還將「畏天變」作爲帝王的美好德行大加讚賞。「伏惟仁宗之爲君也，仰畏天，俯畏人……蓋屢聖相繼，仰畏天，俯畏人。」〔註 85〕既然王安石認爲「畏天」是宋代眞、仁以上帝王的美好德行，試想又怎麼會向神宗皇帝進「天變不足畏」之言呢？

其次，從李燾的記載來看，王安石不僅沒有向宋神宗進「天變不足畏」之言，而且還當面肯定了神宗皇帝「懼天變」的德行。「己未，上諭安石曰：『聞有三不足之說否？』王安石曰：『不聞。』上曰：『陳薦言：『外人云今朝廷爲天變不足懼，人言不足恤，祖宗之法不足守。』昨學士院進試館職策，專指此三事，此是何理？朝廷亦何嘗有此，已別作策問矣。』安石曰：『陛下躬親庶政，無流連之樂，荒亡之行，每事惟恐傷民，此亦是懼天變。』」〔註 86〕首先，神宗皇帝當面問王安石「聞有三不足之說否」，顯然，王安石不曾向宋神宗進「天變不足畏」之言，否則何來這樣的問話。其次，「不聞」則說明王安石沒有說過「三不足」之類言論。再次，「何嘗有此」說明神宗皇帝自認爲「畏天變」。最後，災異譴告說意在限制君主行爲以達到儒家有德之君的標準，既然如此，王安石認爲神宗皇帝「無流連之樂，荒亡之行，每事惟恐傷民」就是「懼天變」的表現，便是很自然的了，絕沒有超出災異譴告說的範圍。當然，「此亦是懼天變」

〔註 81〕程元敏：《三經新義輯考彙評——周禮》，國立編譯館，1987 年 12 月第一版，第 352 頁。

〔註 82〕程元敏：《三經新義輯考彙評——詩經》，國立編譯館，1986 年 9 月第一版，第 169 頁。

〔註 83〕王安石：《臨川先生文集》卷四七，《賜答曾公亮詔》，1993 年上海古籍出版社影印四部精要刻本，第 129 頁。

〔註 84〕程元敏：《三經新義輯考彙評——尚書》，國立編譯館，1986 年 7 月第一版，第 70 頁。

〔註 85〕王安石：《臨川先生文集》卷四一，《本朝百年無事劄子》，1993 年上海古籍出版社影印四部精要刻本，第 115～116 頁。

〔註 86〕黃以周等輯注，顧吉辰點校：《續資治通鑒長編拾補》，中華書局，2004 年 1 月第一版，第 346 頁。

也是王安石對「畏天變」的直接肯定。因此，可以肯定的是，王安石絕沒有向神宗皇帝進「天變不足畏」之言，也無所謂的「天變不足畏」之精神。

再次，「天變不足畏」不全是王安石變法反對派的憑空揑造。說不全是，是因爲「天變不足畏」這句話的出現，與王安石的言論不無關係。「水旱常數，堯、湯所不免。陛下即位以來，累年豐稔，今旱暵雖逢，但當益修人事，以應天災，不足貽聖慮耳。」〔註 87〕王安石的此類言論，當是富弼《上神宗論災變非時數》一文的起因，也是司馬光試李清臣等策目的起因。當然，王安石的這類言論絕沒有突破董仲舒災異譴告說，而是董仲舒「禹水湯旱，非常經也，適遭世氣之變而陰陽失平……皆適遭之變，非禹湯之過，毋以適遭之變，疑平生之常」〔註 88〕的另一種表述。董仲舒的災異譴告說，將天災視爲天的譴告還是「適遭之變」，完全視君主的德行而定，災異譴告說意在限制君權，限制君主的行爲，由此可見。正是因爲將某一天災視爲政治之失引致的譴告還是「適遭之變」，具有一定的隨意性，這才出現了王安石認爲是「適遭之變」而不足懼，變法反對派卻認爲是天的譴告。正是因爲有這樣認識上的不同，變法反對派才會指責王安石「天變不足畏」，而這種指責並不表示王安石與變法反對派在天人感應與災異譴告觀念上有何根本不同。王宇認爲「王安石的災異思想與反對派並無根本的分歧」，應該來說是可以成立的，前面提到的蘇軾就是很好的例證。李申也認爲，王安石在《洪範傳》中反對「蔽而葸」的思想「不過是大家都具有的意識」〔註 89〕。

再次，王安石具有天人感應與災異譴告觀念絕無疑問，只是他的這一觀念自有其獨特之處，不同於東漢時流行的天人感應與災異譴告觀念。「人君固輔相天地以理萬物者也，天地萬物不得其常，則恐懼修省，固亦其宜也。今或以爲天有是變，必由我有是辠以致之；或以爲災異自天事耳，何豫於我，我知修人事而已。蓋由前之說，則蔽而葸；由後之說，則固而怠。不蔽不葸，不固不怠者，亦以天變爲己懼，不曰天之有某變，必以我爲某事而至也，亦以天下之正理考吾之失而已矣，此亦「念用庶證」之意也。」〔註 90〕「恐懼

〔註 87〕李燾：《續資治通鑒長編》，中華書局，1986 年 5 月第一版，第 6147～6148 頁。

〔註 88〕蘇輿：《春秋繁露義證》，中華書局，1992 年 12 月第一版，第 349 頁。

〔註 89〕李申：《中國儒教史》下册，上海人民出版社，2000 年版，第 193 頁。

〔註 90〕王安石：《臨川先生文集》卷六五，《洪範傳》，1993 年上海古籍出版社影印四部精要刻本，第 181 頁。

修省，固亦其宜」，「以天變爲己懼」，顯然王安石認爲君主應該「畏天變」。「以爲災異自天事耳，何豫於我，我知修人事而已」，是荀子的天人相分思想，王安石對此種觀點表示了明確的反對。不過，王安石也明確反對「是變」、「是罪」、「某變」、「某事」一一對應，這種東漢時大爲流行的天人感應與災異譴告觀念。這種觀念孔安國表現得最爲突出。「君行敬，則時雨順之……君行政治，則時暘順之……君能謀，則時寒順之……君行狂妄，則常雨順之……君行僭差，則常暘順之。」〔註 91〕孔安國對《尚書・洪範》的這種解釋，王安石表示了極大的懷疑。「《洪範》之陳五事，合於事而通於義者也，如其休咎之效，則予疑焉。人君承天以從事，天不得其所當然，則戒吾所以承之之事可也。必如《傳》云，人君行然，天則順之以然，其固然邪？」〔註 92〕當「天地萬物不得其常」時，王安石一方面強調「畏天變」，一方面又反對一一對應的天人感應災異譴告觀，主張「以天下之正理考吾之失」。顯然，王安石認爲天變是由君主之失引起的（這是典型的災異譴告觀念），不過究竟由何種「失」引起此天變，則需「以天下之正理考吾之失」，不能機械地一一對應。

最後，値得一提的是，王安石雖然認爲作爲天之代理人與輔助者的君主應該「畏天變」，但在他看來，君主更應該效法天之所爲。畢竟，「畏天變」意味著君主因沒貫徹天的意志而犯了錯誤，「畏天變」只是設法改正與彌補錯誤，而效法天之所爲，爲天之所爲則能最好地貫徹天的意志，不會犯錯。「陛下正當爲天之所爲。知天之所爲，然後能爲天之所爲。爲天之所爲者，樂天也，樂天然後能保天下。不知天之所爲，則不能爲天之所爲。不能爲天之所爲，則當畏天。畏天者不足以保天下，故戰戰兢兢，如臨深淵，如履薄冰者，爲諸侯之孝而已。所謂天之所爲者，如河決是也。天地之大德曰生，然河決以壞民產而天不恤者，任理而無情故也……此乃能爲天之所爲，任理而無情故也。」〔註 93〕與「畏天」相比，「爲天之所爲」是對君主更高的要求。「無情」是指無任何個人的好惡偏私，個人的意志，要求君主「無情」，就是要求君主在任何政治行動中都不得夾雜自己個人的好惡偏私，自己個人的意志，只能貫徹天的意志，即「安利」民。

〔註 91〕參見《漢魏古注十三經》，中華書局，1998 年 11 月第一版，《尚書・孔安國傳》，第 43 頁。

〔註 92〕王安石：《臨川先生文集》卷七十，《策問十一》，1993 年上海古籍出版社影印四部精要刻本，第 196 頁。

〔註 93〕李燾：《續資治通鑒長編》，中華書局，1986 年 5 月第一版，第 5742 頁。

第二節　關於「每贊上以獨斷」

勸神宗專權獨斷，無疑是變法反對派給王安石定的諸多罪狀之一。李燾《續資治通鑒長編》有這樣的記載：「安石既得政，每贊上以獨斷，上專信任之。」〔註94〕應該來說「每贊上以獨斷」，如同「天變不足畏」一樣，與王安石的某些言論不無關係，並非變法反對派的憑空捏造，但如果說王安石主張君主專制獨裁，則失之過遠。

李祥俊《王安石學術思想研究》一書以一小節篇幅，專門論述王安石所謂的「君權至尊、君主獨裁」思想。李祥俊認爲「從君權神授、君權至尊的立場出發，王安石反覆勸說宋神宗在政治上要獨裁，以強權制服臣下。」〔註95〕李祥俊甚至還認爲「王安石的這種君權至尊、君主獨裁理論和韓非等人的法家學說已沒有什麼兩樣。」〔註96〕李祥俊在做出此種論斷時，並未察覺此一論斷與其對王安石「天人關係論」的論述有明顯的矛盾之處。「因爲天人之間存在著感應關係，所以王安石認爲統治者應該觀察天意，敬天、畏天……以董仲舒爲代表的漢代儒者提倡這種天人感應論，其目的是在君主專制集權的制度下，用天的權威來制約君權……王安石繼承漢儒的這種天人感應論，其目的也正是要制約君主的非理行爲。」〔註97〕既然，王安石繼承天人感應論的目的在於制約君主，在他的思想系統中，天的權威處處限制著君主的權力和行爲，君主又怎麼可能是專制獨裁的呢？況且，天的意志實際就是民意，天的意志處處限制君主的權力與行爲，實際就是君主的權力與行爲要處處受到民意的限制，這樣的君主何談專制獨裁權力？當然，李祥俊沒有說王安石天人感應論意在限制君主的權力，而是說意在制約君主行爲，對行爲的制約與對權力的限制又有什麼不同呢？因爲未能覺察到其論述的矛盾之處，李祥俊甚至有與「目的也正是要制約君主的非理行爲」直接相衝突的論述。「在君權神授、君權至尊上他卻沿襲了漢儒的

〔註94〕黃以周等輯注，顧吉辰點校：《續資治通鑒長編拾補》，中華書局，2004年1月第一版，第342頁。

〔註95〕李祥俊：《王安石學術思想研究》，北京師範大學出版社，2000年11月第一版，第105～106頁。

〔註96〕李祥俊：《王安石學術思想研究》，北京師範大學出版社，2000年11月第一版，第106頁。

〔註97〕李祥俊：《王安石學術思想研究》，北京師範大學出版社，2000年11月第一版，第80頁。

說法……王安石的尊君思想比董仲舒更極端，董仲舒還強調『屈君而伸天』，而王安石只看到君權神授、君權至尊的一面，而相對忽視以天意限制君權的一面。」〔註 98〕「只看到」、「忽視」這樣的用語，顯然與「目的也正是」直接衝突。

當然，變法反對派的指責以及李祥俊的觀點，並非毫無根據，王安石的某些言論的確很容易讓人產生「贊上以獨斷」的感覺。王安石給人「贊上以獨斷」感覺的言論，大多爲勸神宗獨專賞罰之權。「竊以作威者王之權」〔註 99〕；「人君蔽於眾，而不知自用其福威」〔註 100〕；「三德者，君之所獨任而臣民不得僭焉者也」〔註 101〕；「若遂從之，即陛下威福爲私議所奪，失人君之道矣」〔註 102〕；「《書》曰：『惟辟作威』，又曰：『去邪勿疑。』陛下赫然獨斷」〔註 103〕；「綱紀修，視聽不蔽，則人主權自然歸一」〔註 104〕；「凡作威作福，固陛下之任……陛下若自作好惡，雖有過當。尙令人畏；陛下若令他人作好惡，即恐威福爲人所竊」〔註 105〕；「人主作威福，若使人臣各自較量厚薄，操券以責人主，恐人主不可勝責。故太祖責川班援例求賞，盡誅之，所以銷人臣悖慢之氣，而長人主威權」〔註 106〕；「惟辟作福，惟辟作威，荀子曰『擅生殺之謂王，能利害之謂王。』意如此。」〔註 107〕上引逐條，也許尙有缺漏，但足以說明王安石勸宋神宗獨專賞罰之權。不過，勸宋神宗獨專賞罰之權就意味著王安石主張君主專制獨裁嗎？恐怕尙須具體分析。

首先，賞罰之權只是君權的一部分，主張君主獨專賞罰之權，並不意

〔註 98〕李祥俊：《王安石學術思想研究》，北京師範大學出版社，2000 年 11 月第一版，第 105 頁。

〔註 99〕王安石：《臨川先生文集》卷六十，《手詔令視事謝表》，1993 年上海古籍出版社影印四部精要刻本，第 168 頁。

〔註 100〕王安石：《臨川先生文集》卷六五，《洪範傳》，1993 年上海古籍出版社影印四部精要刻本，第 180 頁。

〔註 101〕王安石：《臨川先生文集》卷六五，《洪範傳》，1993 年上海古籍出版社影印四部精要刻本，第 180 頁。

〔註 102〕李燾：《續資治通鑒長編》，中華書局，1985 年 11 月第一版，第 5125 頁。

〔註 103〕李燾：《續資治通鑒長編》，中華書局，1985 年 11 月第一版，第 5167 頁。

〔註 104〕李燾：《續資治通鑒長編》，中華書局，1985 年 11 月第一版，第 5138 頁。

〔註 105〕李燾：《續資治通鑒長編》，中華書局，1986 年 5 月第一版，第 5658 頁。

〔註 106〕李燾：《續資治通鑒長編》，中華書局，1986 年 5 月第一版，第 5905 頁。

〔註 107〕程元敏：《三經新義輯考彙評——尚書》，國立編譯館，1986 年 7 月第一版，第 117 頁。

味著主張君主在一切方面都具有不受限制的絕對專制獨裁權力。上引逐條，只有「人主權自然歸一」，讓人懷疑王安石是否主張君主獨攬一切權力，然而此條乃王安石針對大臣擅權、專權而言，並非主張君主獨攬一切權力。「陪臣執國命」、「政出大夫」乃是孔子所明確反對的，「人主權自然歸一」正是在儒家極力反對大臣擅權、專權的意義上說的，並非主張君主專制獨裁。這種意義上的「人主權歸一」與獨專賞罰之權，乃儒家「尊君」的題中應有之意，當然這種尊君是在以天的權威處處限制君權，約束君主行為前提下的尊君。

其次，王安石主張君主獨專賞罰之權，以儒家經典《尚書・洪範》「惟辟作福、惟辟作威、惟辟玉食。臣無有作福、作威、玉食」〔註 108〕作為經典依據。雖然，君主獨專賞罰之權，很容易讓人想起韓非所主張的君主獨操賞罰二柄，但並不能因此便認為王安石此一思想與「韓非等人的法家學說已沒有什麼兩樣。」君主獨專賞罰之權，以《尚書・洪範》為經典依據，正統儒家學者對此也不會有何異議，況且如第三章所言，王安石此一思想與韓非所主張的君主獨操賞罰二柄之根本不同在於，韓非的出發點與歸宿是君主的利益，而王安石的目的則在於「變風俗」，在於改變社會的道德狀況，前已詳述，此不贅言。

再次，王安石主張君主獨專賞罰之權，並不意味著君主可以憑自己的好惡任意施加賞罰。「直信吾之是非，而加人以其賞罰。於是天下始大亂，而寡弱者號無告。」〔註 109〕在《九變而賞罰可言》一文中，王安石極力闡述了《莊子・天道》篇中的「先明天而道德次之，道德已明而仁義次之，仁義已明而分守次之，分守已明而形名次之，形名已明而因任次之，因任已明而原省次之，原省已明而是非次之，是非已明而賞罰次之。」〔註 110〕「是非明而後可以施賞罰」〔註 111〕，是王安石對待賞罰之權的基本態度，如第三章所述，王安石勸宋神宗用賞罰，但認為賞罰的基礎在於「明情偽」、「辨君子、小人」。

〔註 108〕參見《漢魏古注十三經》，中華書局，1998 年 11 月第一版。《尚書・孔安國傳》，第 42 頁。

〔註 109〕王安石：《臨川先生文集》卷六七，《九變而賞罰可言》，1993 年上海古籍出版社影印四部精要刻本，第 186 頁。

〔註 110〕王安石：《臨川先生文集》卷六七，《九變而賞罰可言》，1993 年上海古籍出版社影印四部精要刻本，第 186 頁。參見郭象注、成玄英疏：《南華眞經注疏》，中華書局，1998 年 7 月第一版，第 272 頁。

〔註 111〕王安石：《臨川先生文集》卷六七，《九變而賞罰可言》，1993 年上海古籍出版社影印四部精要刻本，第 180 頁。

「明是非」是行使賞罰之權的前提，而是非的最終標準在於天，不在於君主個人的好惡，也不在於君主個人的利益。君主只能依照自身以外的是非標準進行賞罰，這樣的賞罰之權，只相當於今天所說的執法權，君主行使這種執法權時雖具有排他性，也不意味著君主具有絕對專制之權。實際上，如第三章所述，王安石抱怨的不是宋神宗未能獨專賞罰之權，而是宋神宗不能「明情僞」、「辨君子、小人」。與其說王安石勸宋神宗獨專賞罰之權，不如說王安石勸宋神宗「明情僞」、「辨君子、小人」。

最後，「贊上以獨斷」與「人言不足恤」具有密切的關係，所指責的實際是同一事。「安石既得政，每贊上以獨斷，上專信任之。軾發策云：『晉武平吳，以獨斷而克；符堅伐晉，以獨斷而亡。齊桓專任管仲而霸，燕噲專任子之而滅。事同功異，何也？』安石見之不悅。上數欲用軾，安石必沮毀之……又作《擬進士對御試策》。」〔註 112〕上引蘇軾之語，顯然意在勸諫宋神宗不可獨斷，而矛頭實指向王安石「每贊上以獨斷」。蘇軾的《擬進士對御試策》提到了所謂的「三不足」，而其眞正強調的則是「眾言不足從」這一條。「《詩》、《書》所稱，大略如此。未嘗言天命不足畏，眾言不足從，祖宗之法不足用也。苻堅用王猛，而樊世、仇騰、席寶不悅。魏鄭公勸太宗以仁義，而封倫不信。凡今之人，欲陛下違眾而自用者，必以此籍口……且其不悅者，不過數人，固不害天下之信且服也。今天下有心者怨，有口者謗。」〔註 113〕「欲陛下違眾而自用」與「每贊上以獨斷」所指應該相同，而「違眾而自用」顯然意指「眾言不足從」。因此，變法反對派指責王安石「每贊上以獨斷」，與指責其向宋神宗進「人言不足恤」之言，其意相同。

關於「人言不足恤」涉及到的君主專權問題，也須具體分析。「陛下詢納人言，事無小大，惟言之從，豈是不恤？人言固有不足恤者，苟當於義理，則人言何足恤！故《傳》稱禮義不愆，何恤於人言！鄭莊公以人之多言，亦足畏矣。故小不忍致大亂，乃《詩》所刺。則以人言爲不足恤未過也。」〔註 114〕從李燾的記載來看，與「天變不足畏」不同，王安石確實在某種情況下認

〔註 112〕黃以周等輯注，顧吉辰點校：《續資治通鑒長編拾補》，中華書局，2004 年版，第 342～343 頁。

〔註 113〕蘇軾：《蘇軾文集》卷九《擬進士對御試策》，孔凡禮點校，中華書局，1986 年 3 月第一版，第 307 頁。

〔註 114〕黃以周等輯注，顧吉辰點校：《續資治通鑒長編拾補》，中華書局，2004 年 1 月第一版，第 346。

爲「人言不足恤」。王安石實際上首先肯定了宋神宗「恤人言」，即肯定了宋神宗不專斷獨行，但對於「流俗之言」及意在破壞阻撓新法的「奸言浮說」，王安石則認爲不足恤。從現實政治來看，王安石的這種「人言不足恤」是可以理解的，絕不等於同主張君主專斷獨行、獨裁專制。在現實政治中，任何政策措施，特別是「新法」之類的措施，不可能不觸動某些人的利益，如因這些人的反對而不予推行，則政府必限於癱瘓，因此不恤人言，絕不等於主張君主專制獨裁。另外，王安石主張君主獨專賞罰之權時，也確實認爲「眾言不足從」。「眾以爲不可。安石曰：『……若遂從之，即陛下威福爲私議所奪，失人君之道矣。』」〔註115〕不過，如前所述，主張君主獨專賞罰之權，並不意味著主張君主在一切方面都享有不受限制的絕對專制獨裁權力。

第三節　君臣權職

一、同治天下

余英時《朱熹的歷史世界》以一章的篇幅，論述了宋代士大夫與皇帝「同治天下」的觀念，以及士大夫政治主體意識的顯現。余英時認爲「與皇帝『同治』或『共治』天下是宋代儒家士大夫始終堅持的一項原則。」〔註116〕余英時還認爲「王安石秉政更加深了士大夫與皇帝同治天下的觀念。」〔註117〕在余英時看來，王安石顯然是宋代士大夫中，具有與皇帝「同治天下」觀念的突出代表。

顯然，王安石主張君主專制獨裁與王安石具有「同治天下」觀念，這兩者不可並存。因此，從某種意義上來說，對王安石「同治天下」觀念的考察，便是對「王安石主張君主專制獨裁」觀點的一種有力駁斥，也是對王安石君權思想的一種考察。

李燾《續資治通鑒長編》記載了不少宋神宗、王安石、文彥博三人的對話，其中有兩次涉及到了「同治天下」觀念，值得注意。「彥博又言：『祖宗法制具在，不須更張以失人心。』上曰：『更張法制，於士大夫誠多不悅，然於百姓何所不便？』彥博曰：『爲與士大夫治天下，非與百姓治天下也。』上

〔註115〕李燾：《續資治通鑒長編》，中華書局，1985年11月第一版，第5125頁。
〔註116〕余英時：《朱熹的歷史世界》，三聯書店，2004年11月版，第229頁。
〔註117〕余英時：《朱熹的歷史世界》，三聯書店，2004年11月版，第225頁。

曰：『士大夫豈盡以更張為非，亦自有以為當更張者。』安石曰：『法制具在，則財用宜足，中國宜強。今皆不然，未可謂之法制具在也。』」〔註118〕「彥博曰：『要服契丹，即先自治，當令人臣不為朋黨。』安石曰：『小人乃為朋黨，君子何須為朋黨？言天事則有命，言人事則有義，義、命而已，何須為朋黨？』彥博曰：『言有義、命者，未必知義、命。』安石曰：『君子、小人情狀亦易考。但誕謾無義理，前言不復於後，後言不掩於前，即是小人。忠信有義理，言可復，即是君子。若果是君子，即須同心……若共國不務同心，即國事何由成。』彥博曰：『人所見豈可盡同？』」〔註119〕如果說「為與士大夫治天下」，體現的是文彥博具有「同治天下」觀念，而王安石與宋神宗只是默認了文彥博的這一觀念的話，那麼「若共國不務同心，即國事何由成」體現的則是王安石的「同治天下」觀念，當然，王安石的這一觀念也得到了宋神宗與文彥博的默認。

如果程頤「帝王之道也，以擇任賢俊為本，得人而後與之同治天下」〔註120〕中的「同治天下」四字可為上引文彥博的話作注〔註121〕的話，那麼，《詩經新義》中的「事雖異，然其同治天下，則凡伯與厲王無以異於同僚矣」〔註122〕，則是王安石「共國」觀念的最佳注腳。「上既使臣雱訓其辭，又命臣某等訓其義。」〔註123〕王安石主持修訂《三經新義》，其中《詩經新義》由王安石等訓釋，這一點王安石《詩義序》說得非常清楚，因此《詩經新義》中的「同治天下」觀念為王安石所具有，絕無可疑。「則凡伯與厲王無以異於同僚矣」，這句話意味著君主與臣僚在治理國家過程中處於同等地位，只是分工不同而已。王安石對「同治天下」的這種闡釋，可以說達到了「同治天下」觀念在君主政體中所能達到的極致，同時也意味著王安石在抬高士大夫地位，壓低君主地位，限制君主權力方面，達到了君主政體中所能達到的極致。

〔註118〕李燾：《續資治通鑒長編》，中華書局，1986年5月第一版，第5370頁。

〔註119〕李燾：《續資治通鑒長編》，中華書局，1986年5月第一版，第5792頁。

〔註120〕程顥、程頤：《二程集》，中華書局，1981年7月第一版，第1035頁。

〔註121〕參見余英時：《朱熹的歷史世界》，三聯書店，2004年11月版，第222頁。

〔註122〕程元敏：《三經新義輯考彙評——詩經》，國立編譯館，1986年9月第一版，第252頁。

〔註123〕王安石：《臨川先生文集》卷八四，《詩義序》，1993年上海古籍出版社影印四部精要刻本，第230頁。

王安石「共國」觀念，就國家治理方面來說，與「天下之事豈一人所能辨哉」〔註 124〕具有密切關係，但不源於此。治理國家，當然不是君主一人所能辨到的，從這方面來說君主需要臣僚的協助，需要臣僚「同治」。但在這種「同治」關係中，臣僚到底是處於王安石所說「無以異」的地位，還是處於君主用於治理國家之工具的地位，或者君主管理其私產的管家地位，尚不確定。

「始大人常以臣無賴，不能治產業，不如仲力。今某之業所就孰與仲多？」〔註 125〕秦漢以來，正如劉邦所言，帝王都將天下視爲自己的私產，將人民視爲自己的私物，這一點黃宗羲看得最爲清楚。「視天下爲莫大之產業，傳之子孫，受享無窮；漢高帝所謂『某業所就，孰與仲多』者，其逐利之情不覺溢之於辭矣。」〔註 126〕「緣夫天下之大，非一人之所能治，而分治之以群工。故我之出而仕也，爲天下，非爲君也；爲萬民，非爲一姓也……世之爲臣者昧於此義，以謂臣爲君而設者也。君分吾以天下而後治之，君授吾以人民而後牧之，視天下人民爲人君橐中之私物。」〔註 127〕在君主視天下爲私產，臣僚視人民爲「人君橐中之私物」的情況下，顯然臣僚不可能具有「無以異」的地位，其所謂的「同治」也只能充當君主的治理工具或管理其私產的管家角色而已。

黃宗羲「非一人之所能治」，與王安石「豈一人所能辨」，語義完全相同，但要從其中引出臣僚、君主「無以異」的「同治」觀念，則需清除天下、人民乃君主之私產、私物的觀念。「大賚善人，封建以爲諸侯，與共天下，則所以求天下之定也。」〔註 128〕「共天下」是說天子與諸侯「共天下」，天下不被視爲皇帝一人的私產。不但天下不是皇帝一人的私產，爵位官職俸祿也非帝王個人的恩賜，而是「天位」、「天職」、「天祿」。「人君之好善…必與之食天祿，共天位焉」。〔註 129〕「不與我言，是不與我治天職也。不與我食，是不與

〔註 124〕程元敏：《三經新義輯考彙評——尚書》，國立編譯館，1986 年 7 月第一版，第 46 頁。

〔註 125〕司馬遷：《史記》，中華書局，1982 年 11 月第二版，第 387 頁。

〔註 126〕黃宗羲撰，段志強譯：《明夷待訪錄》，中華書局，2011 年 1 月第一版，第 8 頁。

〔註 127〕黃宗羲撰，段志強譯：《明夷待訪錄》，中華書局，2011 年 1 月第一版，第 14～16 頁。

〔註 128〕程元敏：《三經新義輯考彙評——詩經》，國立編譯館，1986 年 9 月第一版，第 298 頁。

〔註 129〕程元敏：《三經新義輯考彙評——詩經》，國立編譯館，1986 年 9 月第一版，第 50 頁。

我食天祿也」。〔註 130〕「天位」、「天職」、「天祿」也就是說其源在天，非皇帝可隨便予奪。王安石「共國」、「同治天下」的觀念，與「天位」、「天職」、「天祿」的觀念密不可分。帝王的爵位也是天所授予，從這方面來說與臣僚無異，只是「事異」即分工不同而已。正是因爲有天的權威在，臣僚與帝王才處於「無以異」的「同治」地位。臣僚與君主處於「無以異」的「同治」地位，君主不具有不受限制之獨裁專制權力，自不待言。

君臣一起「同治天下」，其目的何在？爲誰的利益服務？這也是考察「同治天下」觀念所不可少的一個方面。「天之所以立君，君之所以設官分職，凡以安民而已。」〔註 131〕「有物然後能生民，有民然後有事，有事然後立君，有君然後有臣，有臣然後生物。」〔註 132〕「人之生久矣，父子、夫婦、兄弟、賓客、朋友，其倫也。孰持其倫？禮樂、刑政、文物、數制、事爲，其具也。其具孰持之？爲之君臣，所以持之也。」〔註 133〕上面三段引文，表達了一種政府起源說，更準確來說是表達了一種建立政府之目的的觀點。建立政府的目的只有一個，就是「安民」，也就是說建立政府是爲人民服務的。所謂「有事」是指人群集中在一起需要一種生產生活秩序，「安民」的根本在於維持人倫秩序，建立政府的目的便在於維持人倫秩序。既然建立政府的目的在於「安民」，那麼「同治天下」的目的也就只能是「安民」，而不是君主同各級官僚共同管理其私產。

二、君臣分職與君主無爲

「事雖異，然其同治天下」〔註 134〕。顯然，王安石的「同治天下」觀念與君臣職事相異的觀念相伴而行，君主與臣僚在治理國家過程中所處地位雖不懸絕，但職事分工卻有所不同。「大者省其大而略，小者治其小而詳，

〔註 130〕程元敏：《三經新義輯考彙評——詩經》，國立編譯館，1986 年 9 月第一版，第 72 頁。

〔註 131〕程元敏：《三經新義輯考彙評——尚書》，國立編譯館，1986 年 7 月第一版，第 210 頁。

〔註 132〕張宗祥輯：《王安石〈字說〉輯》，福建人民出版社，2005 年 1 月第一版，第 4 頁。

〔註 133〕王安石：《臨川先生文集》卷七七，《請杜醇先生入縣學書一》，1993 年上海古籍出版社影印四部精要刻本，第 214 頁。

〔註 134〕程元敏：《三經新義輯考彙評——詩經》，國立編譯館，1986 年 9 月第一版，第 252 頁。

其小大、詳略得其序，則功用興，而分職治矣」。〔註 135〕「細大並舉，乃爲政體，但尊者任其大，卑者務其細，此先王之法，乃天地自然之理。如人一身，視、聽、食、息，皆在元首，至欲搔癢，則須爪甲。體有小大，所任不同，然各不可闕……市易務勾當官乃取賈人爲之，固爲其所事煩細故也，豈可責市易務勾當官不爲大人之事？臣以謂不當任煩細者，乃大人之事。如陛下朝夕檢察市易務事，乃似煩細，非帝王大體，此乃《書》所謂『元首叢脞』也。」〔註 136〕「細大並舉……但尊者任其大，卑者務其細」是「分職」概念最好的注解。如同元首、股肱、爪甲的「所任不同」一樣，君主與各級臣僚的職事分工也不相同。當然職事分工不同，同時意味著尊卑等級的差異，因此，「無以異」的「同治」並不否定尊卑等級。不過，既然帝王與臣僚同處一尊卑等級序列之中，那麼帝王雖處於這一序列的最頂端，但其地位與下面的等級之間便並不懸絕。此處重要的還不在於尊卑等級是否懸絕，而在於將帝王與臣僚一起納入了一分工序列之中，這種納入本身，就已表明臣僚不是君主的工具或管理其私產的管家，而是同君主一樣承擔著上天賦予的「安民」職責，即所謂的「天職」，職事分工的不同可理解爲具體「天職」的不同。

在「同治天下」的分工協作中，君主承擔怎樣的職事？「日月之行，則有冬有夏」，何也？言歲之所以爲歲，以日月之有行，而歲無爲也，猶王之所以爲王，亦以卿士、師尹之有行，而王無爲也。」〔註 137〕「君道以擇人爲職，上必無爲而用天下，下必有爲而爲天下用，此君臣之分也。」〔註 138〕「無爲而用臣子者，君父也；有爲而爲君父用者，臣子也。」〔註 139〕君主以擇人爲職，就是君主以選擇賢德之人，實現第一章所述的「賢者治不賢」，「賢者貴、不屑者賤」的天道秩序爲自己的職守。君主的職責僅此而已，具體事務則非君主的職事。君主的職事在於「擇人」，意味著人事任免大權由君主所掌控。

〔註 135〕王安石：《臨川先生文集》卷六五，《洪範傳》，1993 年上海古籍出版社影印四部精要刻本，第 181 頁。

〔註 136〕李燾：《續資治通鑒長編》，中華書局，1986 年 5 月第一版，第 5827 頁。

〔註 137〕王安石：《臨川先生文集》卷六五，《洪範傳》，1993 年上海古籍出版社影印四部精要刻本，第 181 頁。

〔註 138〕程元敏：《三經新義輯考彙評——尚書》，國立編譯館，1986 年 7 月第一版，第 201 頁。

〔註 139〕劉成國：《荊公新學研究》附錄《王安石〈易解〉輯佚》，上海古籍出版社，2006 年 1 月第一版，第 287 頁。

在中國的官僚體制中，壟斷人事任免權實際意味著掌控了整個官僚機構的一切大權。不過，在王安石的思想中，理想的君主只能按照「賢者治不賢」的天道秩序來「擇人」，也就是以一客觀標準來「擇人」，這就意味著君主的人事任免權實際只是一種執行權，而非決定權。

君主的職事只在於「擇人」，而不承擔具體事務，這便是王安石反覆強調的君主「無為」。君主「無為」實際是一種「虛君」，即政府的一切具體事務均由「相權」處理，君權不在政府具體事務中發揮作用，是對君權的一種限制。可以說，王安石反覆強調君主「無為」，其意便在於限制君權。從李燾《續資治通鑒長編》的記載來看，王安石每每當面責備宋神宗陷於「叢脞」細務。「臣愚以謂陛下憂勤眾事，可謂至矣。然事兼於德，德兼於道。陛下誠能明道以御眾，則不待憂勞而事自治；如其不能，則雖復憂勞未能使事事皆治也。陛下誠能討論帝王之道，垂拱無為。觀群臣之情偽以道揆而應之，則孰敢為欺？人莫敢為欺則天下已治矣！臣敢不且黽勉從事？若但如今日，恐無補聖治也。」〔註 140〕王安石當面責備宋神宗「憂勤眾事……無補聖治」，實際是抗議君權對臣僚職權即相權的侵奪。「皋陶以為人君不必下侵臣職以求事功，但委任而責成功爾……苟為不然，而欲下侵眾職，則元首叢脞……天下之事豈一人所能辦哉？」〔註 141〕君主對政府具體事務的介入，便是陷入細務的「元首叢脞」，也是對「臣職」侵奪，一旦發生這種情況，王安石便會抬出《尚書・益稷》中的「元首叢脞哉，股肱惰哉，萬事墮哉」〔註 142〕來向宋神宗表示勸誡和抗議。

與「虛君」的君主「無為」相應，君主在國家之中所起的是一種道德偶像或道德榜樣作用。「蓋精神之運，心術之化，使人自然遷善遠罪者，主道也。」〔註 143〕「取正於天而已。我取正於天，則民取正於我。」〔註 144〕「言庶民以君為中，君保中，則民與之也……『凡厥庶民，無有淫朋，人無有比德，惟皇作極』，何也？言君中則民人中也。庶民無淫朋，人無比德者，惟君為中而

〔註 140〕李燾：《續資治通鑒長編》，中華書局，1986 年 5 月第一版，第 5436 頁。

〔註 141〕程元敏：《三經新義輯考彙評——尚書》，國立編譯館，1986 年 7 月第一版，第 45～46 頁。

〔註 142〕參見《漢魏古注十三經》，中華書局，1998 年 11 月第一版。《尚書・孔安國傳》，第 14 頁。

〔註 143〕李燾：《續資治通鑒長編》，中華書局，1986 年 5 月第一版，第 5590 頁。

〔註 144〕程元敏：《三經新義輯考彙評——尚書》，國立編譯館，1986 年 7 月第一版，第 116 頁。

已。蓋君有過行偏政，則庶民有淫朋，人有比德矣。」〔註 145〕「以君爲中」是以君主作爲道德和行爲之標準，當然其前提是「君保中」，即君主自身達到「中」的道德標準。這種整個國家以君主作爲道德和行爲之標準，不可避免具有政教合一體制之絕對專制性質，不過，王安石強調的不是「庶民以君爲中」，而是君主必須「保中」，因爲整個社會的道德狀況都由君主的行爲和道德狀況決定，庶民的道德敗壞由君主的行爲所導致，君主要爲整個社會的道德狀況負責。

三、君臣關係

君臣關係體現的是君主與臣僚之間的相對地位，可從一個側面反映君權狀況。關於君臣關係，王安石有一段歷史上頗爲有名的話。「若夫道隆而德駿者，又不止此，雖天子北面而問焉，而與之迭爲賓主，此舜所謂承之者也。」〔註 146〕余英時認爲王安石的這種議論「更是石破天驚之論。依照此說，『有道之士』和『天子』是處於完全平等的地位，因此才能『迭爲賓主』。」〔註 147〕王安石的此類議論，在其著述中並不少見。「君不得師，則不知所以爲君；臣不得師，則不知所以爲臣。爲之師，所以並持之也。」〔註 148〕顯然，「師」即「道隆而德駿者」，是儒家之道的傳承者，代表的是儒家之道，師「並持」君臣是道高於勢位的一種表達，也是以儒家之道約束君主權力的一種表達。

給臣僚及人民保留革命或廢黜君主的權力，無疑是對君權最爲直接、最爲有力的限制。如果說「迭爲賓主」可稱爲石破天驚之論的話，那麼「有伊尹之心則放其君可也，有湯武之仁則絀其君可也」〔註 149〕，則真可謂驚世駭俗了。「伊尹之心」、「湯武之仁」都在於「安民」，也就是說如果君主不能盡到「安民」的責任，臣僚、諸侯可以爲了人民的利益，爲了「安民」而廢黜或推翻君主。「以常情言之，以臣伐君，疑於亂矣。以天命言之，湯所謂「天

〔註 145〕王安石：《臨川先生文集》卷六五，《洪範傳》，1993 年上海古籍出版社影印四部精要刻本，第 179 頁。

〔註 146〕王安石：《臨川先生文集》卷八二，《虔州學記》，1993 年上海古籍出版社影印四部精要刻本，第 225 頁。

〔註 147〕參見余英時：《朱熹的歷史世界》，三聯書店，2004 年 11 月版，第 226 頁。

〔註 148〕王安石：《臨川先生文集》卷七七，《請杜醇先生入縣學書一》，1993 年上海古籍出版社影印四部精要刻本，第 214 頁。

〔註 149〕潘斌：《王安石佚書〈禮記發明〉輯考》，《古代文明》，2010 年第 2 期。

吏」，非稱亂也。」〔註 150〕「安民」乃天的意志，能貫徹天之意志者便是孟子所謂的「天吏」。王安石用天的權威，論證湯武革命的合法性、正當性，是用天的權威限制、約束君權的又一種形式。

〔註 150〕程元敏：《三經新義輯考彙評——尚書》，國立編譯館，1986 年 7 月第一版，第 73 頁。

第六章　新學與關學、洛學「三代」理想比較

「新學」、「關學」、「洛學」都屬於北宋新形態儒學，都在儒學的範疇之內，王安石、張載、二程也都是北宋儒學復興運動和「迴向三代」思潮的重要成員，從復興儒學和重建「三代」秩序方面來說，他們無疑具有相似的理想和目標，然而二程卻將王安石及其「新學」當作超過佛、老的頭號論敵，張載也與執政王安石「所語多不合」〔註 1〕，究其原因應該在於他們雖都想重建「三代」秩序，但他們對「三代」本身及如何實現「三代」，卻有著極爲不同的理解。

王安石及其「新學」對張載「關學」、二程「洛學」產生了深刻的影響〔註

〔註 1〕張載：《張載集》，中華書局，1978 年 8 月第一版，第 382～383 頁。

〔註 2〕王安石「新學」對二程「洛學」影響之深，從二程將王安石及其「新學」當作了超過佛、老的頭號論敵便可見一斑。「今異教之害，道家之說則更沒可闢，唯釋氏之說衍蔓迷溺至深。今日是釋氏盛而道家蕭索。方其盛時，天下之士往往自從其學，自難與之力爭。惟當自明吾理，吾理自立，則彼不必與爭。然在今日，釋氏卻未消理會，大患者卻是介甫之學……如今日，卻要先整頓介甫之學，壞了後生學者。」（見《二程集》第 38 頁）程氏說的「吾理」自然指的是儒家之學、儒家之理。程氏之所以說「釋氏卻未消理會」，是因爲他認爲只要闡明了孔孟儒家義理，使得孔孟儒家義理能夠「自立」，佛家學說便會不攻自破。程氏之所以將王安石之學視爲「大患」，究其原因在於他認爲王安石未能眞正領會孔孟儒家義理，而王安石「新學」在學術上的主導地位，又使得後生學者誤入歧途，不能明瞭孔孟義理，因此在程氏看來，王安石「新學」無疑極大地妨礙了孔孟儒家義理的「自立」。二程將王安石當作頭號論敵，

2〕，然而在討論張載「關學」和二程「洛學」時，卻少有學者將王安石的影響納入考察範圍之內。僅就「三代」理想來說，張載「關學」、二程「洛學」與當時居於「官學」地位的王安石「新學」的不同之處，也正是「關學」、「洛學」的特色和理論貢獻之所在，反過來說，以「關學」、「洛學」爲參照，也能更好地凸顯王安石「新學」及其「三代」理想的特色。

在比較「關學」、「洛學」與「新學」之異同方面，蕭永明《北宋新學與理學》做了一些開創性工作。蕭永明主要從爲學方法、社會政治思想和本體論構建的特點三方面，對新學與理學做了一番比較。就社會政治思想的異同來說，蕭永明認爲王安石與二程、張載對「先王之道」的理解不同，由此導致他們在改革指導思想、改革方案方面也存在巨大差異。蕭永明認爲王安石理解的先王之道主要表現爲先王所建立的制度設施、各種政令、法度，而二程、張載所理解的先王之道，是一種以仁義道德爲根本，以禮義教化爲先務的道德政治理想〔註 3〕。所謂「先王之道」，在內涵方面應該來說與「三代」是相通的概念，「先王之道」就是建立「三代」理想社會、理想秩序之道。前文已敘及，王安石「迴向三代」的訴求是重建儒家理想的倫理道德社會，王安石整體上來說是一個儒家道德理想主義者，如果此點能成立的話，蕭永明對王安石所理解的「先王之道」的把握便存在著較大的偏差。應該來說，王安石與張載、二程都是道德理想主義者，他們的不同只是在於王安石沒有像張載、二程那樣，將先秦儒家的倫理道德社會理想，提升到「民胞物與」、「萬物一體」之「大同」世界這樣極度理想化的高度。

第一節　張載關學的「三代」理想

張載心目中的「三代」理想社會是一個使人人「自幼聞見莫非義理文章」，從而有利於人們實現人性，進而使人人都無私無我，人人都有「民胞物與」之心的「大同」世界，即他所說的萬世太平社會。眞正的萬世太平要建立在

《二程集》中也確有不少是針對王安石新學、新法而發的議論，從這方面來說王安石對二程「洛學」的影響絕不可低估。從范育給《正蒙》寫的「序」來看，與執政王安石「所語多不合」，「未伸其志」至少是張載著《正蒙》的外在機緣和動因之一，丁爲祥先生就認爲「范育顯然深知《正蒙》是張載『校書崇文』而又『未伸其志』的產物。」（參見丁爲祥先生：《張載爲什麼著〈正蒙〉》，《哲學研究》，2007 年第 4 期，第 26 頁。）

〔註 3〕參見蕭永明：《北宋新學與理學》，陝西人民出版社，2001 年 2 月第一版。

人們成性或人性實現的基礎之上，而人性實現又有賴於人們能夠知人知天。張載「指示令知天」的天道性命之學就是要讓人們體認到「民吾同胞，物吾與也」，從而擺脫一己小我的自私自利，視人如己，視天下無一物非我。唯有人人都視天下無一物非我，才能有眞正的萬世之太平，而只有建立在「知天」基礎上的「大其心」、「盡性」進而「成性」才能視天下無一物非我。通過使人「知天」進而「成性」再到萬世之太平，這是張載試圖從根本上解決社會政治問題，爲萬世開太平的思想進路，由此進路來理解張載哲學，也許我們能更好地把握張載「指示令知天」的天道性命之學和張載的「三代」理想。

一、知天與民胞物與的「大同」理想

「朝廷以道學政術爲二事，此正自古之可憂者。」〔註 4〕顯然，在張載看來「道學」（或學術）與「政術」（或政治）不是「二事」，而是同一事。正因如此，在張載看來「道學」（或學術）的不明，必然會帶來政治的混亂，或者說，社會政治的混亂乃根源於學術之不明。「以人生爲妄〔見〕，可謂知人乎？天人一物，輒生取捨，可謂知天乎……自其說熾傳中國，儒者未容窺聖學門牆，已爲引取，淪胥其間，指爲大道。〔乃〕其俗達之天下，至善惡、知愚、男女、臧獲，人人著信……此人倫所以不察，庶物所以不明，治所以忽，德所以亂，異言滿耳，上無禮以防其僞，下無學以稽其弊。自古詖、淫、邪、遁之詞，翕然並興，一出於佛氏之門者千五百年。」〔註 5〕在張載看來，「指」不「知天」、不「知人」的佛教「詖、淫、邪、遁之詞」爲「大道」，乃是「治所以忽，德所以亂」的根本原因所在。「以爲知人而不知天……此秦漢以來學者大蔽也。」〔註 6〕張載認爲秦漢以來學者或學術的大蔽就在於「知人而不知天」，而「知人不可不知天」〔註 7〕，這就意味著秦漢以來的學術是既不知天又不知人。既然張載認爲「治所以忽，德所以亂」的根源在於「不知天」，那麼就不難理解其要致力解決的問題就是要使人「知天」。司馬光便認爲張載的天道性命之學，就是要使人「知天」。「先生論性命，指示令知天。」〔註 8〕

〔註 4〕張載：《張載集》，中華書局，1978 年 8 月第一版，第 349 頁。
〔註 5〕張載：《張載集》，中華書局，1978 年 8 月第一版，第 64 頁。
〔註 6〕張載：《張載集》，中華書局，1978 年 8 月第一版，第 386 頁。
〔註 7〕張載：《張載集》，中華書局，1978 年 8 月第一版，第 21 頁。
〔註 8〕張載：《張載集》，中華書局，1978 年 8 月第一版，第 388 頁。

「由太虛，有天之名」〔註 9〕，張載通過「太虛」這個概念來說「天」，在張載那裏「太虛」和「天」這兩個概念在某種意義上是相通的。「太虛無形，氣之本體。」〔註 10〕「太虛者，氣之體。」〔註 11〕太虛是氣之本體，氣是太虛之用，太虛和氣是體用關係。關於太虛和氣的關係，張載說得非常清楚。「知虛空即氣，則有無、隱顯、神化、性命通一無二……若謂虛能生氣，則虛無窮，氣有限，體用殊絕……若謂萬象爲太虛中所見之物，則物與虛不相資，形自形，性自性，形性、天人不相待而有。」〔註 12〕。從張載對佛、老的批評可以看出，太虛與氣是一種相資相待的體用關係。張載所說的「虛空即氣」，「太虛即氣」的「即」正是這種相資相待的體用關係的一種表達，而不是表示太虛就是氣，不是表達太虛和氣是一種等同關係。太虛與氣是一種相資相待的體用關係，所謂的「無」只是氣散而無形，沒有絕對的空無。「知太虛即氣，則無無……諸子淺妄，有有無之分，非窮理之學也。」〔註 13〕「無無」就是沒有絕對的空無，沒有有無之分，有的只是氣聚散而形成的有形和無形的區分。「氣聚則離明得施而有形，氣不聚則離明不得施而無形。」〔註 14〕「氣之爲物，散入無形，適得吾體；聚爲有象，不失吾常」〔註 15〕。有形、無形都是氣，是「通一無二」的，都根源於太虛，以太虛爲本體，也就是說世間有形、無形的萬事萬物都是氣，都根源於太虛或天。人們看到世間萬象萬殊，而不知道它們本爲一物，同根同源。「以是知萬物雖多，其實一物」〔註 16〕。「太虛者，氣之體……陰陽之氣，散則萬殊，人莫知其一也。」〔註 17〕

張載「指示令知天」的「天」或「太虛」之學，有著深刻的政治意涵，這種政治意涵在其《西銘》中得以展現。「乾稱父，坤稱母；予茲藐焉，乃混然中處。故天地之塞，吾其體；天地之帥，吾其性。民吾同胞，物吾與也。」〔註 18〕《西銘》展現的是一種民胞物與，萬物一體的思想，而這種思想的理

〔註 9〕張載：《張載集》，中華書局，1978 年 8 月第一版，第 9 頁。
〔註 10〕張載：《張載集》，中華書局，1978 年 8 月第一版，第 7 頁。
〔註 11〕張載：《張載集》，中華書局，1978 年 8 月第一版，第 66 頁。
〔註 12〕張載：《張載集》，中華書局，1978 年 8 月第一版，第 8 頁。
〔註 13〕張載：《張載集》，中華書局，1978 年 8 月第一版，第 8～9 頁。
〔註 14〕張載：《張載集》，中華書局，1978 年 8 月第一版，第 8 頁。
〔註 15〕張載：《張載集》，中華書局，1978 年 8 月第一版，第 7 頁。
〔註 16〕張載：《張載集》，中華書局，1978 年 8 月第一版，第 22 頁。
〔註 17〕張載：《張載集》，中華書局，1978 年 8 月第一版，第 66 頁。
〔註 18〕張載：《張載集》，中華書局，1978 年 8 月第一版，第 62 頁。

論基礎在張載那裏就是「萬物雖多，其實一物」的「天」或「太虛」之學。張載「指示令知天」的天道性命之學就是要讓人們體認到「民吾同胞，物吾與也」，從而擺脫一己小我的自私自利，視人如己，視天下無一物非我。唯有人人都視天下無一物非我，擺脫一己私欲，才能有眞正的萬世之太平。因此也可以說《西銘》表達的是一種「民吾同胞，物吾與也」的政治理想，一種人人都視人如己，視萬物爲一體的政治理想。人人都視人如己，視萬物爲一體的社會才是眞正的太平世界。張載「民胞物與」的萬世太平世界，是對《禮記・禮運》中天下爲公的「大同」〔註 19〕世界的一種承繼，其天的哲學也可以說是對「大同」世界的理論論證。

在張載看來人的昏蒙、蒙昧皆源於人偏執、繫縛於己身或耳目見聞所及之物。「人心多則無由光明……雜著於物，所以爲蒙。」〔註 20〕「人當平物我，合內外，如是以身鑒物便偏見，以天理中鑒則人與己皆見……只爲天理常在，身與物均見，則自不私，己亦是一物，人常脫去己身則自明。」〔註 21〕「大其心則能體天下之物，物有未體，則心爲有外。世人之心，止於聞見之狹。聖人盡性，不以見聞梏其心，其視天下無一物非我……天大無外，故有外之心不足以合天心。」〔註 22〕昏蒙、蒙昧源於人偏執、繫縛於己身或耳目見聞所及之物，只有「平物我」、「體天下之物」、「視天下無一物非我」，也就是「脫去己身」才能擺脫昏蒙、蒙昧而「光明」。因此，在這個意義上也可以說，「正蒙」就是「去私」，「故學者當無我」〔註 23〕。只有使人無私無我才是「養其蒙使正者」，才是「使蒙者不失其正」。無私無我和民胞物與乃是一體之兩面。張載著《正蒙》正是希望通過使人們知天而達到「萬物雖多，其實一物」的認識，進而達到「平物我」、「視天下無一物非我」，最終無私無我體認到民胞物與，從而實現「萬世太平」。正是在這種意義上張載「指示令知天」的天道性命之學是在爲萬世太平奠定基礎，是在「爲萬世開太平」，其著《正蒙》是在實現其「道濟天下」的經世理想。

〔註 19〕參見《禮記・禮運》：大道之行也，天下爲公，選賢與能，講信修睦。故人不獨親其親，不獨子其子，使老有所終，壯有所用，幼有所長，矜寡孤獨廢疾者皆有所養，男有分，女有歸。貨惡其棄於地也，不必藏於己；力惡其不出於身也，不必爲己。是故謀閉而不興，盜竊亂賊而不作，故外户而不閉。是謂大同。

〔註 20〕張載：《張載集》，中華書局，1978 年 8 月第一版，第 85 頁。

〔註 21〕張載：《張載集》，中華書局，1978 年 8 月第一版，第 285 頁。

〔註 22〕張載：《張載集》，中華書局，1978 年 8 月第一版，第 24 頁。

〔註 23〕張載：《張載集》，中華書局，1978 年 8 月第一版，第 287 頁。

張載以他的名言「為天地立心，為生民立道，為去聖繼絕學，為萬世開太平」〔註24〕集中表達了他的人生理想、自我期許、責任感和使命感。「為天地立心」，此語甚為費解，到底是什麼意思？學界一般都將這裏的「立」理解為樹立、建立、創立的意思。本文認為「為天地立心」的「立」不當作樹立、建立、創立解。「天大無外，故有外之心不足以合天心。」顯然張載主張「合天心」，並且是在「體天下之物」意義上的「合天心」，這種意義上的「合天心」也就是所謂的「大其心」，只有「大其心」才能「視天下無一物非我」。這裏出現了「天心」，到底「天心」是什麼，「合天心」合的是什麼？「大抵言『天地之心』者，天地之大德曰生，則以生物為本者，乃天地之心也……天地之心惟是生物，天地之大德曰生也……天則無心無為，無所主宰。」〔註25〕「天本無心，及其生成萬物，則須歸功於天，曰：此天地之仁也……人須（當）〔常〕存此心……立得此心方是學不錯。」〔註26〕天心、天地之心是天地的生物之心，也即天地之仁，「合天心」也就是常存天地生育萬物的仁心。然而，上引兩句卻又都說「天則無心」、「天本無心」，這又該怎麼理解呢？這裏的「無心」是指天沒有思慮意義上的心，而生育萬物意義上的仁心卻是天地實在固有的。「天地固無思慮。『天地之情』、『天地之心』皆放此。」〔註27〕「天惟運動一氣，鼓萬物而生，無心以恤物。」〔註28〕「天則無心，神（故）可以不詘，聖人則豈忘思慮憂患？」〔註29〕「至如天之生物亦甚有不齊處，然天則無心不恤。」〔註30〕「天地則何意於仁？」〔註31〕從上面幾句話不難看出，在張載看來天地無思慮意義上的心，因此才說「天本無心」。「無心以恤物」、「無心不恤」並不是說天地不仁，而是說天地無「意於仁」意義上的「不恤」。

我們再來看「為天地立心」。顯然如果把天地之心理解為天地生育萬物意義上的仁心，那麼這種心是天地實在固有的，絕不需要人去樹立、建立、創立，也絕非人所能樹立、建立、創立，因此將「為天地立心」理解為為天地

〔註24〕張載：《張載集》，中華書局，1978年8月第一版，第376頁。
〔註25〕張載：《張載集》，中華書局，1978年8月第一版，第113頁。
〔註26〕張載：《張載集》，中華書局，1978年8月第一版，第266頁。
〔註27〕張載：《張載集》，中華書局，1978年8月第一版，第127頁。
〔註28〕張載：《張載集》，中華書局，1978年8月第一版，第185頁。
〔註29〕張載：《張載集》，中華書局，1978年8月第一版，第189頁。
〔註30〕張載：《張載集》，中華書局，1978年8月第一版，第193頁。
〔註31〕張載：《張載集》，中華書局，1978年8月第一版，第315頁。

樹立、建立、創立生育萬物意義上的仁心無論如何都講不通。如果把心理解為思慮之心，顯然也講不通，天地本不思慮，又怎麼能讓它思慮呢？何況人既無必要，也無能力讓天地思慮。那麼該怎麼理解張載的「為天地立心」這句話呢？按照《說文解字》的解釋，「立」是「住也」，也就是與行走相對的安立，這應該是「立」的本意。通常所說的「安身立命」的「立」取的就是「立」的這種本意，安和立意義相同，都是安立、安頓的意思。「立不易方，安於仁而已乎！」〔註32〕這裏的立也是安立的意思。「陰陽、剛柔、仁義之本立，而後知趨時應變，故乾坤毀則無以見易。」〔註33〕這裏的「立」和「趨」是一相對的概念，顯然這裏的「立」應理解為「安立」。「聖人以剛柔立本，乾坤毀則無以見易」〔註34〕，「乾坤立則方見易」〔註35〕，「兩不立則一不可見」〔註36〕，這三句中的「立」顯然與「仁義之本立」的「立」意思相同，而這三句又都把「立」和「見」、「可見」對舉，顯然張載認為有立才能見。因此「為天地立心」就可理解為使天地生養萬物之仁心得以顯現出來而可見，說白了就是要揭示天地生養萬物的仁心，使人體認這種仁心而「合天心」、「大其心」，最終能「視天下無一物非我」而無私無我。

二、成性與成不獨成

天地以生物為心，但又沒有思慮意義上的心而無意於仁，這是張載的核心思想之一，這一思想不但為人應當「合天心」、「大其心」而體天下之物奠定了理論基礎，而且為聖人功業，聖人在政治上的使命和責任、聖人的政治作為提供了空間。「天不能皆生善人，正以天無意也。」〔註37〕「至如天之生物亦甚有不齊處，然天則無心不恤。」〔註38〕正因為天沒有思慮意義上的心，因此天所生的人有善有惡，不能使所有的人都是善人，這也正是「天治」所表現的不足之處，而正是這種「天治」的不足之處給聖人的政治作為和功業保留了空間，給聖人規定了政治上的責任和使命。「天則無心……聖人則豈忘

〔註32〕張載：《張載集》，中華書局，1978年8月第一版，第34頁。
〔註33〕張載：《張載集》，中華書局，1978年8月第一版，第206頁。
〔註34〕張載：《張載集》，中華書局，1978年8月第一版，第206頁。
〔註35〕張載：《張載集》，中華書局，1978年8月第一版，第177頁。
〔註36〕張載：《張載集》，中華書局，1978年8月第一版，第9頁。
〔註37〕張載：《張載集》，中華書局，1978年8月第一版，第189頁。
〔註38〕張載：《張載集》，中華書局，1978年8月第一版，第193頁。

思慮憂患……聖人苟不用思慮憂患以經世，則何用聖人？天治自足矣。」〔註39〕天無思慮憂患，「天治」有所不足，而這恰恰給聖人提出了用思慮憂患經世的要求。

聖人肩上有著怎樣的政治使命和責任呢？助天成民之性乃是聖人政治上的使命和責任所在，也是聖人的功業所在。「幽贊天地之道，非聖人而能哉！詩人謂『后稷之穡有相之道』，贊化育之一端也。」〔註40〕天地生養萬物，后稷播種五穀是在幫助天地生養萬物。「相」是幫助、贊助、輔助的意思，「有相之道」就是聖人具有幫助、贊助、輔助天地的責任，或者說「道」。當然這裏提到的「后稷之穡有相之道」指的主要是養人口腹意義上的助天生養萬民，但聖人助天生養萬民絕不僅僅是養人口腹，而更重要的是通過教化進行精神上的哺育而成民之性，張載也說「后稷之穡」僅是「贊化育之一端」。「以善養之者，凡教之養之皆養人也。」〔註41〕顯然，助天生養萬民也包括對人民進行精神上哺育的教育，甚至可以說教育是助天養民更爲重要，更爲根本的方面。

因爲天沒有思慮憂患，故而不能盡生善人，因此天生之「性」是「性未成則善惡混」〔註42〕的未成之性。也就是包含「天地之性」與「氣質之性」的「合虛與氣」的性。「合虛與氣，有性之名。」〔註43〕性包含虛（天）與氣兩個方面。天因無思慮憂患而對人性善惡混的未成狀態並不憂慮，聖人則有憂慮，這是聖人與天不同之處。「聖人則有憂患，不得似天。天地設位，聖人成能。聖人主天地之物，又智周乎萬物而道濟天下，必也爲之經營，不可以有（愛）〔憂〕付之無憂。」〔註44〕「聖人所以有憂者，聖人之仁也……蓋聖人成能，所以異於天地。」〔註45〕聖人所憂患的是什麼呢？「今夫心又不求，感又不求，所以醉而生夢而死者眾也。」〔註46〕「匹夫匹婦，非天之聰明不成其爲人，聖人，天聰明之盡者爾。」〔註47〕匹夫匹婦不能見性、成性而不

〔註39〕張載：《張載集》，中華書局，1978年8月第一版，第189頁。
〔註40〕張載：《張載集》，中華書局，1978年8月第一版，第55頁。
〔註41〕張載：《張載集》，中華書局，1978年8月第一版，第311頁。
〔註42〕張載：《張載集》，中華書局，1978年8月第一版，第23頁。
〔註43〕張載：《張載集》，中華書局，1978年8月第一版，第9頁。
〔註44〕張載：《張載集》，中華書局，1978年8月第一版，第185頁。
〔註45〕張載：《張載集》，中華書局，1978年8月第一版，第189頁。
〔註46〕張載：《張載集》，中華書局，1978年8月第一版，第187頁。
〔註47〕張載：《張載集》，中華書局，1978年8月第一版，第35頁。

成其爲人，「醉而生夢而死者眾」，這正是聖人所憂慮的。「人之有道也，飽食暖衣，逸居而無教，則近於禽獸。聖人有憂之。」〔註 48〕儒家聖人憂慮的是人不成其爲人而近於禽獸。使匹夫匹婦見性、盡性、成性而成爲眞正意義上的人，乃是先知先覺的聖人之責任和使命，用孟子的話來說就是「先知覺後知，先覺覺後覺」。助天成民之性就是「養其蒙使正」，乃是聖人眞正的功業之所在。因此，張載的「知禮成性，變化氣質」的成性論絕不僅僅是個人修養工夫論，而是有著更爲深刻的政治意涵。「性其總，合兩也……雖然，聖人猶不以所可憂而同其無憂者，有相之道存乎我也。」〔註 49〕「性者萬物之一源，非有我之得私也。惟大人爲能盡其道，是故立必俱立，知必週知，愛必兼愛，成不獨成。」〔註 50〕「有相之道存乎我」和「成不獨成」表達的正是在成性問題上「先知覺後知，先覺覺後覺」的使命感和責任感。林樂昌先生認爲「張載成性論中關於『成不獨成』的思想，是對《大學・學記》中爲學『大成』思想的發揮。張載解釋《學記》爲學『大成』思想時說：『化民易俗之道，非學則不能至此，此學之大成也。』……張載成性論中『成不獨成』的思想』，著眼於社會民眾道德風俗的改良，已超出了一己成性的範圍，體現了孔子的忠恕精神和儒家的經世理想。」〔註 51〕林先生這裏所說的「著眼於社會民眾道德風俗的改良」和「經世理想」，正是說張載「成不獨成」思想體現了一種政治上的使命感和責任感。

三、「三代」理想與成性

熙寧初，張載入朝，宋神宗問治道，他的回答是「爲政不法三代者，終苟道也。」〔註 52〕這次與宋神宗的對話，呂大臨的記載是「既入見，上問治道，皆以漸復三代爲對。」〔註 53〕顯然，在張載看來，只有「三代」政治才是理想的政治，背離「三代」的政治都是「苟道」。

作爲張載心目中理想政治的「三代」政治到底是什麼樣子呢？司馬光認爲張載希望恢復「三代」之禮。「竊惟子厚平生用心，欲率今世之人，復三代之

〔註 48〕焦循：《孟子正義》，中華書局，1987 年 10 月第一版，第 386 頁。
〔註 49〕張載：《張載集》，中華書局，1978 年 8 月第一版，第 22 頁。
〔註 50〕張載：《張載集》，中華書局，1978 年 8 月第一版，第 21 頁。
〔註 51〕林樂昌：《張載成性論及其哲理基礎研究》，《中國哲學史》，2005 年第 1 期。
〔註 52〕張載：《張載集》，中華書局，1978 年 8 月第一版，第 386 頁。
〔註 53〕張載：《張載集》，中華書局，1978 年 8 月第一版，第 382 頁。

禮者也。」〔註 54〕這裏所說的「禮」不僅僅是指一般的禮儀性的禮，而是指「三代」制度的整體，其中主要包括井田、封建、宗法等。張載對這些制度有很多具體的論述，甚至親自試驗以證明這些制度是可行的。有些學者認爲張載的「三代」理想就是要恢復這些具體制度，本文認爲張載的「三代」理想絕不僅僅是這些制度性的東西，它有更深層的內容，或者說我們對恢復這些制度不能做簡單化的理解。「井田而不封建，猶能養而不能教；封建而不井田，猶能教而不能養。」〔註 55〕顯然，張載理想中的井田、封建制度乃是一個教養合一的制度。養是解決民生問題，教是解決民德問題，這與王安石所說的「富之、善之」應該來說是相同的，實際上在這一點上他們秉承的都是孔子的「既富而加教」思想。在教養合一的井田、封建制度下，會出現一個最利於人實現人性的生活環境。「今人所以多爲氣所使而不得爲賢者，蓋爲不知學。古之人，在鄉閭之中，其師長朋友日相教訓，則自然賢者多。但學至於成性。」〔註 56〕「三代時人，自幼聞見莫非義理文章。」〔註 57〕一個使人「自幼聞見莫非義理文章」的社會是一個有利於人實現人性的萬世太平的社會，這樣的社會才是張載的理想「三代」社會。在張載看來正是因爲缺乏「三代」理想社會那樣的教育生活環境，他那時代的人才會陷入連對父母都分彼我的極端自私，與「民胞物與」截然相反的狀態。「又古人於孩提時已教之禮，今世學不講，男女從幼便驕惰壞了，到長益兇狠，只爲未嘗爲子弟之事，則於其親已有物我。」〔註 58〕如果社會環境造就的是對父母都分彼我的極端自私之人，這樣的社會自然無望於太平。

四、張載的經世之志與關學

張載少時即有經世之志，「年十八，慨然以功名自許」〔註 59〕。張載一生頃刻不忘「仁義功業」，「人到向道後，俄頃不捨，豈暇安寢？然君子向晦入燕處，君子隨物而止，故入燕處。然其仁義功業之心未嘗忘。」〔註 60〕張載極強的現實關懷與經世之心在其所著雜詩之中有最好的呈現。「巍巍只爲蒼生

〔註 54〕張載：《張載集》，中華書局，1978 年 8 月第一版，第 387 頁。
〔註 55〕張載：《張載集》，中華書局，1978 年 8 月第一版，第 297 頁。
〔註 56〕張載：《張載集》，中華書局，1978 年 8 月第一版，第 266 頁。
〔註 57〕張載：《張載集》，中華書局，1978 年 8 月第一版，第 274 頁。
〔註 58〕張載：《張載集》，中華書局，1978 年 8 月第一版，第 280～281 頁。
〔註 59〕張載：《張載集》，中華書局，1978 年 8 月第一版，第 381 頁。
〔註 60〕張載：《張載集》，中華書局，1978 年 8 月第一版，第 271 頁。

事」;「藜藿野心雖萬里，不無忠戀向清朝」;「六年無限詩書樂，一種難忘是本朝」〔註 61〕。張載的名言「爲萬世開太平」可以說是他的人生理想、自我期許、責任感和使命感的集中表達。

張載參與實際政治，一生有兩次通過得君行道來實現自己理想和抱負的機會。一是熙寧初，張載受薦入朝，神宗表示「朕且將大用卿」，然而因與執政王安石「所語多不合」，旋即被任命「校書崇文」〔註 62〕，未能「伸其志」；第二次是因呂大防之薦而入朝，對這次入朝張載說「吾是行也，不敢以疾辭，庶幾有遇焉」〔註 63〕，但因「與有司議禮不合，復以疾歸」〔註 64〕。「庶幾有遇」直白地表達了希望能得君行道，但現實政治卻使張載不能「伸其志」，於是「子張子校書崇文，未伸其志，退而寓於太白之陰，橫渠之陽，潛心天地，參聖學之源，七年而道益明，德益尊，著《正蒙》書數萬言。」〔註 65〕顯然，在范育看來張載是「退而……著《正蒙》」，也就是說張載著書立說是實現自己理想，完成自己使命和責任另一種方式，張載也說自己是「述空文以繼志兮，庶感通乎來古」〔註 66〕。

如果說張載著《正蒙》是「述空文以繼」其經世之「志」的話，那麼政治無疑就應成爲理解《正蒙》和關學的重要視角，忽視張載學說的政治意涵也無疑將阻礙我們對張載關學認識的深入。下面，我們再分析一下「正蒙」這個書名，從中看看張載著《正蒙》的意圖，也許不無益處。「『蒙以養正，聖功也』，養其蒙使正者，聖人之功也。」〔註 67〕「蒙險在內，是蒙昧之義。」〔註 68〕「蒙，昏蒙也。」〔註 69〕「『蒙以養正』，使蒙者不失其正，教人者之功也。」〔註 70〕顯然「正蒙」的「蒙」是昏蒙、蒙昧的意思，而「正蒙」就是通過教育「使蒙者不失其正」，即使蒙昧者擺脫昏蒙、蒙昧狀態而達到「明」的狀態。通過教育使得蒙昧者擺脫昏蒙、蒙昧狀態而達到「明」的狀態是聖

〔註 61〕張載：《張載集》，中華書局，1978 年 8 月第一版，第 368 頁。
〔註 62〕張載：《張載集》，中華書局，1978 年 8 月第一版，第 382～283 頁。
〔註 63〕張載：《張載集》，中華書局，1978 年 8 月第一版，第 384 頁。
〔註 64〕張載：《張載集》，中華書局，1978 年 8 月第一版，第 386 頁。
〔註 65〕張載：《張載集》，中華書局，1978 年 8 月第一版，第 4 頁。
〔註 66〕張載：《張載集》，中華書局，1978 年 8 月第一版，第 367 頁。
〔註 67〕張載：《張載集》，中華書局，1978 年 8 月第一版，第 85 頁。
〔註 68〕張載：《張載集》，中華書局，1978 年 8 月第一版，第 85 頁。
〔註 69〕張載：《張載集》，中華書局，1978 年 8 月第一版，第 85 頁。
〔註 70〕張載：《張載集》，中華書局，1978 年 8 月第一版，第 31 頁。

人的功業之所在。范育認爲張載著《正蒙》「與浮屠老子辯」是爲了使人擺脫因佛、老的影響而陷入的蒙昧、昏蒙狀態。「閔乎道之不明，斯人之迷且病，天下之理泯然其將滅也，故爲此言與浮屠老子辯……其爲辯者，正欲排邪說，歸至理，使萬世不惑而已。」〔註71〕使人擺脫蒙昧、昏蒙狀態，而達至「明」的狀態，也就是達至知人、知天的狀態，其目的則在於從根源上解決「治所以忽，德所以亂」的問題。

「故爲此言與浮屠老子辯，夫豈好異乎哉？蓋不得已也。」〔註72〕范育認爲張載是不得已而著「正蒙」，實際上是比張載爲孟子。顏淵、孟子在張載看來都是性未成的潛龍，顏淵是龍德而隱不用潛龍者，孟子是用潛龍者。「顏子未成性，是爲潛龍……顏子與孟子時異，顏子有孔子在，可以不顯，孟子則處師道。」〔註73〕「孟子不得已而用潛龍者也，顏子不用潛龍者也。孟子主教，故須說『予豈好辯哉？予不得已也。』」〔註74〕張載同孟子一樣具有很強的先知情懷，具有「先知覺後知，先覺覺後覺」的使命感和責任感。張載說孟子「處師道」、「主教」不得不顯，不得不辯，又何嘗不可理解爲是在說他自己。他的名言「爲天地立心，爲生民立道，爲去聖繼絕學，爲萬世開太平」又何嘗不可理解爲孟子所說的「以斯道覺斯民」。前三句是說要揭示天人之道，第四句則是前三句的落腳點，揭示天人之道還是爲了給實現萬世之太平奠定基礎。孟子「覺斯民」是通過「教以人倫」使人知人倫而實現自己的人性，從而實現理想的「君君、臣臣、父父、子子」的人倫秩序。張載著書立說「爲天地立心，爲生民立道，爲去聖繼絕學」同樣是爲了使匹夫匹婦知天、知人，成就人性而最終實現萬世的太平。可以說，關學是以民胞物與的「大同」世界爲旨歸的一種學說，政治是關學的中心關懷，至少也是中心關懷之一。

第二節　二程洛學的「三代」理想

一、王霸之辨與「三代」理想

二程王霸之辨從君主心術方面來講，其核心是公私之辨。前文已敘及，

〔註71〕張載：《張載集》，中華書局，1978年8月第一版，第5頁。
〔註72〕張載：《張載集》，中華書局，1978年8月第一版，第5頁。
〔註73〕張載：《張載集》，中華書局，1978年8月第一版，第75頁。
〔註74〕張載：《張載集》，中華書局，1978年8月第一版，第72頁。

二程將孔、孟義利之辨發展爲義利公私之辨。「義與利，只是個公與私也。」〔註 75〕「義利云者，公與私之異也。」〔註 76〕實際上，二程不僅以公私言義利，而且以公私區分王霸。程顥《論王霸劄子》對王霸之辨的論述，應該來說是洛學關於王霸之辨問題的經典論述。「得天理之正，極人倫之至者，堯、舜之道也；用其私心，依仁義之偏者，霸者之事也……故誠心而王，則王矣；假之而霸，則霸矣。二者，其道不同，在審其初而已……其初不可不審也。故治天下者，必先立其志。正志先立，則邪說不能移，異端不能惑，故力盡於道而莫之禦也。苟以霸者之心而求王道之成，是衒石以爲玉也。」〔註 77〕程顥上面這段文字顯然是對孟子「以力假仁者霸……以德行仁者王」〔註 78〕的繼承與發揮。孟子認爲王道與霸道在外在行爲（仁義）表現上可以是相同的，但王者是「由仁義行」，霸者則是「行仁義」，即以仁義的外在行爲表現追求自私自利的目的，所謂「假仁」就是假借仁義之名，追求自私的目的。從程顥上面的這段論述來看，王道與霸道的不同，其核心在於「審其初」。何謂「審其初」？「初」指的是君主之心、君主之志，即君主的「心術」。程顥《論王霸劄子》無疑是欲勸說神宗皇帝行「王道」斥「霸道」的一篇文字。在程顥看來，從君主這方面來說，「王道」與「霸道」最根本之區別在於君主的「心術」，即君主是「誠心而王」，還是「以霸者之心」、「用其私心」。程顥繼承了孟子關於王霸的區分，試圖勸說神宗皇帝「審其初」、「誠心而王」、「先立其志」，因爲在他看來只有「誠心而王」才能成就王業，而「以霸者之心而求王道之成，是衒石以爲玉也」。

程顥《論王霸劄子》勸說神宗皇帝行「王道」斥「霸道」，是欲從根本上改變秦漢以來的政治方向。「先王之世，以道治天下，後世只是以法把持天下。」〔註 79〕「三代之治，順理者也。兩漢以下，皆把持天下者也。」〔註 80〕「後世以智力把持天下者，霸道也。」〔註 81〕在二程看來「霸道」是「把持天下」。「把持天下」就是將天下視爲自己的私產而把持在自己手中，以防被別人奪去。「始大人常以臣無賴，不能治產業，不如仲力。今某之業所就孰與仲多？」

〔註 75〕程顥、程頤：《二程集》，中華書局，1981 年 7 月第一版，第 176 頁。
〔註 76〕程顥、程頤：《二程集》，中華書局，1981 年 7 月第一版，第 172 頁。
〔註 77〕程顥、程頤：《二程集》，中華書局，1981 年 7 月第一版，第 450～451 頁。
〔註 78〕焦循：《孟子正義》，中華書局，1987 年 10 月第一版，第 221 頁。
〔註 79〕程顥、程頤：《二程集》，中華書局，1981 年 7 月第一版，第 4 頁。
〔註 80〕程顥、程頤：《二程集》，中華書局，1981 年 7 月第一版，第 127 頁。
〔註 81〕程顥、程頤：《二程集》，中華書局，1981 年 7 月第一版，第 1087 頁。

〔註 82〕秦漢以來，正如劉邦這段話所體現的，帝王都將天下視爲自己的私產，將人民視爲自己的私物，這一點黃宗羲看得最爲清楚。「視天下爲莫大之產業，傳之子孫，受享無窮；漢高帝所謂『某業所就，孰與仲多』者，其逐利之情不覺溢之於辭矣。」〔註 83〕君主將天下視爲自己的私產而把持之，爲政以利於對「私產」之把持爲依歸，以利於一家一姓社稷長久之私爲目的，這便是霸道，是秦漢以來政治的大方向，程顥勸神宗行「王道」斥「霸道」便是要改變這種政治方向，以「至公大同」的「王道」取代「自私自利」的「霸道」。

二程所謂的「王道」理想（即「三代」理想），從對君主的要求方面來說，可用「以純王之心，行純王之政」〔註 84〕來概括。所謂「純王之心」就是「大公之心」，無私之心。「詩、書中凡有個主宰底意思者，皆言帝；有一個包涵遍覆底意思，則言天；有一個公共無私底意思，則言王。」〔註 85〕「安得天分不有私心，則行一不義，殺一不辜，有所不爲。有分毫私，便不是王者事。」〔註 86〕「王者如天地之無私心焉，行一不義而得天下不爲。」〔註 87〕「夫同人者，以天下大同之道，則聖賢大公之心也。」〔註 88〕在二程看來王者是毫無私心的，有的是「大公之心」，也即所謂的「純王之心」。「老吾老以及人之老，幼吾幼以及人之幼，此純王之心也。」〔註 89〕推己及人，視人如己就是「大公之心」、「純王之心」。

二程所說的「公」是指不做人我區分，視人如己的狀態，「大公之心」、「純王之心」也就是不做人我區分，視人如己之心。二程「王道」理想（「三代」理想）所要求於君主的正是這種不做人我區分，視人如己之心。二程經常以「公」言「仁」。「仁道難名，惟公近之，非以公便爲仁。」〔註 90〕「仁者公也。」〔註 91〕「嘗謂孔子之語仁以教人者，唯此爲盡，要之不出於公也。」〔註

〔註 82〕司馬遷：《史記》，中華書局，1982 年 11 月第二版，第 387 頁。

〔註 83〕黃宗羲撰，段志強譯：《明夷待訪錄》，中華書局，2011 年 1 月第一版，第 8 頁。

〔註 84〕程顥、程頤：《二程集》，中華書局，1981 年 7 月第一版，第 465 頁。

〔註 85〕程顥、程頤：《二程集》，中華書局，1981 年 7 月第一版，第 30～31 頁。

〔註 86〕程顥、程頤：《二程集》，中華書局，1981 年 7 月第一版，第 77 頁。

〔註 87〕程顥、程頤：《二程集》，中華書局，1981 年 7 月第一版，第 313 頁。

〔註 88〕程顥、程頤：《二程集》，中華書局，1981 年 7 月第一版，第 763 頁。

〔註 89〕程顥、程頤：《二程集》，中華書局，1981 年 7 月第一版，第 465 頁。

〔註 90〕程顥、程頤：《二程集》，中華書局，1981 年 7 月第一版，第 63 頁。

〔註 91〕程顥、程頤：《二程集》，中華書局，1981 年 7 月第一版，第 105 頁。

92〕「仁之道，要之只消道一公字。公只是仁之理，不可將公便喚做仁。公而以人體之，故為仁。」〔註 93〕「只是一個公字。學者問仁，則常教他將公字思量。」〔註 94〕「天心所以至仁者，惟公爾。人能至公，便是仁。」〔註 95〕既然二程以「公」言「仁」，那麼反過來說，二程對「仁」的描述也可用於「公」。「醫書言手足痿痺為不仁，此言最善名狀。仁者，以天地萬物為一體，莫非己也。認得為己，何所不至？若不有諸己，自不與己相干。」〔註 96〕「若夫至仁，則天地為一身，而天地之間，品物萬形為四肢百體。夫人豈有視四肢百體而不愛者哉？」〔註 97〕「學者須先識仁。仁者，渾然與物同體。」〔註 98〕「渾然與物同體」是一種不做人我區分，視人如己的狀態，「公」正是這種狀態。

二程的「王道」理想（「三代」理想），需以君主的「大公之心」為前提，因此程頤說「天下之治亂繫乎人君仁不仁耳」〔註 99〕。程頤說天下治亂決定於君主「仁不仁」，相當於說天下之治亂決定於君主的心術是「公」還是「私」。「推此義，則一心可以喪邦，一心可以興邦，只在公私之間爾。」〔註 100〕君主之心術是公還是私便決定了天下的興衰治亂，以霸者之私心不可能成就王業，這就是二程強調王霸公私之辨的原因所在。

二程的「王道」理想（「三代」理想）以君主的「大公之心」為前提，而其最高目標則在於人人都視人如己，視萬物為一體的大同世界。「聖人盡道，以其身所行率天下，是欲天下皆至於聖人。」〔註 101〕聖人如天地般沒有私心，是至公無私的，聖人「欲天下皆至於聖人」便是希望天下人人都至公無私，人人都不做人我區分，視人如己。人人都至公無私、視人如己的世界便是理想的大同世界。

人人都視人如己、視萬物為一體，便實現、成就了自身人之所以為人

〔註 92〕程顥、程頤：《二程集》，中華書局，1981 年 7 月第一版，第 105 頁。
〔註 93〕程顥、程頤：《二程集》，中華書局，1981 年 7 月第一版，第 153 頁。
〔註 94〕程顥、程頤：《二程集》，中華書局，1981 年 7 月第一版，第 285 頁。
〔註 95〕程顥、程頤：《二程集》，中華書局，1981 年 7 月第一版，第 439 頁。
〔註 96〕程顥、程頤：《二程集》，中華書局，1981 年 7 月第一版，第 15 頁。
〔註 97〕程顥、程頤：《二程集》，中華書局，1981 年 7 月第一版，第 74 頁。
〔註 98〕程顥、程頤：《二程集》，中華書局，1981 年 7 月第一版，第 16 頁。
〔註 99〕程顥、程頤：《二程集》，中華書局，1981 年 7 月第一版，第 390 頁。
〔註 100〕程顥、程頤：《二程集》，中華書局，1981 年 7 月第一版，第 134 頁。
〔註 101〕程顥、程頤：《二程集》，中華書局，1981 年 7 月第一版，第 145 頁。

的人性，因此二程理想的「三代」是一人性完滿的世界。「自性而行，皆善也。聖人因其善也，則爲仁義禮智信以名之；以其施之不同也，故爲五者以別之。」〔註 102〕「仁、義、禮、智、信五者，性也。仁者，全體；四者，四肢。」〔註 103〕仁、義、禮、智、信是性或性善的展現，而「仁」又是可以涵蓋「義、禮、智、信」四者的「全體」，因此「萬物一體之仁」的狀態便是人性完善的狀態，而人人都視人如己、視萬物爲一體的社會便是一人性完滿的世界。

二、「大同」理想的理論基礎及實現途徑

二程理想的「三代」社會是人人視人如己，視萬物爲一體的大同世界。理想世界爲何應是萬物一體的大同世界？因爲萬物本爲一體。「所以謂萬物一體者，皆有此理，只爲從那裏來……人只爲自私，將自家軀殼上頭起意，故看得道理小了它底。放這身來，都在萬物中一例看，大小大快活。」〔註 104〕「人能放這一個身公共放在天地萬物中一般看，則有甚妨礙？」〔註 105〕「人與天地一物也，而人特自小之，何耶？」〔註 106〕萬物本爲一體是應該視萬物爲一體和能夠視萬物一體的理論基礎，人也有此理（即性），也從那裏來，因此只要「復性之本」、「使復如舊」便能視萬物爲一體。二程關於「理」、「天理」、「性」的論述，在某種意義上可以說就是在爲其大同「三代」理想作理論上的論證，爲其大同「三代」理想建立天理、人性的理論基礎。

君主具備「大公之心」是「王道」理想實現的前提，因此，二程實現其「大同」理想便主要從君主「心術」方面著手，強調君主的「心術」。「治道有就本而言，有就事而言。自本而言，莫大乎引君當道。君正而國定矣。」〔註 107〕「治道亦有從本而言，亦有從事而言。從本而言，惟從格君心之非、正心以正朝廷，正朝廷以正百官。」〔註 108〕元祐初年，程頤受司馬光、呂公著等推薦，被任命爲崇政殿說書，負責年少哲宗皇帝的教育，這對於欲從君主「心

〔註 102〕程顥、程頤：《二程集》，中華書局，1981 年 7 月第一版，第 318 頁。
〔註 103〕程顥、程頤：《二程集》，中華書局，1981 年 7 月第一版，第 15 頁。
〔註 104〕程顥、程頤：《二程集》，中華書局，1981 年 7 月第一版，第 33～34 頁。
〔註 105〕程顥、程頤：《二程集》，中華書局，1981 年 7 月第一版，第 30 頁。
〔註 106〕程顥、程頤：《二程集》，中華書局，1981 年 7 月第一版，第 120 頁。
〔註 107〕程顥、程頤：《二程集》，中華書局，1981 年 7 月第一版，第 1218 頁。
〔註 108〕程顥、程頤：《二程集》，中華書局，1981 年 7 月第一版，第 165 頁。

術」方面著手實現「王道」理想的程頤來說，無疑是一個實踐其學說的極佳機會。在崇政殿說書任上的言行，特別是給太皇太后的上書，最好地展現了程頤欲從君主「心術」上下功夫。「六月，上疏太皇太后，言今日至大至急，爲宗社生靈長久之計，惟是輔養上德。」〔註 109〕

君主的「大公之心」是實現「三代」大同理想的前提，而要實現人人視人如己，視萬物爲一體的大同世界理想，其根本途徑則是教化。「竊以生民之道，以教爲本。故古者自家黨遂至於國，皆有教之之地。民生八年則入於小學，是天下無不教之民也。既天下之民莫不從教，小人修身，君子明道，故賢能群聚於朝，良善成風於下，禮義大行，習俗粹美，刑罰雖設而不犯。此三代盛治由教而致也。」〔註 110〕「《關雎》之化行，則天下之家齊俗厚，婦人皆由禮義，王道成矣。」〔註 111〕

二程心中理想「三代」社會是一個能夠爲人性的實現、民德的養成創造良好環境條件的社會。程頤認爲「『少成若天性，習慣成自然。』雖聖人復出，不易此言。」〔註 112〕從這句話可以看出，程頤對有利於培養良好習慣的社會環境之重視，程頤「三代」理想追求的正是創建一種有利於人民養成良好習慣，進而成就民德，實現人性的教育環境。「古人自幼學，耳目遊處，所見皆善，至長而不見異物，故易以成就。今人自少所見皆不善，才能言便習穢惡，日日消鑠，更有甚天理？」〔註 113〕二程的理想「三代」社會正是一個能夠使人從小「所見皆善」，從而「易以成就」德性的社會。因有利於民德養成的教育環境，能使人民「易以成就」德性，故而創建這樣的教育環境便是實現「三代」理想的最佳途徑。當然，有益於民德養成的教育環境本就是「三代」社會理想的核心方面，因此創建有益於民德養成的教育環境，其本身就是二程追求的「三代」理想。二程關於「古」（也就是「三代」）與「今」教育環境之對比的論述，在《二程集》中可以說俯拾即是。「古之士者，自十五入學，至四十方仕，中間自有二十五年學，又無利可趨，則所志可知，須去趨善，便自此成德。後之人，自童稚間，已有汲汲趨利之意，何由得向善？」〔註 114〕

〔註 109〕程顥、程頤：《二程集》，中華書局，1981 年 7 月第一版，第 341 頁。
〔註 110〕程顥、程頤：《二程集》，中華書局，1981 年 7 月第一版，第 593 頁。
〔註 111〕程顥、程頤：《二程集》，中華書局，1981 年 7 月第一版，第 1048 頁。
〔註 112〕程顥、程頤：《二程集》，中華書局，1981 年 7 月第一版，第 323 頁。
〔註 113〕程顥、程頤：《二程集》，中華書局，1981 年 7 月第一版，第 35 頁。
〔註 114〕程顥、程頤：《二程集》，中華書局，1981 年 7 月第一版，第 166 頁。

「古者家有塾，庠有三老，坐於里門，察其長幼出入揖遜之序。詠歌諷誦，無非禮義之言。今也上無所學而民風日以偷薄，父子兄弟惟知以利相與耳。今里巷之語，不可以屬耳也。以古所習如彼，欲不善，得乎？以今所習如此，欲其善得乎？」〔註 115〕教育環境導致的趨利與趨善的不同，就是古與今的不同，趨利便自私，趨善則無私。大同世界的實現需要創建趨善的教育環境，「三代」就是具備這一環境的理想社會。

三、二程的經世之志與洛學

張載曾這樣品評二程優劣：「昔嘗謂伯淳優於正叔，今見之果然；其救世之志甚誠切，亦於今日天下之事盡記得熟。」〔註 116〕張載這一評語可注意的有兩點：一、程顥具有強烈的「救世之志」；二、理學家以「救世之志」評判人物優劣，可見「救世」是理學家們的中心關懷，至少也是中心關懷之一，因此對他們學說的分析不應脫離其「救世」關懷或政治關懷。

二程都有強烈的經世之志。「不是吾儒本經濟，等閒爭肯出山來？」〔註 117〕經世是儒者、儒學本有的追求，是儒學題中應有之義。「吾儒本經濟」既是程顥對「儒」的理解，也是其「救世」之責任感、使命感的一種表達。「有甚你管得我？有甚我管得你？教人致卻太平後，某願爲太平之民。」〔註 118〕教人致太平是二程所追求的理想，也是其志向所在。「必期致世如三代之隆而後已也。」〔註 119〕「必期致天下如三代之世。」〔註 120〕二程在奏章中希望皇帝「必期致世如三代」、「必期致天下如三代」，這不僅是對帝王提出的期望和要求，也表現出了他們以實現「三代」理想爲人生志向。

二程的經世之志在程頤《明道先生墓表》與《明道先生行狀》中有最爲清楚的表述。「先生生千四百之後，得不傳之學於遺經，志將斯道覺斯民。」〔註 121〕「先生進將覺斯人」〔註 122〕。可以說二程都有孟子、張載那樣的先知

〔註 115〕程顥、程頤：《二程集》，中華書局，1981 年 7 月第一版，第 1193 頁。
〔註 116〕程顥、程頤：《二程集》，中華書局，1981 年 7 月第一版，第 115 頁。
〔註 117〕程顥、程頤：《二程集》，中華書局，1981 年 7 月第一版，第 476 頁。
〔註 118〕程顥、程頤：《二程集》，中華書局，1981 年 7 月第一版，第 62 頁。
〔註 119〕程顥、程頤：《二程集》，中華書局，1981 年 7 月第一版，第 447 頁。
〔註 120〕程顥、程頤：《二程集》，中華書局，1981 年 7 月第一版，第 521 頁。
〔註 121〕程顥、程頤：《二程集》，中華書局，1981 年 7 月第一版，第 640 頁。
〔註 122〕程顥、程頤：《二程集》，中華書局，1981 年 7 月第一版，第 638 頁。

情懷，其洛學的最終旨歸在於以「斯道覺斯民」。所謂「斯道」可以理解爲二程之學，而二程之所以要闡明「斯道」，其目的則在於「覺斯民」，因爲只有覺斯民，使人明瞭萬物本爲一體，才能使人戰勝私欲，恢復天理，成就人性，視人如己，視萬物爲一體，如此才能最終實現大同世界理想。因此，可以說二程闡明「斯道」是爲了「覺斯民」，而「覺斯民」之最終目的則在於實現大同「三代」理想。

二程洛學爲大同世界建立了堅實的理論基礎。萬物本爲一體是應該視萬物一體和能夠視萬物一體的理論基礎，人也有此理（即性），也從那裏來，因此只要「復性之本」、「使復如舊」便能視萬物爲一體。朱熹曾說「國初人便已崇禮義，尊經術，欲復二帝三代，已自勝如唐人，但說未透在，直至二程出，此理始說得透。」〔註 123〕從朱熹的這段話看來，二程和「國初人」所講求的都是「復二帝三代」之「理」，只不過二程說得更透徹而已，二程的透徹就在於爲大同世界理想建立了堅實的理論基礎。可以說，洛學是要爲大同世界論證的一種政治學說，政治是洛學的中心關懷，至少也是中心關懷之一。

第三節　新學與理學「三代」理想之異同

從前文的分析不難看出，王安石與二程、張載等理學家都是儒家道德理想主義者，其「三代」理想都是要建立儒家道德理想國，正是這種大方向上的相同，將新學、洛學、關學都包涵在儒學復興運動的範疇之內，也正是這種大方向上的相同，體現了北宋儒學復興運動對秩序重建問題的關注。

新學與理學同的方面，無疑比異的方面更能展現北宋儒學復興運動關注的核心問題，因此對於考察北宋儒學復興運動關注的核心問題來說，探究新學與理學之同的方面，比探究異的方面意義更爲重大，但對於考察新學與理學各自的特質來說，探究其異的方面可能意義更爲重大，因爲正是異的方面體現了各自學說的特質。

新學與理學「三代」理想之異，主要表現在以下四個方面。

其一，王安石沒有二程、張載這些理學家所具有的那種極爲高邁、極度理想化的大同社會理想，更沒有爲這種大同理想建立張載的「天」、二程的「理」那樣的理論基礎。前已敘及，理學家對「天」、「理」、「性」的論述，爲其「民

〔註 123〕黎靖德編：《朱子語類》，中華書局，1986 年 3 月版，第 3085 頁。

胞物與」、「萬物一體之仁」的大同理想建立了理論基礎，爲理想社會何以應該如此，以及理想社會能夠實現的人性基礎何在等問題作了充分論證。與之相對，王安石天道、人道相區分的思想，及其「性有善有惡」人性論，與大同理想的理論基礎之間，存在著明顯的鴻溝。程頤對王安石關於天道、人道的論述，有一段評論：又問：「介甫言『堯行天道以治人，舜行人道以事天』，如何？」曰：「介甫自不識道字。道未始有天人之別，但在天則爲天道，在地則爲地道，在人則爲人道。」〔註 124〕天道、人道的區分及「性有善有惡」人性論是王安石「成性」論的重要理論基礎，而「成性」論又與其政治思想及「三代」理想密切相關。王安石天道、人道區分的思想集中展現在「始而生之者，天道也；成而終之者，人道也」〔註 125〕這一論述中。從政治意涵來說，這一論述表達了這樣一種思想——天生的並不完美、完善，所謂人道即君主、政府、國家、政治的作用，在於使不完美、不完善的「天生」變得完善、完美，統治者或社會國家的治理者，應致力於成就人性的事業。王安石區分天道、人道，強調了人的作用，使人的作用獨立於「天」，但也正是這種區分，使得「三代」道德社會爲何應該如此，以及何以能夠實現失去了終極意義上的依據。王安石天道、人道相區分的思想及「成性」論，在哲學史上有其重要的理論意義，但從尼采論述泰勒斯時所說的「一切是一」的直觀〔註 126〕角度來看，其哲學意義和高度無疑遜於張載的「天」和二程的「理」。

其二，王安石的理想「三代」社會是一以德性爲基礎的等級制社會，而以德性爲基礎的等級制社會雖爲儒家本有，但理學家卻並不十分強調，原因可能在於其與「大同」之間存在一定的緊張。

其三，在實現「三代」理想的途徑方面，程頤從君主的心術方面下功夫，強調君主之「德」是實現「王道」理想的前提，而王安石則一再勸導神宗皇帝應該明瞭帝王大略，強調君主明瞭帝王大略是實現「王道」理想的前提。強調區分君子小人的帝王大略，即強調君主之「智」。當然這並不意味著王安石不重視君主之「德」，他給神宗皇帝上的《進戒疏》，是其重視君主之「德」的明證。「竊聞孔子論爲邦，先放鄭聲，而後曰遠佞人，仲虺稱湯之德，先不

〔註 124〕程顥、程頤：《二程集》，中華書局，1981 年 7 月第一版，第 282 頁。

〔註 125〕王安石：《臨川先生文集》卷六二，《郊宗議》，1993 年上海古籍出版社影印四部精要刻本，第 171 頁。

〔註 126〕《尼采文集・權力意志卷》，王岳川編，周國平等譯，青海人民出版社，1995 年 11 月第一版，第 323 頁。

邇聲色，不殖貨利，而後日用人惟己。蓋以謂不淫耳目於聲色玩好之物，然後能精於用志；能精於用志，然後能明於見理；能明於見理，然後能知人；能知人，然後佞人可得而遠，忠臣良士與有道之君子，類進於時有以自竭，則法度之行、風俗之成，甚易也。」〔註 127〕王安石強調君主要明瞭帝王大略，強調君主要能區分君子小人，其原因在於前文所述的「聖人行命」思想，「聖人行命」使「賢者貴，不賢者賤」，顯然這需以能區分賢者與不賢者爲前提，即區分君子、小人爲前提。此外，王安石強調君主要明瞭帝王大略，還有部分原因可能在於他認爲神宗皇帝在「德」的方面沒什麼有問題，問題在於不明帝王大略。

其四，在恢復井田等具體制度方面，王安石比張載、二程更現實。張載欲恢復井田制度，甚至爲了證明其可行，而欲親自試驗。「乃言曰：『縱不能行之天下，猶可驗之一鄉。』方與學者議古之法，共賣田一方，畫爲數井……明當今之可行。」〔註 128〕對於井田制度，程頤也認爲「豈有古可行而今不可行者？」〔註 129〕與張載、程顥、程頤不同，王安石認爲在北宋的形勢下，井田制度已不可行。「安石曰：『臣見程顥云：『須限民田，令如古井田。』……安石曰：『今朝廷治農事未有法，又非古備建農官大防圩埠之類，播種收穫，補助不足，待兼并有力之人而後全具者甚眾，如何可遽奪其田以賦貧民？此其勢固不可行，縱可行，亦未爲利。』」〔註 130〕

〔註 127〕王安石：《臨川先生文集》卷三九，《進戒疏》，1993 年上海古籍出版社影印四部精要刻本，第 110 頁。

〔註 128〕張載：《張載集》，中華書局，1978 年 8 月第一版，第 384 頁。

〔註 129〕程顥、程頤：《二程集》，中華書局，1981 年 7 月第一版，第 291 頁。

〔註 130〕李燾：《續資治通鑒長編》，中華書局，1986 年 5 月第一版，第 5181 頁。

結　論

北宋儒學復興運動以重建秩序，即重建儒家理想的「三代」道德社會爲旨歸和內在動力。北宋古文運動和義理之學的興起是儒學復興運動的重要方面。從北宋古文運動的主要代表人物關於「文」或「古文」的有關論述來看，他們倡導古文的內在動力和旨趣在於秩序之重建。義理之學的興起源於對漢唐章句訓詁之學的不滿，而對章句訓詁之學的不滿則源於其「無用」，北宋經學變古和義理之學的興起一開始便是著眼於經世致用和秩序重建。

王安石新學與張載關學、二程洛學一樣，都是北宋儒學復興運動的重要組成部分，都是在北宋「迴向三代」思潮背景下產生的新形態儒學，其共同旨趣是重建儒家理想的「三代」道德社會。雖然與孟子、二程、張載相較，王安石是一個更爲現實的政治家和政治思想家，但從總體上來說，王安石仍不失爲一位儒家道德理想主義者，其變法是在儒家思想指導下，以重建儒家「三代」道德社會爲最終目標的變法革新。王安石的理想「三代」社會是一個以德性爲基礎的等級制社會，是一個道德理想國，但卻不是一個思想自由的國度，而是一個政教合一的思想專制社會。

與在國內問題上的道德理想主義不同，在處理國際關係問題時，王安石表現出了明顯的政治現實主義之一面。在處理國際關係問題時，王安石作爲現實政治家的政治現實主義主要表現在兩個方面：一、王安石傾向於「以利」（即國家利益）而非「以義」作爲指導國家行爲的準則；二、王安石傾向於「以力」（即現實政治世界中的強權法則、叢林法則）而非「以德」作爲指導國家行爲的準則。

王安石政治思想以改善民生、培養民德爲出發點和歸宿，與法家以君主利益及國富兵強爲出發點和歸宿完全不同。王安石思想中的所謂「法家」成分，或者與法家思想只有用詞上的相似，內涵則完全不同，或者源於儒家經典，指其爲「援法入儒」、「儒表法裏」皆爲似是而非之論。王安石所言「法度」，絕非法家所言之「法」，即刑法、刑律、刑名之意，而是指治理國家的各項制度，因此王安石說「立法度」，便不是指創立各種刑法、刑律，並運用來治理國家，而是指創建包括「三代」教育制度在內的各項符合「三代」理想的制度。王安石理財不同於商鞅「富國」，其根本目的在於解決民生問題，秉承的是孟子「養生喪死無憾，王道之始」的思想。儒家並不排斥「強兵」，只是儒家「強兵」與法家「強兵」的目的根本不同而已。王安石的「強兵」主張有儒家經典爲根據，體現的並非法家理念。

主持變法時王安石的政治思想沒有發生突變，變法的指導思想與其此前的政治思想之間沒有實質性的差異，變法反對派「忘其舊學」的指責爲不實之詞，以主持變法的時間點作爲節點，爲王安石學術思想分期，缺乏內在理據。

「天變不足畏」在北宋年間意味著不受限制的絕對皇權，而非從現代眼光看來值得讚賞的所謂樸素唯物主義與無神論精神。王安石未曾向宋神宗進「天變不足畏」之言，也沒有所謂的「天變不足畏」之精神。

參考文獻

專著

1. 王安石，臨川先生文集〔M〕，上海：上海古籍出版社影印四部精要刻本，1993 年。
2. 王安石，臨川先生文集〔M〕，北京：中華書局，1959 年。
3. 王安石，王文公文集〔M〕，上海：上海人民出版社，1974 年。
4. 王安石撰，李之亮箋注，王荊公文集箋注〔M〕，成都：巴蜀書社，2005 年。
5. 王安石撰，李壁注，李之亮補箋，王荊公詩注補箋〔M〕，成都：巴蜀書社，2002 年。
6. 王安石撰，沈欽韓注，王荊公詩文沈氏注〔M〕，北京：中華書局，1959 年。
7. 容肇祖，王安石老子注輯本〔M〕，北京：中華書局，1979 年。
8. 邱漢生輯校，詩義鈎沈〔M〕，北京：中華書局，1982 年。
9. 程元敏，三經新義輯考彙評——詩經〔M〕，臺北：國立編譯館，1986 年。
10. 程元敏，三經新義輯考彙評——尚書〔M〕，臺北：國立編譯館，1986 年。
11. 程元敏，三經新義輯考彙評——周禮〔M〕，臺北：國立編譯館，1987 年。
12. 張宗祥輯，王安石《字說》輯〔M〕，福州：福建人民出版社，2005 年。
13. 李燾，續資治通鑒長編〔M〕，北京：中華書局，1986 年。
14. 黄以周等輯注，顧吉辰點校，續資治通鑒長編拾補〔M〕，北京：中華書局，2004 年。

15. 曾棗莊，劉琳主編，全宋文〔M〕，上海：上海辭書出版社，合肥：安徽教育出版社，2006 年。
16. 詹大和等，王安石年譜三種〔M〕，北京：中華書局，1994 年。
17. 劉寶楠，論語正義〔M〕，北京：中華書局，1990 年。
18. 焦循，孟子正義〔M〕，北京：中華書局，1987 年。
19. 蔣禮鴻，商君書錐指〔M〕，北京：中華書局，1986 年。
20. 黎翔鳳，管子校注〔M〕，北京：中華書局，2004 年。
21. 王先謙，荀子集解〔M〕，北京：中華書局，1988 年。
22. 孫詒讓，墨子閒詁〔M〕，北京：中華書局，2001 年。
23. 王先慎，韓非子集解〔M〕，北京：中華書局，1998 年。
24. 孫希旦，禮記集解〔M〕，北京：中華書局，1989 年。
25. 蘇輿，春秋繁露義證〔M〕，北京：中華書局，1992 年。
26. 陳立，白虎通疏證〔M〕，北京：中華書局，1994 年。
27. 揚雄，揚子法言〔M〕，北京：中華書局，1954 年。
28. 漢魏古注十三經〔M〕，北京：中華書局，1998 年。
29. 張載，張載集〔M〕，北京：中華書局，1978 年。
30. 程顥，程頤，二程集〔M〕，北京：中華書局，1981 年。
31. 朱熹，朱子全書〔M〕，上海：上海古籍出版社，合肥：安徽教育出版社，2002 年。
32. 朱熹，四書章句集注〔M〕，北京：中華書局，1983 年。
33. 黎靖德編，朱子語類〔M〕，北京：中華書局，1986 年。
34. 陸九淵，陸九淵集〔M〕，北京：中華書局，1980 年。
35. 柳開，河東集〔M〕，文淵閣四庫全書別集類二。
36. 孫復，孫明復小集〔M〕，文淵閣四庫全書別集類二。
37. 石介，徂徠石先生文集〔M〕，北京：中華書局，1984 年。
38. 范仲淹，范仲淹全集〔M〕，南京：鳳凰出版社，2004 年。
39. 歐陽修，歐陽修全集〔M〕，北京：中國書店出版社，1986 年。
40. 司馬光，傳家集〔M〕，文淵閣四庫全書臺北故宮博物院藏本。
41. 蘇洵撰，曾棗莊，金成禮箋注，嘉祐集箋注〔M〕，上海：上海古籍出版社，1993 年。
42. 蘇軾撰，孔凡禮點校，蘇軾文集〔M〕，北京：中華書局，1986 年。
43. 司馬遷，史記〔M〕，北京：中華書局，1982 年。
44. 班固，漢書〔M〕，北京：中華書局，1962 年。

45. 趙汝愚編，宋朝諸臣奏議〔M〕，上海：上海古籍出版社，1999 年。
46. 脱脱等，宋史〔M〕，北京：中華書局，1985 年。
47. 李之亮校點，宋史全文〔M〕，哈爾濱：黑龍江人民出版社，2004 年。
48. 徐自明，宋宰輔編年錄〔M〕，臺北：文海出版社，1967 年。
49. 晁説之，嵩山文集〔M〕，四部叢刊本。
50. 王夫之，讀通鑒論〔M〕，北京：中華書局，1975 年。
51. 黃宗羲撰，段志強譯，明夷待訪錄〔M〕，北京：中華書局，2011 年。
52. 晁公武撰，趙希弁附考，昭德先生郡齋讀書志〔M〕，北京：商務印書館，民國間影印續古逸叢書本。
53. 梁啓超，中國近三百年學術史〔M〕，天津：天津古籍出版社，2003 年。
54. 梁啓超，飲冰室合集〔M〕，北京：中華書局，1989 年。
55. 梁啓超，王安石傳〔M〕，海口：海南出版社，2001 年。
56. 梁啓超，先秦政治思想史〔M〕，天津：天津古籍出版社，2003 年。
57. 賀麟，文化與人生〔M〕，北京：商務印書館，1988 年。
58. 牟宗三，中國哲學十九講〔M〕，上海：上海古籍出版社，2005 年。
59. 余英時，朱熹的歷史世界〔M〕，北京：三聯書店，2004 年。
60. 余英時，論戴震與章學誠〔M〕，北京：三聯書店，2000 年。
61. 鄧廣銘，北宋政治改革家王安石〔M〕，石家莊：河北教育出版社，2000 年。
62. 鄧廣銘，鄧廣銘學術論著自選集〔M〕，北京：首都師範大學出版社，1994 年。
63. 漆俠，宋學的發展和演進〔M〕，石家莊：河北人民出版社，2002 年。
64. 漆俠，王安石變法〔M〕，上海：上海人民出版社，1959 年。
65. 馬振鐸，政治改革家王安石的哲學思想〔M〕，武漢：湖北人民出版社，1984 年。
66. 李祥俊，王安石學術思想研究〔M〕，北京：北京師範大學出版社，2000 年。
67. 張祥浩，魏福明，王安石評傳〔M〕，南京：南京大學出版社，2006 年。
68. 劉成國，荊公新學研究〔M〕，上海：上海古籍出版社，2006 年。
69. 李華瑞，王安石變法研究史〔M〕，北京：人民出版社，2004 年。
70. 楊天保，金陵王學研究〔M〕，上海：上海人民出版社，2008 年。
71. 李德身，王安石詩文繫年〔M〕，西安：陝西人民出版社，1987 年。
72. 李祥俊，王安石學術思想研究〔M〕，北京：北京師範大學出版社，2000 年。

73. 蕭永明，北宋新學與理學〔M〕，西安：陝西人民出版社，2001 年。
74. 李之鑒，王安石哲學思想初探〔M〕，北京：中國文聯出版社，1999 年。
75. 趙益，王霸義利——北宋王安石改革批判〔M〕，南京：南京大學出版社，2000 年。
76. 劉復生，北宋中期儒學復興運動〔M〕，臺北：文津出版社，1991 年。
77. 吳國武，經術與性理——北宋儒學轉型考論〔M〕，北京：學苑出版社，2009 年。
78. 徐洪興，思想的轉型——理學發生過程研究〔M〕，上海：上海人民出版社，1996 年。
79. 陳來，宋明理學〔M〕，上海：華東師範大學，2004 年。
80. 郭齊勇，中國哲學史〔M〕，北京：高等教育出版社，2006 年。
81. 姜廣輝，中國經學思想史〔M〕，北京：中國社會科學出版社，2003 年。
82. 張豈之主編，中國思想學説史〔M〕，桂林：廣西師範大學出版社，2008 年。
83. 張立文主編。中國學術通史〔M〕，北京：人民出版社，2004 年。
84. 李申，中國儒教史〔M〕，上海：上海人民出版社，2000 年。
85. 田浩編，宋代思想史論〔M〕，北京：社會科學文獻出版社，2003 年。
86. 包弼德，斯文：唐宋思想的轉型〔M〕，南京：江蘇人民出版社，2001 年。
87. 亞里士多德著，廖申白譯，尼各馬可倫理學〔M〕，北京：商務印書館，2003 年。
88. 柏拉圖著，郭斌和，張竹明譯，理想國〔M〕，北京：商務印書館，1986 年。
89. 修昔底德著，謝德風譯，伯羅奔尼撒戰爭史〔M〕，北京：商務印書館，1960 年。
90. 黑格爾著，賀麟、王太慶譯，哲學史講演錄〔M〕，北京：商務印書館，1959 年。
91. 列奥・施特勞斯著，李天然譯，政治哲學史〔M〕，石家莊：河北人民出版社，1993 年。
92. 尼采著，王岳川編，周國平等譯，尼采文集・權力意志卷〔M〕，西寧：青海人民出版社，1995 年。

連續出版物（期刊）

1. 潘斌，王安石佚書《禮記發明》輯考〔J〕，古代文明，2010（2）：61～70。

2. 劉文波，論王安石的人性觀〔J〕，湖南師範大學社會科學學報，2005（6）：8～11。
3. 季平，王安石和司馬光的政治思想探源〔J〕，四川師院學報，1985（3）：9～15。
4. 張祥浩，「富民」是名，「富國」是實——王安石新法的是與非〔J〕，溫州師範學院學報，2005（6）：31～37。
5. 姜國柱，論王安石〔J〕，社會科學輯刊，1980（3）：20～28。
6. 王澤應，中國古代義利之辨的重新認識〔J〕，求索，1997（1）89～95。
7. 熊鳴琴，「義利之辨」與北宋新舊黨的對立〔J〕，中州學刊，2010（3）196～192。
8. 陳啓智，義利之辨——儒家的基本價值觀念〔J〕，中國哲學史，1994（5）17～18。
9. 楊海文，略論孟子的義利之辨與德福一致〔J〕，中國哲學史，1996（1～2）：102～107。
10. 張奇偉，儒家「義利之辨」的實質和現實意義〔J〕，求索，1996（3）：80～83。
11. 楊澤波，從義利之辨到理欲之爭〔J〕，復旦學報，1993（5）：35～41。
12. 周桂鈿，義利之辨〔J〕，福州大學學報，2001（1）：5～9。
13. 劉文波，王安石義利觀的時代特色〔J〕，湖南師範大學社會科學學報，2008（2）48～51。
14. 關履權，王安石的義利觀與儒家思想傳統〔J〕，晉陽學刊，1988（4）45～50。
15. 陳廷湘，宋代理學家高談義利之辨的歷史原因〔J〕，中國史研究，2001（3）。
16. 顧吉辰，王安石「三不足」說質疑〔J〕，青海社會科學，1986（2）102～104。
17. 王榮科，王安石提出「三不足」之說質疑〔J〕，復旦學報，2000（1）47～55。
18. 黃復山，王安石三不足說考辨〔J〕，漢學研究，1993，11（1）：209～252。
19. 王宇，王安石「天變不足畏」新論〔J〕，浙江社會科學，2002（5）118～121。
20. 井澤耕一，略論王安石的性情命論〔J〕，東華理工學院學報社會科學版，2004（1）：7～11。
21. 劉豐，王安石的禮樂論與心性論〔J〕，中國哲學史，2010（2）：93～100。

22. 林樂昌，張載成性論及其哲理基礎研究〔J〕，中國哲學史，2005（1）：51～58。
23. 丁爲祥，張載爲什麼著《正蒙》〔J〕，哲學研究，2007（4）：22～28。

論文集

1. 林天尉，考「三不足」說之僞，析楊升庵之偏，紀念司馬光與王安石逝世九百週年學術研討會論文集〔C〕，臺北：文史哲出版社，1986：201～211。
2. 于民雄，義利之辨——儒家正當性優先原理，紀念孔子誕辰2560週年國際學術研討會論文集（第三冊）〔C〕，2009：356～371。

致　謝

三年時間如白駒過隙，手捧這洋洋十數萬言，似乎可爲自己未曾完全虛度這三年光陰而有少許欣慰，然而這十數萬言卻絕非僅僅我個人心血的凝結，而是許許多多關心和支持我的親人及師友共同心血的凝結。首先，我深知我那年邁的母親爲我的學業付出了多少血汗，雖然我的母親讀不通、看不懂這篇文字中的任何一句話，但我卻要將這篇文字獻給我的母親。其次，要感謝我的恩師林樂昌先生。如果這篇文字中尚有先生一絲不苟精神及嚴謹治學態度的十之一二的話，那都是先生三年來言傳身教的結果；如果在日後的治學生涯中，我能進一步體味先生的治學精神和態度，使這十之一二生長爲十之三四、十之五六，那師從先生的這三年將是使我受益終身的三年。其次，要感謝恩師王曉興先生，是先生領我進入哲學之殿堂。其次，要感謝劉學智、康中乾、丁爲祥、金延、宋寬峰諸先生開闊了我的學術眼界。其次，要感謝諸位師兄弟及在思想的道路上伴我前行的諸位好友。最後，還要特別感謝我的妻子這些年來對我的支持和默默付出，沒有她的支持和付出，我就不可能完成我的學業。